铁人三项运动解剖学

全彩图解第 2 版

[英] 马克·克里恩 （Mark Klion,MD ）　著
乔纳森·凯恩 （Jonathan Cane ）

王悦 张雪峰 译

TRIATHLON
ANATOMY

人民邮电出版社
北京

图书在版编目（CIP）数据

铁人三项运动解剖学：全彩图解：第2版 /（英）马克·克里恩（Mark Klion, MD），（英）乔纳森·凯恩（Jonathan Cane）著；王悦，张雪峰译. -- 北京：人民邮电出版社，2022.6
ISBN 978-7-115-58342-0

Ⅰ. ①铁… Ⅱ. ①马… ②乔… ③王… ④张… Ⅲ. ①铁人三项全能运动－运动解剖－图解 Ⅳ. ①G804.4-64

中国版本图书馆CIP数据核字(2022)第043332号

免责声明

本书内容旨在为大众提供有用的信息。所有材料（包括文本、图形和图像）仅供参考，不能替代医疗诊断、建议、治疗或来自专业人士的意见。所有读者在需要医疗或其他专业协助时，均应向专业的医疗保健机构或医生进行咨询。作者和出版商都已尽可能确保本书技术上的准确性以及合理性，并特别声明，不会承担由于使用本出版物中的材料而遭受的任何损伤所直接或间接产生的与个人或团体相关的一切责任、损失或风险。

内 容 提 要

　　铁人三项运动是对人类技巧和耐力的严格考验，不管是铁人三项运动的业余爱好者，还是专业运动员，都需要学习一定的铁人三项训练原理及方法，才能够有效提升运动表现并预防损伤。

　　本书首先简要介绍了铁人三项运动和耐力训练原则，然后详细讲解了如何制订个性化的铁人三项训练计划，提供了针对铁人三项运动的腿部、臀部、背部、颈部、胸部、肩部、手臂及全身的训练动作。每个动作均配有全彩的肌肉解剖图，深入解析骨骼、器官、肌肉、韧带和肌腱活动驱动人体运动的原理，且几乎每个动作都给出了详细的训练步骤，以及该动作使用的关键肌群。部分动作还配有变式练习，以供有不同训练需求的读者使用。最后一章"损伤预防"则可以帮助读者构建身体平衡、避免运动损伤并保持最佳的运动状态。本书适合铁人三项运动的业余爱好者、专业运动员以及教练阅读。

- ◆　著　　　[英]马克·克里恩（Mark Klion, MD）
　　　　　　　乔纳森·凯恩（Jonathan Cane）

　　　译　　　王　悦　张雪峰
　　　责任编辑　林振英
　　　责任印制　周昇亮

- ◆　人民邮电出版社出版发行　　北京市丰台区成寿寺路 11 号
　　邮编　100164　电子邮件　315@ptpress.com.cn
　　网址　https://www.ptpress.com.cn
　　临西县阅读时光印刷有限公司印刷

- ◆　开本：700×1000　1/16
　　印张：14　　　　　　　　　　2022 年 6 月第 1 版
　　字数：242 千字　　　　　　　2022 年 6 月河北第 1 次印刷
　　著作权合同登记号　图字：01-2020-5351 号

定价：118.00 元

读者服务热线：**(010)81055296**　印装质量热线：**(010)81055316**
反盗版热线：**(010)81055315**
广告经营许可证：京东市监广登字 20170147 号

前　言

铁人三项比赛的参与人数在过去10年里呈显著增长态势。科学技术水平的提高几乎为训练和比赛在各个方面的进步铺平了道路。每年都会推广的新的和改进过的装备，使得运动员在参加铁人三项比赛时跑得更快、身材更理想并能保持更好的身体状态。这些都离不开经费的投入。对于入门级运动员来说，与技术的进步相比，参与铁人三项运动和完成比赛目标所带来的纯粹乐趣更重要。

铁人三项训练和比赛并不是从婴儿潮时期（约1946—1964年）就伴随我们成长的活动。20世纪70年代至90年代出生的人，多会从铁人三项比赛的考验和磨炼中受益。我们有青少年棒球联赛、足球巡回赛和许多其他为青年开设的个人和团队运动，我们也见证了铁人三项比赛的年轻运动员的显著增加。所有年龄层次的人都可以参加俱乐部和大学球队，这培养了一群年轻而有天赋的铁人三项运动员。

有人认为铁人三项运动在20世纪20年代起源于法国，而第一次被称为铁人三项运动（游泳、自行车和跑步）的比赛于1974年9月25日在美国加利福尼亚州的圣迭戈米申湾举行。从那时起，人们几乎每个周末都要在美国和世界各地举行各种各样的比赛（短距离铁人三项、奥运会标准距离铁人三项、半程铁人三项、全程铁人三项等10种类型的铁人三项竞赛）。

不管比赛距离是多少，训练原则没有改变——提升心肺功能、增强肌肉力量和爆发能力为提高成绩打下扎实的基础。铁人三项运动员常常喜欢说"火车的引擎越大，它的速度就越快"。一个快速引擎因为过度训练而经常出故障的情况不仅让人沮丧，也表明训练中有问题存在。一个包括了力量和柔韧度的全方位训练计划，能够造就一台运转更加流畅的强大引擎。

随着运动员在体育运动中投入更多时间和精力，损伤的预防和治疗将至关重要。不管是新手还是经验丰富的运动员，本书提供的信息都能让他们更好地理解肌肉骨骼系统是如何工作的，以及特定的铁人三项训练会给肌肉骨骼系统带来什么样的影响。记住，在追求成绩的过程中，永远不要偏离安全的基本运动技能和有效的耐力运动训练。

本书第1章简单介绍铁人三项运动；第2章讨论作为引擎的心血管和心肺功能系

统的训练；第4～10章提供运动专项训练的详细解剖图及其描述，这些训练已被证明能够提升力量和成绩。每项训练都有一个图标，分别表示铁人三项运动的3个项目。

一些训练手段可能针对特定的某一个项目，而另外一些可能针对某两个项目。我们通过图标来指导你的具体训练计划，以此来解决训练和比赛中的潜在弱项。第3章介绍了如何制订个性化训练计划。第11章提供了关于预防损伤的重要信息，不仅描述了铁人三项运动员会遇到的常见损伤，而且介绍了合适的训练手段及治疗原则来帮助运动员重回赛场。

本书的一个特色是每项训练中都有解剖图，而且附有详细描述，我们希望它们对你有所帮助。解剖图会说明每个动作中用到的关键肌肉，并用颜色来区分从动作开始到结束所涉及的主要肌群和辅助肌群。

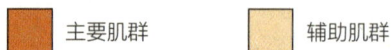

■ 主要肌群　　　　□ 辅助肌群

有些插图会同时包括身体的肌肉部分和非肌肉部分，这些非肌肉部分在插图中用斜体标出。

人们参加铁人三项运动是为了追求健康和提升体适能水平。对一些运动员而言，比赛是为了获得至高无上的奖项；但对许多人而言，铁人三项运动是一种丰富多彩的生活方式，具体表现在训练、比赛和人们之间的信息分享上。本书所包含的智慧结晶都建立在经验的基础之上，我们将它拿出来与读者分享，希望能够帮助读者通过坚持参加铁人三项运动来保持健康的生活方式。希望读者用合理的训练让健康与你相伴。

谨以此书献给我的爱妻和我的孩子，是他们在我一生的奋斗中给予我支持，是他们真正理解我以及我的座右铭"痛苦是不可避免的，但痛苦是可以选择的"。

马克·克里恩（Mark Klion）

这本书是为了纪念我的父母，他们鼓励我追求所爱的事业；也是为了纪念乔·格利克曼（Joe Glickman），是他教会了我写作和保持幽默；更多的是献给我的妻子妮科尔（Nicole），她证明了努力工作才能有结果；还有我的儿子西蒙（Simon），是他激励我成为他所认为的那样的人。

乔纳森·凯恩（Jonathan Cane）

目　录

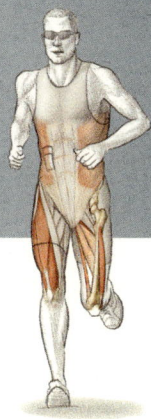

第1章

铁人三项运动简介

参加铁人三项比赛的运动员越来越多。第一届铁人三项比赛于1974年举办，1978年的首届铁人三项长距离比赛只有15名选手参加。而如今，美国铁人三项协会有近50万名会员，2017年单场比赛的参与人数就超过400万。本书的第1版为读者讲解了在铁人三项训练和比赛期间应该如何处理正常的生理需求。这可以让运动员更好地专注于训练计划，保持一种"刻苦训练的同时也要聪明训练"的生活节奏。虽然参加铁人三项比赛的运动员们都希望跑得更快，但是保持身体健康、避免受伤是他们在铁人三项比赛和以后体育生涯中的首要目标。

俗话说得好，"一分耕耘，一分收获"，户外运动也是如此，它的时代到来了。如今受美国铁人三项协会批准的铁人三项运动项目大约有4300个，其中包括世界范围内的40项铁人三项品牌比赛和许多其他综合运动项目，如最强泥人比赛和斯巴达系列比赛。这些项目的运动员对于训练和比赛的理解是相同的——不仅要努力训练，更要高效训练。铁人三项运动员们创建了一个有着志同道合的运动员的社区，无论是在当地小型铁人三项比赛还是在夏威夷世界铁人三项锦标赛中获胜，在这里他们都有共同的激情，而且通过艰苦的训练和比赛来实现共同的目标。要想取得这些比赛的成功，运动员们必须将自己的身体置于陌生的压力之下。本书第2版以训练和比赛为基本原则，就如何把训练和比赛联系在一起从而获得比赛的成功提出了宝贵的建议。

科学技术水平的提高为我们提供了改善训练和比赛的方法。所有关于心率、氧饱和度、乳酸水平和其他训练变量的信息，我们现在无须去请教运动生理学家就能得到。尽管要准确理解所有的信息很困难，但是现在我们已经能成功地获取这些信息，这是一个进步。运动员的装备也更加完善，骑行、跑步甚至游泳需要的体能监测器的价格也变得更低。

利用一些室内健身软件，我们可以在虚拟世界中让室内训练变得更有趣、更安全、更容易获得。我们越来越了解比赛和康复过程中营养需求的重要性，了解肢体

1

加压装置可以帮助运动员从训练中恢复，潜在地保证他们的健康。1982年，第一本关于这项运动的杂志《铁人三项》发行。现在《铁人三项》杂志成了著名的铁人三项出版物，拥有无数的博客。有了这些资源，许多运动员游泳、骑行和跑步的速度都变得更快了，而且他们看起来更酷炫，同时也保持着健康的体魄。

铁人三项运动的赛程

　　铁人三项运动一直在变化，而且一直都是涉及多种体育运动的体育比赛，它要求运动员连续完成3种体育运动，即游泳、自行车（本书亦称骑行）和跑步。比赛有各种不同的赛程可供所有参与者挑选。常见的赛程是短距离、奥运会标准距离、半程铁人（或IM70.3）和全程铁人（参见表1.1）。短距离铁人三项和其他更短距离的竞赛可能对铁人三项新手运动员更有吸引力，因为它们需要投入的训练时间更短。此外，也有一些运动员非常擅长短距离竞赛，享受高强度、竭尽全力的速度竞赛带来的乐趣。短距离铁人三项的持续时间可能会有所不同，1小时以内可以使运动员在国家级水平比赛中获胜，1小时2分钟通常被认为是有竞争力的成绩，不过具体成绩水平还取决于运动员所在年龄组。

　　在奥运会标准距离竞赛中，训练和比赛时间都会相应增加。根据赛事主管约翰·科尔夫（John Korff）的描述，2010年在纽约市举行的奥运会标准距离的铁人三项比赛中，3500多名运动员的平均完成时间为3小时4分39秒。冠军的完成时间为1小时48分11秒！

　　半程铁人和全程铁人的训练和比赛时间会更长。半程铁人三项现在通常称为IM 70.3，它表示完成比赛的总距离。全程铁人三项现在通常称为IM 140.6，依次由2.4英里的游泳、112英里的骑行和26.2英里的长跑组成。完成铁人三项运动仍然是一些运动员不懈追求的目标，并吸引着不同年龄、不同体格和不同运动水平的选手参赛。

表1.1　铁人三项运动的赛程

	游泳	自行车	跑步
短距离	750米	20千米	5千米
奥运会标准距离	1500米	40千米	10千米
半程铁人*	1.2英里	56英里	13.1英里
全程铁人	2.4英里	112英里	26.2英里

*注：因半程铁人和全程铁人项目设立的标准即为英制单位，为保证准确性，本书也采用英制单位。1英里≈1609.344米。

转换

铁人三项运动的每个赛段之间会涉及从一个运动项目到另一个运动项目的过渡。这些过渡转换分别称为T1和T2。T1是指从游泳转换到自行车，T2是指从自行车转换到跑步。经验丰富的铁人三项运动员知道完成这些转换所花费的时间同样也需要计算到总时间中。转换区可能决定着比赛的输赢，它不是一个用来消磨时间的地方。转换区对比赛恢复起着重要的作用，运动员在那里可以休息片刻和处理比赛进程中出现的问题，包括补充营养、涂抹防晒霜和上厕所，这些都是比赛过程中需面对的事情。

铁人三项运动的生物力学

铁人三项比赛包括三种运动：游泳、自行车和跑步。每种运动都需要一种肌肉协调运动模式，让关节产生动作，从而产生力量驱动铁人三项运动员前进。随着铁人三项运动员从一个项目转换到下一个项目，其负重载荷也随之增加。

游泳需要铁人三项运动员处于俯卧位，脸在水中朝下并使用手臂和腿推动身体前进。大多数没有游泳背景的人很快就会发现游泳动作的效率和速度与游泳技术的关系非常大。对于在技术上受到挑战的运动员而言，胶衣（在特定水温下使用是符合规则的）可以提供浮力，帮助运动员形成更好的游泳姿势，从而减少腿上的阻力。多数铁人三项运动员更多地使用手臂而不是下肢来推动身体前进，这可能是为了防止在骑行和跑步前下肢过早出现疲劳。

跑步在三种运动中负重载荷最大，会给身体带来巨大冲击，而且要求上肢和下肢平稳协调，以实现高效的步态模式。后面章节中所述的力量训练，包括分离式力量训练和运动专项训练，将有助于建立强大的基础来输出爆发力和速度，同时还可以预防损伤。不同种类的跑鞋也将在后面的章节提到，因为跑鞋是预防损伤的另一个重要部分。

耐力考验

将所有铁人三项赛段贯穿在一起的共同纽带就是它们都要求运动员具备长时间的运动耐力，这和许多其他运动不一样。职业美式橄榄球球员在60分钟的比赛时间中以及超过3个小时的单场赛事中，平均上场12分钟。根据目前的计算，在平均90分钟的足球比赛中，一名足球运动员大约跑动10千米。即使是赛程最短的铁人三项运动，要想保持持续运动，运动员所需具备的耐力都比上述运动的要求高。只有通过系统的训练，运动员才能从生理和心理上培养耐力，从而完成像铁人三项这样的耐力项目。第2章会介绍运动员的一些生理变化。人们常说："痛苦是不可避免的，但痛苦是可以选择的。"通过持续的练习和努力，运动员会适应这种耐力训练。

人体的心肺系统和肌肉骨骼系统可以通过训练来应对这种耐力挑战。当我们对运动员无氧和有氧运动能力以及改善肌肉骨骼功能的训练方法方面的研究有更深入的了解时，我们才有可能让运动员有更出色的运动表现。

损伤的预防与治疗仍将是参与铁人三项运动的重要组成部分。身体遭受重复性应力会导致组织破损，继而引起损伤。一个有故障的引擎不会跑得很快。与损伤管理一样，训练和比赛的心理因素也是重要一环，就像一些经验丰富的运动员喜欢说的——要学会忍受。进一步挖掘潜力是耐力运动比赛中提高成绩的重要因素。有些人似乎能够更努力和坚持更长时间，但是对大多数铁人三项运动员而言，由于训练和比赛的严酷，有时挖掘潜力与平衡家庭和工作的压力相冲突。独身或离异的女性和男性在铁人三项比赛运动群体中屡见不鲜。虽然这看上去像是在开玩笑，但是这种压力和获得健康生活所需的投入似乎会让铁人三项新手难以应对。在完成任意距离的铁人三项比赛之后，通常所有参与者会一起分享和庆祝这一激动人心的时刻，共同感谢这段投入和付出的经历。

训练注意事项

有了知识和装备，我们为什么不能像专业运动员一样进行训练和比赛？遗传因素对一个人的运动能力起着重要作用。一些人有较强的运动基因，一些人却没有。个人努力和周密安排的训练计划可以帮助运动员提高成绩。

随着人体生理学基础知识的增加，我们会了解到身体在周密的训练计划下会取得更好的成绩。没有计划的训练或对常见伤害警告的无视将导致身体受伤。每一位运动员都有一个身体极限，超过该极限身体就会吃不消，从而增加受伤风险。每位运动员的极限值都是不同的，而且该极限还取决于铁人三项比赛的参赛经验。这些年来，关于训练总量与质量的理念变化已经在某些训练的训练量和训练类型上得以体现。这对成熟的运动员，即40岁以上的运动员来说尤其如此。我们都喜欢想象自己仍然是孩子，然后不顾后果地参加训练，但是无论我们的年龄大小，如果我们不注意自己的健康，身体就会通过疼痛和潜在损伤等不同方式来提醒我们。人的耐力在35岁左右达到顶峰，然后逐步下降；到了大约50岁之后，将下降得更快。肌肉质量在20多岁时达到高峰，此后逐年下降。对不起，我说了一些坏消息。但也有积极的一面，科学研究表明，侧重于增加力量的锻炼可以减少肌肉的损失。随着年龄的增长，肌肉延展度也会出现下降，这可以通过拉伸运动来改善，而且良好的延展度有助于维持肌肉功能并减少损伤。成年运动员在耐力训练中需要特别注意和保护延展度，以此让训练和比赛计划得以顺利进行。

人们对于力量训练能够提高成绩的观点实际上仍然存在争议。不过，任何教练或运动医生都支持井然有序的训练计划，其中包括力量和延展度训练。训练计划的目标应该是促进肌肉骨骼健康和提高身体机能，以应对在耐力活动中所遭受的重复性应力。在体育运动专项训练中增加力量训练，可以提高动作的效率并减轻运动时身体的相对阻力，这将有助于你跑得更快，并减少对身体的压力。

核心稳定性这个概念已成为运动表现训练中的时髦词语，我们可以将其定义为身体运动和产生力量的基础。腹部和骨盆的核心肌肉作为运动的稳定性和力量的来源，尚未得到充分的开发使用。这些部位力量弱或功能不足可能是铁人三项运动员受伤的主要原因。如第9章所述，加强这些部位的肌肉群锻炼有助于提升铁人三项运动中的爆发力和速度。

本书全部内容都是围绕解释身体的每一部分与铁人三项运动的关系而展开的。书中介绍了软组织的相互作用，包括肌肉、肌腱和韧带，还涉及某些骨骼和特定关节。每章分别围绕不同身体部位就如何最大限度地增强其力量，以提升成绩和预防损伤进行指导；所介绍的训练皆服务于专项运动；讨论常见的损伤表现以及强调恢复和休息的重要性，其目的在于确保你在参与铁人三项运动时能够尽量避免损伤。第11章讨论如何组织和执行训练计划，帮助你减少受伤的可能。在第2章，我们探究与铁人三项运动有关的心血管和心肺系统如何运作的问题。在我们比赛和训练的时候，心脏泵出血液流向肌肉。引擎越强大意味着心脏越强大，我们能够坚持的时间就越长，同时速度也越快。我们要刻苦训练，但更要聪明地训练。

耐力训练原则

对于大多数铁人三项运动员来说，运动是生活的一部分，能改变他们生活的环境，使他们从身体和精神上感受到运动的作用。对于其他人来说，运动可以帮助他们减轻压力，控制体重，保持良好的心情。美国心脏协会建议18～64岁的人每周进行150分钟的剧烈运动和两次的力量训练。医学研究表明，定期参加锻炼可以显著降低患心血管疾病、非胰岛素依赖型糖尿病、高血压、骨质疏松症和结肠癌的风险。而且运动是减肥计划中不可或缺的一部分。美国的肥胖率已经持续上升到危险水平，成人肥胖率超40%。因此，运动锻炼有必要成为每个人生活的一部分。

一些铁人三项运动员将追逐更快更强作为首要目标，对他们来说，构建最大和最强的引擎是训练的终极目的。最近的报告表明，过度锻炼可能会导致心脏损伤、非正常心跳、心律失常等身体异常甚至疾病，但仍需要更多的研究来确定过度的耐力训练是否真的有副作用。本章主要介绍了心血管和心肺系统的强化训练将如何有助于构建这样的引擎。当通过适当的训练计划进行系统的训练时，运动员的健康水平和运动成绩都会有所提升。

心血管和心肺系统

心血管和心肺系统（参见图2.1）包括心脏、动脉、毛细血管、静脉、肺部及其血管，它们支持并提供了完成训练所需的5个重要功能：

1. 心脏通过动脉中的血液向工作状态下的肌肉输送产生能量所需的氧气；
2. 来自工作中的肌肉的低氧血液通过静脉回流至肺部重新补充氧气；
3. 工作状态下的肌肉所产生的热量通过动脉和毛细血管输送到皮肤，帮助调节体温；
4. 能量以葡萄糖和激素的形式通过动脉输送到活动状态下的组织，以维持体内平衡或调节身体；
5. 活动状态下的组织中产生的代谢产物通过静脉和淋巴管转移，让活动得以延续。

心脏向工作状态下的肌肉输送氧气

心脏是一种独特的肌肉，因为它可以自行跳动或收缩。它跳动的速度由神经系统控制，并且对运动或新陈代谢的增加做出反应。任何形式的运动都能通过增加心肌的大小和效率使心肌得到锻炼，因此体积增大，心脏的收缩力会得到提升。这样它就能慢速高效地将更多的血液输送到处于工作状态的肌肉中。心输出量（CO）是心脏在一分钟内泵入循环系统的血液量，是用来确定心脏功能的一项医学指标；其数值越高，表明心脏越强大。它通常用下面这个方程计算：

CO=每搏输出量（每次收缩推出的血量）× 心率

训练带给心脏的好处包括静息、运动及恢复状态下所对应心率的降低。静息心率可以用于衡量运动后的恢复情况和整体的健康状况。静息心率为从睡眠中醒来后，人体在静卧状态下测量获得的心率。测量获得的静息心率只要高于日常静息心率5次/分，就可能预示着即将患病或有过度训练倾向。这是因为人体在任何状态下新陈代谢都会增加，而心脏即使在休息时也会加速跳动。通过适当的训练了解心率区间和如何改善心脏功能，这对运动员而言非常重要。运动心率可以在运动过程中通过手动测量或心率监测器得到。一个受过良好的适应性训练的运动员可以以较低的心率游泳、跑步或骑行，从而降低代谢需求。一颗强大的心脏还可降低运动后心率恢复至静息水平所需的时间，对应的评判指标为心率恢复率。

一个很好的衡量整体状态的方法就是：在任何一项运动的高强度训练之后，运动员的心率能否在停止运动的一分钟内下降约20次。医学研究表明，在运动过后的一分钟内，如果心率下降少于12次，就可能存在心血管疾病风险。其他一些评估生理健康的重要指标包括最大心率、乳酸阈和最大摄氧量（$\dot{V}O_{2max}$），这些指标的测定要使用专门的设备，而且需要受过专业培训的人帮助解释测定结果。

为了方便这里的讨论，我们将最大摄氧量定义为个体输送和利用氧气的最大能力。许多病症会影响最大摄氧量，包括肺部疾病，它会减少扩散到血液的氧气量；心脏衰弱，不能使足够的血液流向组织；缺乏训练的肌肉，其处理氧气的细胞器相对不足。虽然最大摄氧量被认为是判断心肺健康和最大有氧运动能力的最佳单一指标，但是将它作为预测成绩的指标，效果通常不佳。最大摄氧量受许多可变因素的影响，包括年龄、性别、体重、健康水平和个体遗传因素。对大部分运动员而言，训练只能改变最多10%的最大摄氧量。在未受过训练和准备开始参与训练计划的人群中，最大摄氧量能够得到较大的提升。

要想测量运动员的运动表现能力，更准确的方法是测量其在最大摄氧量或接近最大摄氧量条件下所能进行游泳、

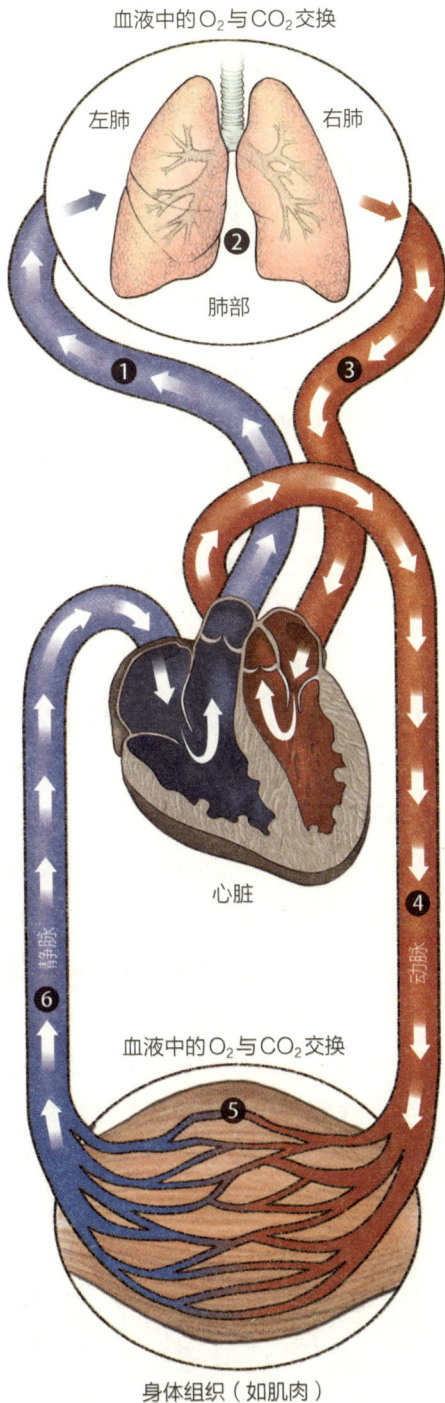

血液中的O_2与CO_2交换

左肺　　　右肺

肺部

心脏

静脉　动脉

血液中的O_2与CO_2交换

身体组织（如肌肉）

图2.1 心血管和心肺系统

骑行或跑步的时间。这与另一个概念相关，即无氧阈或乳酸阈。乳酸阈指的是人体在递增负荷当中出现血乳酸急剧上升且运动表现无法维持的一个数值。本章后面将就此做更多讨论。通过有氧训练来增强细胞处理氧气的能力，以及通过乳酸阈训练来开发更好的运动耐受能力，运动员可以构建一个更强大、更高效的引擎（该内容将在第3章进行进一步讨论。）

血液返回肺部，血液中的氧含量得以恢复

当血液从毛细血管床通过肺部时，氧气通过一层薄膜与红细胞中的一种叫作血红蛋白的蛋白质结合。然后含氧血液被输送到肌肉，并被释放到肌肉中。同时氧气是制造一种叫作三磷酸腺苷（ATP）的能量分子使肌肉收缩的必要条件。ATP分子产生二氧化碳并将它释放到血液中，血液再通过静脉回到肺部。这个过程不断地重复。心脏每天泵出大约7571升血液，也就是约每小时泵出315升或每分钟泵出5升。血液流经全身一次需要大约1分钟的时间。

从肺部输送到肌肉的氧气量也由血液中红细胞的百分比决定。红细胞在血液中的百分比称为红细胞压积，通常男性为45%，女性为40%，不过这一比例因人而异。在海拔较高的地方生活或训练时，空气中的氧气含量较低，会迫使身体进行调整以产生更多的红细胞。一些运动员可能会寻找人工的或者非法的方式来获得更多的红细胞，比如使用血液兴奋剂让自己储存的红细胞进行血液回输，或者服用激素，这样能够增加决定体内红细胞数量的促红细胞生成素（EPO）。另一种提高红细胞压积水平的方法是在高海拔的地方睡觉，即把帐篷放在海拔较高的地方，或者把帐篷放在海平面上。这曾经是一个非常昂贵的选择，但现在变得更经济了，因为有现成的出租公司，但是可能需要长达4周，红细胞压积水平才会发生改变。这种"高海拔训练，低海拔比赛"概念在过去几年中受到了挑战，而且仍存在争议，因为在海拔超过某一高度的地方训练实际上会损害运动能力和心肺功能。如今为了从高海拔训练中获益，又有人建议"在高海拔地区生活或者睡觉，在低海拔地区训练"，这样可以在不影响锻炼的情况下获得高海拔带来的好处。

热量被输送到皮肤进行体温调节

体温调节，即保持体温恒定的能力，人体可以通过调整机体的产热、散热过程实现体温调节。人的正常体温是36.5℃～37.5℃。在运动过程中，人体的内部

器官和工作状态下的肌肉会产生热量，从而导致核心温度上升。高热引发的疾病可能发生在任何级别的铁人三项运动中。人类的正常体温平均为37℃。体温过高，即体温调节失败导致核心温度升高的状态，其范围被界定为37.8℃～38.3℃。它的症状包括恶心、呕吐、头痛和低血压，上述症状可导致头晕甚至昏厥。如果不及时治疗，就会中暑；体温超过40℃，可能有致命危险。

身体只能消耗它产生的25%的能量，其余75%必须以热量的形式散发。在直接接触的情况下，热传导从温度高的物体转移到温度低的物体上。比如在脖子上围一条冷毛巾，把湿海绵放在帽子下面，或者把自己泡在水里进行冰浴。对流热损耗是空气或水在身体流动的过程。这些概念有助于解释为什么游泳和骑行是非常有效的散热方式。在加热过程中，体表温度高于外界温度时，就会发生辐射损失并形成一个梯度，让身体散热。

蒸发是液态水转化为气体时热量损耗的过程。汗水的产生和蒸发也会促进散热。随着体温的上升，大脑向心脏和血管发送信号以增加血液流向皮肤的速度，刺激汗腺帮助调节体温。汗液中水分和电解质的流失会导致人体脱水。如果损失了占体重1%～2%的水分，那么人体运动表现会下降。当水分的损失率达到体重的6%～10%，体温调节能力就会减弱，还可能会诱发更严重的健康问题，甚至死亡。参加任何级别的铁人三项比赛都可能出现与热量损耗有关的疾病。防止中暑的技巧包括饮用适量及温度适中的液体来补充水分，戴遮阳帽遮挡太阳，以及用水浇淋身体或者用冰敷头部以增加传导散热。

血液将葡萄糖和激素输送到活性组织

肌肉收缩所产生力的能力不仅取决于可获得的氧气，也取决于可使用的能量。血液由血浆和水组成，它将营养物质、蛋白质和激素输送到全身以提供人体所需的能量。"有氧运动"和"无氧运动"是细胞代谢在存在氧气（有氧）或在缺乏氧气（无氧）参与条件下的描述术语。在训练中，有氧运动和无氧运动可基于训练强度和训练持续时间的变化而互相转化。有氧运动，例如长跑，是以相对较低的强度和较长的时间来完成的运动，而且需要氧气的参与来产生能量。无氧运动，如举重或短跑，都是持续时间短、强度高的运动，其运动过程不需要利用氧气来产生能量。在训练期间，有氧代谢和无氧代谢的动态平衡给工作状态下的肌肉持续输出能量。

一个显著的能量来源是我们吃的食物。食物首先在胃中消化，然后在经过小肠和大肠时被吸收。食物中的碳水化合物被肌肉和肝脏所吸收，并被转换成糖原存储起来。肝脏储藏了大多数糖原，需要动用糖原时，肝脏可以迅速将糖原转换回葡萄糖并通过血液输送到肌肉。

脂肪以脂肪组织的形式储存在体内，而且必须通过一系列复杂的步骤才能分解成形式更简单的甘油和游离脂肪酸，然后作为能量被使用。身体所储备的脂肪代表着一个巨大的能量库，但是由于脂肪调动和转换成可用能量形式的速度比较慢，因此脂肪不适合做高强度运动的能量来源。

蛋白质也能为长时间的运动训练提供能量，但是类似于脂肪，它需要先分解（在这种情况下分解成氨基酸）才可用于有氧代谢。在耐力训练期间，这种能量来源只占到总能量消耗的5% ~ 10%，蛋白质在训练响应性中确实发挥了重大作用，包括生成新细胞组织（例如肌肉），修复受伤组织及剧烈运动导致的受损细胞组织。

内分泌系统产生内啡肽来响应训练，它让运动员在跑步过程中变得兴奋，并产生睾丸激素和生长激素来促进肌肉生长和损伤愈合。这些物质通过血浆被运输到活动组织。另外，过度运动和过度训练可以刺激皮质醇的生产，它会抑制免疫系统的正常运行，可能导致疾病的发生以及参与训练的时间的减少。

对于营养和能量的产生，一个重要的影响因素是训练期间胃肠系统消化和吸收营养物质的能力。运动中，血液从消化系统中被大量调离来供给工作中的肌肉，这就会减慢胃将食物转移到肠道的速度，可引起腹胀、恶心和呕吐等症状。摄入过多热量，例如吃太多的果冻、能量棒或浓缩补充饮料都会加剧症状。如果通过降低运动强度、停止及减缓营养摄入的方式都无法缓解上述症状，继而可能会出现严重的肠胃不适。短时间内饮用适量淡水，或者在比赛期间避免吃固体食物，有时可以缓解此类症状。虽然许多水化产物和营养品可以保证运动员的最佳表现，但是运动员也要了解自己的身体，制订适应自己的训练计划和饮食计划。虽然熟能生巧，但运动员也要根据具体情况随时改变计划。

盐分流失也是讨论肠胃不适时的一个考虑因素。盐分流失很难量化，但是如果运动员在比赛之后发现衣服上有白渍，表明他很可能因为出汗而出现盐分大量流失。盐是人体不可缺少的，它的平衡对于运动的维持至关重要。盐分的补充可来自饮料或盐片补充剂，以及来自耐力铁人三项比赛救助站的相关营养补给。

将代谢产物从活性细胞组织中移除

在高强度训练的前两分钟，无氧代谢是能量的主要来源。在该过程中，葡萄糖在无氧条件下转化为乳酸。随着运动的继续，有氧代谢提供持续的能量。如果运动强度仍然很高，乳酸的产生也继续进行，直到身体无法通过代谢来转化乳酸或将它从肌肉中移除，这称为乳酸阈。乳酸被认为是导致肌肉疲劳与高强度训练所产生的灼烧感的主要诱因。目前的研究表明，这些症状是酸中毒引起的，即在无氧代谢过程中产生的氢离子导致肌肉pH值变化。血浆——血液的另一个主要组成部分，将这些代谢产物从活性细胞组织运走，帮助维持肌肉的pH值平衡。在确立训练和比赛的强度与耐力运动表现的评估当中，运动员的乳酸阈和最大摄氧量百分比是非常有用的指标。在最大有氧能力下，运动员的高强度活动究竟能够维持多长时间，这是非常有吸引力的问题！

心率训练

心脏是铁人三项运动员的"发动机"。有些人很幸运，与生俱来就有一个高性能的"V8涡轮增压引擎"，而其他人天生只有一个"四缸的发动机"。遗传对一个人成为耐力运动员的潜力可以起到重要的作用，但值得庆幸的是，我们都可以通过适当的开发和训练来提高心脏这台发动机的输出功率。

通过使用心率监测器，我们能够测量心脏的输出能力以及适合训练的理想心率区间。正如汽车的转速计测量转速来帮助驾驶员知道何时换挡一样，心率监测器可以测量训练的相对强度。

心率训练虽然是一个有效的工具，但并不是一门精确的科学。心率受一些外部可变因素的影响较大，从环境温度到当前个体的健康状况等。许多运动员将心率训练作为参考标准或强度指导，并根据他们的感受相应地调整训练强度。

高效使用心率监测器的第一步是确定训练区域。这可以通过在比赛、训练或实验环境中执行简单的实地测试来实现。每种方法都有其优点和缺点，但是它们都能对建立运动表现的阶段目标及设定训练的理想强度区间做出贡献。

对于所有三个运动项目，铁人三项运动员都有各种可用的场地测试。其中针对骑行和跑步的最简单、最有效的场地测试是20分钟阈值测试。

20分钟阈值测试

1. 热身运动10～20分钟,直到你感觉已经做好应对运动强度测试的准备。

2. 做一些正式测试前的适应性运动,执行15～30秒的高强度重复动作,然后休息相同的时间。例如高强度运动30秒,再休息30秒。

3. 选择无干扰可循环跑的道路,努力进行20分钟的跑步,而且要以最佳的配速完成。记住,配速是很重要的,所以不需要在测试开始时进行过于激烈的冲刺。记录20分钟努力状态下跑步的平均心率作为测试结果。(要控制变量,用跑步机测试就是很好的选择。)

4. 整理和放松运动10～20分钟。

一旦获得了该信息,你便可以自信地找到大致的乳酸阈心率（LTHR）所对应的心率范围,将误差控制在几个百分点内。该数值将对设置你的目标训练强度区间起到至关重要的作用（参见表2.1）。

例如,如果你的LTHR是150,那么你的区域1的范围是90～105次/分,区域2的范围是105～135次/分,区域3的范围是135～150次/分,区域4的范围是150～165次/分,区域5的范围是165次/分至心率的峰值。对于铁人三项训练,你将主要在区域3的范围内进行训练,以开发有氧代谢能力和耐力（见第3章,了解更多关于制订训练计划的内容）。

表2.1　基于乳酸阈心率（LTHR）的心率训练区域

区域	描述	训练用途	心率范围
1	简单	热身运动	LTHR的60%～70%
2	中等	发展有氧能力	LTHR的70%～90%
3	难	发展有氧耐力	LTHR的90%～100%
4	很难	增加有氧运动的经济性	LTHR的100～110%
5	极难	发展速度和力量	LTHR的110%至峰值

一旦你已经通过场地测试或运动表现实验室测试确定了自己的不同心率所对应的区间,你就能以更有效的方式训练,从而构建和强化自己的心脏。

压缩服

每当讨论心血管方面的话题，就一定要提及压缩服。研究表明，在运动中使用压缩服作为恢复辅助工具可能会减少肌肉疲劳、加快体能恢复并提升耐力运动表现。其中的一些好处与它对心血管系统的影响有关。不过，这些作用目前还没有得到科学验证。

相比于动脉，静脉没有强大的"泵"来推动血液回流到心脏和肺部。肌肉动作提供了一些推动力。静脉的单向瓣膜可以防止重力引起的血液回流。细胞活动的代谢产物就是通过这个低速血流系统返回到心脏和肺部的。静脉功能不全是一种病症，它表现为下肢的静脉无法有效地让血液回流到心脏。当静脉变得堵塞时，腿部将产生静脉曲张，从而可能引起疼痛和肿胀。其成因包括遗传倾向性、妊娠期和长时间站立。耐力比赛也可能导致静脉曲张，而压缩服可能有助于血液流动，从而能辅助预防或治疗包括下肢肿胀、疼痛及静脉曲张的症状。

提升驱动身体这个引擎的心血管和心肺系统只是改善健康的一个环节。运动对这两个系统的影响是一个非常复杂的研究课题，而且人们不断得到更新和更深入的理解。在第3章中，你将发现制订有效训练计划的最佳办法。本书最终的目标不仅是帮你拥有更佳的速度和力量，而且能帮助你预防运动造成的损伤。

制订个性化训练计划

运动员们往往聪明且富有好奇心。所以我们不会简单直接地告诉你该做什么，而是要让你明白为什么要这样做。掌握训练计划设计的原则能让你更加专注，更加有活力，并帮助你表现得更好。我们的目标是让你安全、高效地训练，让你成为一个更健康、速度更快的运动员。

训练术语和原则

本章将介绍教练和运动员常用的一些训练术语和原则。每个运动员都应该熟悉这些概念。

周期性训练

周期性训练的定义是一定时间周期内，通过变化的训练量和训练强度的循环控制来为获得赛事最佳运动进行的训练准备模式。周期性训练有两种类型：线性和非线性。对于线性周期性训练，运动员只针对一种能量系统或训练目标进行4 ~ 6周的小周期性练习，每个小周期的训练强度由低向高逐渐发展。对于非线性周期性训练，运动员在一个训练周期中使用不同的供能系统和训练强度来强化这些系统的工作能力。这两种方法都有其坚定的支持者和反对者，当下很多教练都倾向于非线性的周期模型，因为它产生的效果明显，同时有助于预防过度训练和损伤。而过度训练和损伤在线性周期模型中很常见，因为线性训练强度是从一个训练强度级别直接跳到下一个级别。

训练负荷

对于耐力运动员而言，训练负荷通过训练频率、持续时间和强度来衡量和计算。训练频率是每个周期内特定训练内容的组数，周期以周、月或年为单位。持续时间是指一次训练的时长。强度是指在训练做功和代谢等方面的完成难度。在训练计划过程中，我们需要调节这些可变因素来实现所期望的结果。

恢复和适应

正如训练负荷是一个需要理解的重要概念，恢复和适应也是。简单来说，它能让人体适应训练中的负荷。我们在设计和执行训练计划时必须考虑训练的适应周期，忽视恢复和适应过程常常导致过度训练和损伤。

有氧代谢

配速占有重要地位的耐力运动主要依赖于有氧代谢，如从5000米跑一直提升至全程的铁人三项运动。有氧代谢使用有效的能量产生途径，该途径将碳水化合物和脂肪转化为燃料，从而为运动提供动力。科学家、教练和运动员已经发现，就心肺系统和肌肉系统而言，中低强度的训练最有助于提高耐力。

无氧代谢

从本质上讲，无氧的意思是"没有氧气"。对运动动作的产生而言，它是一种效率较低的能量产生途径。随着运动强度的增加，身体会有一个微妙但可通过研究观察到的变化，即转而使用碳水化合物作为主要能量来源。这种变化伴随着工作中的肌肉出现烧灼感及呼吸频率增加。这种高强度的锻炼只能短暂维持，但是运动员和教练知道适当训练可以让无氧阈变得更高，从而帮助运动员在绝大多数的运动强度水平下获得更快的运动速度。

发展功能性力量

发展功能性力量在健身行业很受欢迎，我们可以将其定义为通过训练使神经和肌肉系统之间的工作更协调。功能性训练使用日常的动作模式，例如站立、身体旋转、身体屈曲、举起重物、跳跃、步行和跑步，它与分离某些关节进行单一训练的模式形成对比。其中一个例子是弓箭步与坐姿腿屈伸对比。坐姿腿屈伸将股四头肌分离出来进行训练从而使其变得更强壮。平衡阻力训练项目通常会将两种动作都作为日常训练的一部分，因为其中一种在加强特定肌肉方面最有效，而另一种以更实际的方式锻炼该肌肉。

之前我们提到了理解做特定训练的重要性，因为力量尤为重要。许多运动员会憧憬力量和速度之间的线性关系。换句话说，他们认为如果肌肉变强壮，就会跑得更快。事实上，跑得最快的运动员并不一定是腘绳肌或股四头肌最强的运动员，而是那些会使用外展肌和内收肌等辅助肌群的运动员。这些肌肉有助于稳定臀部，减少能量消耗。同样，拥有最强背阔肌的游泳运动员可能不是水中游得最快的，反而是那些加强了肩袖小肌肉群从而避免损伤的运动员可能会游得更快。而且可以肯定的是，那些在训练房里以体能或者安全为代价而最终受伤的运动员不会游得很快。换句话说，运动员要充分根据自己的实际情况来制订训练计划，不要过分注重肌肉的塑造；不要在训练房和任何人攀比，专注自己的训练就好，因为阻力训练的目的是增强力量，而不是展示肌肉。

间歇性训练

间歇性训练被定义为在一段时间内进行有重复次数变化的且含有恢复时间的高强度、高输出的训练。它在竞技运动员中很受欢迎，因为它可以提高乳酸阈和血氧饱和度，还可以提高训练经济性及肌肉强度。间歇性训练包括短回合高强度的训练，它能使运动员保持高水平的运动表现输出，并帮助其在持续时间较长的运动中保持较快的运动速度。针对骑行运动员的间歇性训练例子如下：

热身运动5 ～ 10分钟；

以乳酸阈心率强度骑行5组×2分钟，每一组持续运动2分钟后，进行1分钟的休息恢复；

整理和放松运动5 ～ 10分钟。

乳酸阈是运动员在高强度运动期间达到的一种代谢状态，表示当乳酸在血液中累积，逐渐积攒到身体无法像在低强度的有氧运动中一样有效地将其移除的状态。更多关于乳酸阈的信息见第2章。

长距离稳态训练

与间歇性训练形成对比的是长距离稳态训练（也被很多人称为长距离慢速训练），它在20世纪70年代的马拉松运动员中非常流行。其想法是通过1小时或更长时间的跑步训练来开发心肺和肌肉耐力，配速比马拉松运动所使用的配速慢1～3分钟（即达到可进行聊天的配速），每周进行数次训练，而且其中至少要有一次较长的、时间在两个小时左右的跑步练习。长距离稳态训练今天仍然是许多顶级耐力运动员的主要训练方法，如果与适当数量的间歇性训练相结合，运动员将会在耐力运动训练中获得较大收获。

制订训练计划

随着多项运动同时参与的模式变得越来越流行，有关制订最佳训练计划的研究以惊人的速度增长。了解高效训练的科学原理固然重要，但是制订训练计划这一艺术行为也同样重要。

铁人三项教练人数在过去10年中呈现爆炸式增长。现在有一系列专业的铁人三项教练认证，而且许多大大小小的训练机构如雨后春笋般出现，从而满足了这一新兴运动领域不断增长的需求。制订多项目组合的训练计划可能是艰巨的任务，而且当运动员试图有效地进行三项运动的训练时，他们会发现一位知识渊博的教练可以缩短他们的学习周期，帮助他们节省时间并减少让人烦恼的问题。不过，虽然执教过程越来越追求科学，但我们也不能忽视训练运动员的艺术。毕竟，如果人类的运动进步像1加1等于2那么简单，那么所有人都会变得更快，并在同等的水平去竞争。事实是，每一个运动员都犹如一件实验样品，一个好教练会找出训练的平衡点，以帮助运动员在达到目标的同时保持健康并减少损伤。有些运动员的动力来自对胜利的渴望，而另一些人的动力来自他们讨厌失败。有些运动员喜欢挑战自我，如果他们遇到一点困难，他们就会寻求一个"救赎"的机会。另外一些运动员如果没有达到目标，就会感到沮丧和挫败。即使所有运动员的生理目标都是一样的，但实现这些目标的途径可能因他们的个性而不同。这就是训练的艺术。

在铁人三项训练中，选择你优先训练的项目也很重要。许多运动员精通于游泳、自行车或跑步中的一项运动。所以通常情况下，他们更喜欢训练这一个项目，因为他们对其更擅长、更得心应手一些。但是聪明的运动员（或教练）会以"发挥优势，填补缺点"的思路进行训练。

　　换句话说，如果你从一个跑步运动员转行成了铁人三项运动员，你应该减少对跑步的重视，而把那些训练时间花在游泳和自行车上。这样做短期内可能没有那么多的乐趣，但投资（训练时间）后会获得更大的回报（速度的增加）。一个平衡良好的三项全能运动员可能不会在某个项目中速度最快，但他通常会击败那些在游泳中"获胜"但在跑步项目中被甩在后面的专业运动员。其原因在于他不会在任何项目中损失大量的时间。

　　让我们探索铁人三项教练可支配的所有基本要素，开始讨论如何制订训练计划吧。首先，计划的规划和监督执行非常重要。对设计训练计划而言，第一步就是确定本赛季的最终目标。我们将其称为你的A赛事。接下来，你需要确定其他重要程度较低且可用于获得比赛经验和提升比赛能力的赛事。许多优秀运动员将这些设定为B和C的赛事当作较难完成的训练科目，用来让自己在身体和精神上都进入比赛状态。

　　一旦比赛日程规划出来且被确认之后，你就可以开始制订训练计划了，你应从A赛事向后进行并遵循周期化原则。训练要素包括可变化的强度、持续时间和频率，将这些要素组合在一起就可以设计出有效的计划。

　　对于非线性周期性训练，其重点在于对某些能量系统进行为期4～6周的训练，同时也增加训练强度来加强其他系统，因为没有任何一个能量系统可以孤立地得到发展。例如，一个以有氧为基础的训练阶段还需要包括一些短时间的高强度爆发性训练，以增强无氧能量系统。这使得过渡到难度更大的特定训练模块时会相对容易，同时降低过度训练和受伤风险。

　　除了心肺训练和运动专项训练，大多数教练和运动员都认为，补充力量训练和延展度训练对提高运动成绩、保障身体的健康至关重要。补充性的抗阻训练可以使用本书提供的训练手段，并将其安排到全年的训练计划来进行，这是补充运动员赛季训练需求的一种方法。例如，如果运动员正处在赛季中，那么力量训练的重点主要是维持竞技状态和预防损伤。另外，在赛季前期，训练的重点更多是发展力量和建立运动所需的良好的生物力学基础，运动员在这方面会花费更多的时间。

　　表3.1显示了初、中级铁人三项运动员所使用的赛季前训练计划，他们有1～3年的经验，正在准备奥运会标准距离的铁人三项运动。他们的训练重点是发展有氧能力和基础力量，每周的总训练时间在10～12小时。

表3.1   针对初、中级铁人三项运动员的赛季前训练计划

星期	例行铁人三项训练
星期一	**休息日：** 注重周末长时间训练之后的恢复。尽可能让双脚获得休息，保证较好的饮食，补充足够的水分，把自己照顾好。建议做轻度按摩
星期二	**游泳训练：** 注重通过大量的训练和练习来提高技术。无须过于担心训练进阶的程度过快或过难，练习正确的动作即可 热身运动：200 ~ 300米 8×50练习（面朝下，双臂平行前伸，练习打腿。打腿数秒后，使用一侧手臂做完整的划水动作并转头换气呼吸；随后已划水的手臂恢复到初始的位置，保持数秒打腿后，再换另一侧的手臂划水，随后再恢复到初始位置），每组之间休息10秒 5×100游泳（注重动作正确，手臂入水前伸和滑行），每组之间休息20秒 6×50练习（在水面上空移臂的时候，指尖擦着水面移动），每组之间休息10秒 5×100游泳（注重动作正确，手臂入水前伸和滑行），每组之间休息15秒 4×50练习（右臂25次，左臂25次），每组之间休息10秒 放松游：200米 **跑步训练：** 有氧跑步40分钟或8千米。保持稳态，以有氧运动配速进行（区域2）
星期三	**叠加训练：** 练习从骑行平稳过渡到跑步。以有氧方式车速90 ~ 100转/分骑行1小时（区域2或3的心率），然后过渡到跑步，以稳定的有氧步速跑步30分钟或5千米 **力量训练：** 全身循环性力量训练。按照下列顺序从一项训练进入下一项训练，一共执行3轮 热身运动：3 ~ 5分钟轻度有氧训练，例如跳绳或双腿开合跳 俯卧撑（第92页）：在20 ~ 30秒内尽可能多地重复 弓箭步（第36页）：每侧10步，如果有需要可以使用手的摆动来控制负重 健身球上卷腹转体（第153页）：执行30秒 引体向上（第74页）或滑轮下拉（第70页）：执行20 ~ 30秒，或重复15次
星期四	**游泳训练** 热身运动：200米游泳 12×25练习（右臂25次，左臂25次），每组之间休息5秒 300次连续练习（25次打腿/划水，25次泳姿，25次打腿/划水，25次泳姿） 8×50练习（面朝下，双臂平行前伸，练习打腿。打腿数秒后，使用一侧手臂做完整的划水动作并转头换气呼吸；随后已划水的手臂恢复到初始位置，保持数秒打腿后，再换另一侧的手臂划水，随后再恢复到初始位置），50次一组，50次在水面上空移臂的时候，指尖擦着水面移动的练习，每组之间休息15秒

续表

星期	例行铁人三项训练
	500次划水（匀速，以正确的动作游泳，每次划水争取游更远距离） 放松游：200米 **骑行训练：**1小时的有氧骑行，节奏为3×5分钟，每组之间休息3分钟 热身运动：10～15分钟，速度为90～100转/分 3×5分钟，区域3或4的心率区间（乳酸阈心率），80～90转/分，每组之间休息和恢复3分钟 整理放松：10～15分钟
星期五	**跑步训练：**以区域2的心率区间强度进行有氧跑步40～50分钟或8千米 **力量训练：**全身循环性力量训练。按照下列顺序从一项训练进入下一项训练，一共执行3轮 热身运动：3～5分钟轻度有氧训练，例如跳绳或双腿开合跳 俯卧撑（第92页）：在20～30秒内尽可能多地重复 弓箭步（第36页）：每侧10步，如果有需要可以使用手的摆动来控制负重 健身球上卷腹转体（第153页）：执行30秒 引体向上（第74页）或滑轮下拉（第70页）：执行20～30秒，或重复15次
星期六	**游泳训练：**耐力游泳 热身运动：缓和地进行200米游泳 6×50练习（自主选择进行），每组之间休息10秒 2×800米的匀速游泳（注重动作正确，手臂入水前伸和滑行） 每组之间休息1分钟 整理放松：200米 **骑行训练：**以85～95转/分做有氧耐力骑行2小时（区域2或3的心率区间），保持匀速稳定状态
星期日	**跑步训练：**75分钟的耐力跑步（区域2或3的心率区间）或跑13千米，保持匀速 **力量训练：**全身循环性力量训练。按照下列顺序从一项训练进入下一项训练，一共执行3轮 热身运动：3～5分钟轻度有氧训练，例如跳绳或双腿开合跳 俯卧撑（第92页）：在20～30秒内尽可能多地重复 弓箭步（第36页）：每侧10步，如果有需要可以使用手的摆动来控制负重 健身球上卷腹转体（第153页）：执行30秒 引体向上（第74页）或滑轮下拉（第70页）：执行20～30秒，或重复15次

从这个例子中，你会发现包括3次力量训练在内，每个运动项目在一周中至少训练3次。在进行力量训练之前，运动员应具备运动专项训练的经历和基础，从而保证良好的身体状态以发展扎实的技术。如果因为抗阻训练而导致肌肉疲劳，那么运动员可能在游泳、骑行和跑步时产生不良的动作模式，阻碍运动效率的提升并浪费能量。

　　由于有大量的力量训练动作可供选择，因此必须有一个保持进步的重点战略。你需要在教练或私人教练的帮助下，从本书所推荐的练习中选择一些来组成一个满足个性化需求的计划。

第4章

腿部和臀部训练

　　力量和速度是每个铁人三项运动员梦寐以求的两种能力。初学者和精英运动员都想知道其中的秘密。一个"不幸"的事实是，除了努力训练外并没有所谓的秘密可言。

　　铁人三项运动需要稳定且强壮的身体。上肢、核心肌肉和骨盆肌肉有助于力量和速度的爆发，而下肢为我们提供了最大的推进力，从而使我们跑得更快。令一些游泳运动员沮丧的是，大多数铁人三项比赛都是靠骑行和跑步的速度赢得的。因此，在努力提高成绩时，我们要先从身体中最大的肌肉群——下肢开始训练。

　　我们的下肢是专为实现高效的双脚步态而设计的，是经过数百万年进化来的。然而实现高效步态的下肢如何将效能转移到游泳、骑行和跑步模式的问题还有待确定。目前已知的是，要想提升运动表现，必须最大限度地增加下肢肌肉的力量，即力量生产；要想提高输出功率，必须在特定运动距离和时间内输出更高的力量；要想提高耐力，必须延长肌肉维持特定输出功率的时间长度。训练可以帮助运动员实现这些目标。

　　力量和输出功率可以通过分离式力量训练来提升，例如坐姿腿屈伸使股四头肌分离从而进行单独的强化训练。另外还可以通过专项运动训练来提升力量和输出功率，例如可以动员多块肌肉的弓箭步动作。问题在于这些训练手段对运动表现的影响效果是否不同，目前并无定论，只能说肌肉对机械载荷或抗阻训练有响应，因为这些训练能够增大肌纤维，而且与具体的体育运动无关。我们没有生成更多的肌纤维，而主要是肌纤维的体积增大了。从地面举起静止重物产生的阻力，或者骑行上坡感觉到的阻力，会给每块肌肉或每个肌群施加适当的压力；如果正确训练，运动员会逐渐提升力量和输出功率。

　　耐力和效率是通过循序渐进和重复的训练来培养的，这些训练可以让身体保持一种健康的状态。我们经常说到肌肉记忆，以及讨论如何在一段时间内让训练变得更容易。（"肌肉记忆"这个用词并不恰当，因为是你的大脑在学习运动，并告诉你的肌肉该怎么做。）我们不仅可以通过增加新陈代谢机制使细胞水平提高，也可以通过改变神经元回路使肌肉收缩变得更有效。

遗传因素在决定谁能成为短跑运动员或谁能成为长跑运动员的这个问题上起着极大的作用。肌纤维可以分为I型肌纤维（慢速收缩肌纤维）和II型肌纤维（快速收缩肌纤维）。快速收缩肌纤维主要使用的是无氧供能系统。慢速收缩肌纤维适用于耐力项目，主要使用有氧供能系统（见第2章）。每个人的这两种肌纤维的比例都是由基因决定的。遗憾的是，我们无法改变这个比例，但是我们可以通过分离式力量训练和运动专项训练来有针对性地强化特定的肌肉类型。专项力量训练的一个优点是它可以帮助维持肌肉的对称性和专项相关的下肢生物力学模式。这是损伤预防的一个核心理念。下肢肌肉疲劳和力弱可能引起肌肉失衡，从而导致跑步姿势、游泳姿势和骑行姿势不佳。损伤可能由其他组织受到异常应力所导致，也同时可能由背部和上肢代偿身体的不平衡而导致。

下肢的解剖结构

下肢的解剖结构包括股骨、大腿的长骨、小腿的胫骨和腓骨、足和踝关节的骨，以及跨过每个关节的肌肉。这些结构支持高效、稳定的步态。下肢通过髋关节的骨盆部分与身体的其余部分或中轴骨骼相连（参见图4.1）。我们走路、跑步或腿部用力时，应力会传递到骨盆和脊柱。肌肉的收缩帮助转移和分散这些力。肌肉不仅为运动提供力量，还被认为是动态减震器。如第5章中所述，背部及其S形脊柱也有助于吸收冲击力。

上肢、下肢和骨盆的协调活动形成步态周期。步态周期（参见图4.2）可以描述为一个站立期（支撑期）（此时一只脚踩在地面上）和一个摆动期（此时另一只脚处于离开地面的状态，同时向前摆动并准备与地面接触）。步行步态中，至少有一只脚与地面接触。但是在跑步时，存在两只脚同时离开地面的状态。在跑动状态下进行落地支撑时，大约3倍于体重的冲击力会被传递到下肢。

正常、健康的解剖结构可以帮助实现流畅、经济的步态循环和高效的跑步模式。在铁人三项运动的3个项目中，跑步对骨骼的冲击力最大，骑行和游泳的冲击力较小。但是由于它们包含人体自适应动作以外的运动模式，因此也会给下肢造成额外的生物力学载荷。随着时间的推移，承重关节，例如髋关节和膝关节，可能在冲击性活动中受到巨大的压力，潜在的损伤风险和后续关节炎的形成是最需要引起关注的。不过上述的观点仍然缺乏科学证据，没有科学研究表明参加耐力活动会使运动员易患关节炎。因此建议继续进行训练和比赛，无须担心运动会直接导致损伤或退行性病变。

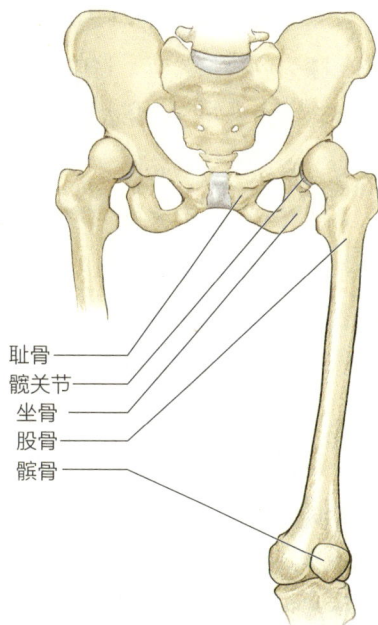

耻骨
髋关节
坐骨
股骨
髌骨

图4.1 大腿的解剖结构

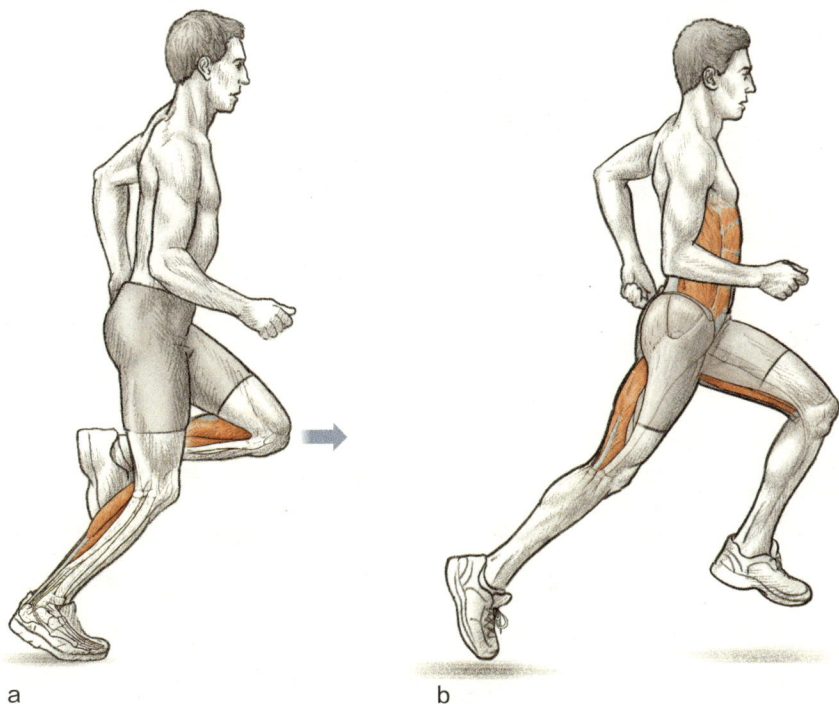

a   b

图4.2 步态周期:（a）站立期（支撑期）;（b）摆动期

　　下肢的肌肉（参见图4.3）可以根据它们的关节活动特征来进行分组，包括髋关节、膝关节和踝关节。这些关节活动包括屈曲、伸展、外展、内收和内外旋，有时这些活动组合在一起形成踝关节的内翻和外翻。许多单个肌肉围绕关节可产生单平面的运动，但是少数肌肉可以产生在两个关节上的运动。

　　屈髋这一抬起大腿的动作主要是由一组统称为髂腰肌的肌肉（腰大肌、腰小肌和髂肌）完成的。它们起始于脊柱和骨盆的深层，附着在股骨上部称为小转子的骨突上。这些肌肉通过控制髋关节来执行屈曲动作。

　　辅助髋关节屈曲动作的肌肉位于大腿前侧，包括股直肌和缝匠肌。它们起始于骨盆，穿过髋关节和膝关节，分别附着在髌骨和胫骨近端上。股直肌协助髋关节的屈曲和膝关节的伸展。缝匠肌协助髋关节的屈曲，但是同时也协助膝关节的屈曲。这种肌肉作用于两个关节的概念对于理解运动专项练习对训练的重要性十分关键（将在第10章中讨论）。

　　臀大肌控制髋关节伸展及大腿后伸的动作。臀大肌是最大的臀部肌肉，而且是构成臀部轮廓和形态的主要肌肉。从进化的角度来看，臀大肌较大的体积可能是直立姿势和直立步态的选择性进化结果，因为它能够帮助维持姿态并使得躯干从屈曲状态回到直立姿势。

　　髋关节外展或抬起腿部使之远离身体中线的动作基本上是由臀中肌和臀小肌控制的。这两块肌肉起始于骨盆的髂骨翼，并附着在称为大转子的股骨骨突（就是臀部侧边可以触碰到的骨性凸起）上。这些肌肉和其他外展肌（如阔筋膜张肌，起始于髂骨翼的顶端，并作为髂胫束附着在胫骨近端的外侧）在步态周期中控制着髋关节和骨盆的活动。在单腿站立姿势中，身体的中心靠近站立侧臀部的内侧或臀部的中线位置。支撑体重一侧的髋关节通过外展来对抗另一侧在步态的摆动期产生的重心偏移，从而达到防止摔倒的目的。在这种情况下，外展肌是骨盆稳定肌，可以保持骨盆水平，并形成一个稳定的机械轴。这个稳定的平台在良好的核心控制的协助下，能够让膝关节和脚有更理想的生物力学排列，从而有助于预防损伤。

　　使一侧腿向人体中线靠近的运动被称为髋内收，该动作主要由耻骨肌、股薄肌、短收肌、长收肌和大收肌控制。每块肌肉都有一个辅助功能，即帮助髋屈肌和髋关节内旋和外旋。这种肌群的临床意义牵涉腹股沟拉伤方面的问题。内收肌的损伤会导致臀部疼痛和紧张。请注意，该区域的其他结构也可能导致类似的症状。腹股沟疼痛也可能是髋关节受伤引起的，包括应力性骨折；盂唇（环绕髋关节的纤维环）

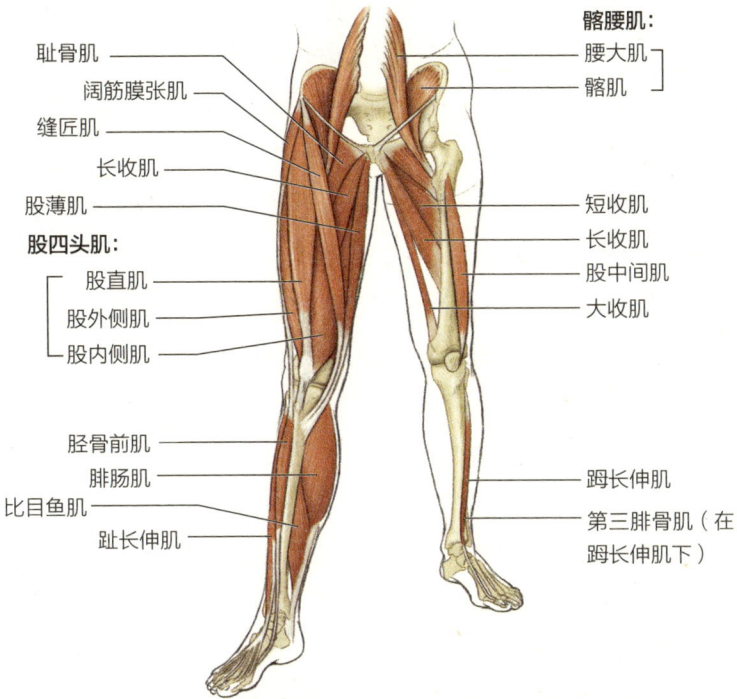

耻骨肌

阔筋膜张肌

缝匠肌

长收肌

股薄肌

股四头肌：

股直肌

股外侧肌

股内侧肌

胫骨前肌

腓肠肌

比目鱼肌

趾长伸肌

髂腰肌：

腰大肌

髂肌

短收肌

长收肌

股中间肌

大收肌

㖞长伸肌

第三腓骨肌（在㖞长伸肌下）

a

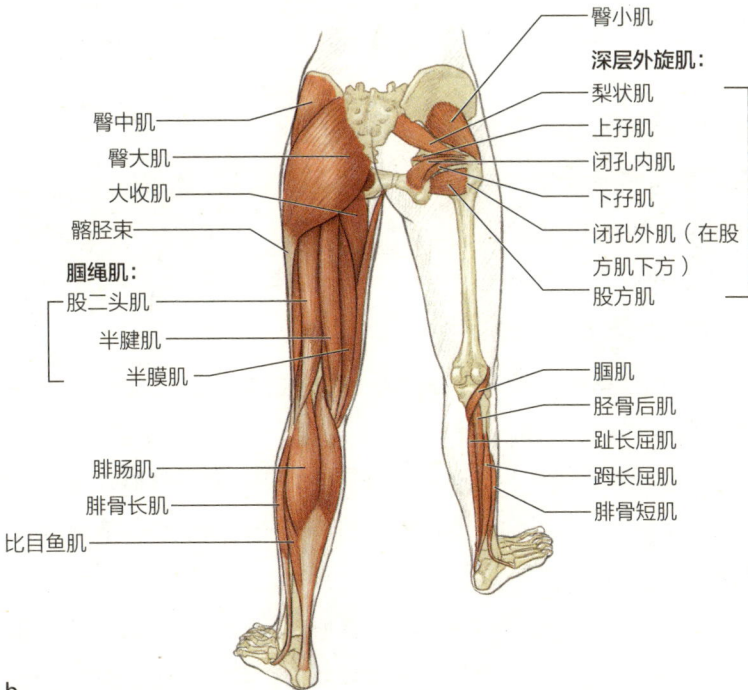

臀小肌

深层外旋肌：

梨状肌

上孖肌

闭孔内肌

下孖肌

闭孔外肌（在股方肌下方）

股方肌

臀中肌

臀大肌

大收肌

髂胫束

腘绳肌：

股二头肌

半腱肌

半膜肌

腘肌

胫骨后肌

趾长屈肌

㖞长屈肌

腓骨短肌

腓肠肌

腓骨长肌

比目鱼肌

b

图4.3　下肢的肌肉：（a）前视图；（b）后视图

或者关节软骨表面的病变或受损，也被描述为关节炎。

髋关节外旋，即脚趾和膝关节向外侧旋转，主要由髋关节后侧的旋转肌群产生，包括梨状肌、闭孔内/外肌、上/下孖肌和股方肌。髋关节内旋由臀中肌、臀小肌和内收肌共同发起。

构成膝关节的骨头包括股骨远端、胫骨上端（称为胫骨平台）、腓骨和髌骨。膝关节软骨为股骨和胫骨（胫股关节）以及髌骨和股骨（髌股关节）之间提供了低摩擦的表面。髌骨的功能及股骨组成的髌股关节提供有助于股四头肌发力的机械支点。由股四头肌收缩而产生的跑步和跳跃可以在髌股关节产生相当于体重的3～5倍的力。

膝关节的稳定性由4条韧带维系（参见图4.4）。内侧和外侧副韧带提供两侧稳定性，前、后交叉韧带提供前后稳定性。前交叉韧带也为膝关节提供旋转稳定性，在含有旋转及变向动作的运动当中，它是最频繁受伤的膝关节韧带之一。

膝关节伸展或伸直，由大腿前侧的股四头肌来进行控制。构成股四头肌的4块肌肉包括股直肌及周围的股中间肌、股内侧肌和股外侧肌。股直肌起始于骨盆，而股肌群起始于股骨近端。它们在膝关节汇合形成共同的股四头

处于屈曲状态的膝关节

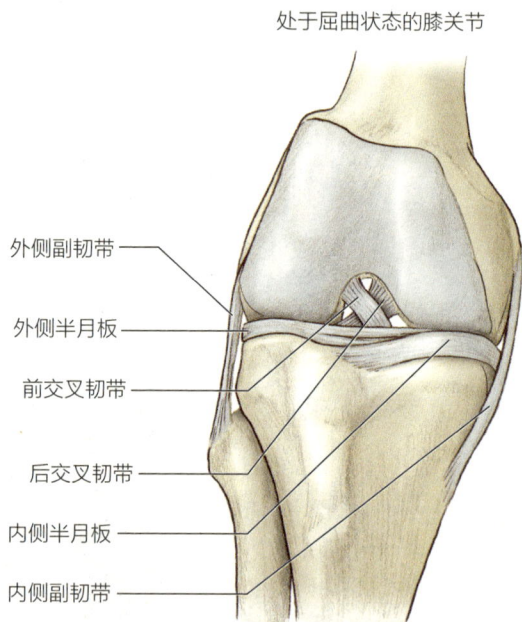

外侧副韧带
外侧半月板
前交叉韧带
后交叉韧带
内侧半月板
内侧副韧带

图4.4 膝关节韧带及组织

肌肌腱，与一层环绕髌骨的被称作髌骨支持带的组织。髌腱将髌骨连接到胫骨。髌骨支持带、股四头肌、股四头肌肌腱、髌骨和髌腱一起组成膝关节伸展的结构，其主要功能是伸膝。

大腿和膝后部的肌肉统称为腘绳肌，包括股二头肌、半腱肌和半膜肌。股二头肌有两个起始点：一个是骨盆的骨突，即坐骨结节，我们坐姿状态中臀部与支撑面接触的骨突部分；另一个是股骨粗线外侧唇的下半部。股二头肌的两头都在膝关节

汇合形成共同的肌腱，该肌腱附着在膝关节外侧的腓骨头上。股二头肌的主要功能是屈膝，但是它也作为膝关节的外旋肌。半腱肌和半膜肌称为内侧腘绳肌，起始于坐骨结节，分别止于胫骨内侧髁的后内侧位置。因为这些肌肉跨越两个关节，它们可以完成伸髋、屈膝及腿部的内旋动作。半腱肌和半膜肌组成的内侧腘绳肌与缝匠肌、股薄肌一起形成鹅足肌腱。它们附着在胫骨上端的内侧沿线。它们协同工作时，将作为髋关节和膝关节的屈肌，同时也可作为髋关节和大腿的外旋肌。这个动作模式对步行非常关键，当人体需要从步态的支撑期过渡到摆动期时，该肌肉的协同模式能够帮助脚部抬起。

　　踝关节由胫骨远端、腓骨远端和距骨（参见图4.5）组成，让脚踝能够足背屈（踝关节向上抬起）和指向下方（跖屈）。距骨下端的骨包括跟骨和中足骨，让脚部能够完成正常步态下必不可少的一些复杂运动。内翻被定义为足跖屈与脚踝的内旋，而外翻被定义为脚背屈与脚踝的外旋。如果没有这一系列的动作，我们将很难去适应凹凸不平的路面。

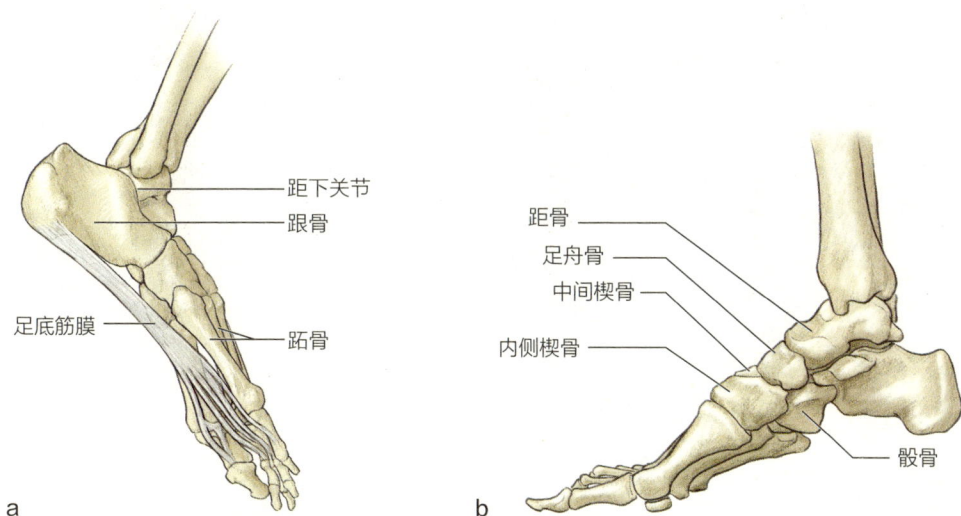

图4.5 脚的骨与组织：（a）底部显示足底筋膜；（b）内侧视图

　　踝关节的稳定性由结实的韧带系统和腿部外侧肌群维系，这些腿部外侧肌群包括腓骨长肌和腓骨短肌，它们被视作踝关节的动态稳定肌。踝关节的外侧韧带包括距腓前韧带和跟腓韧带，可以抵抗踝关节受到的内翻力量。扭到脚时这些韧带很有可能出现撕裂，这是最常见的一种损伤机制。

踝关节内侧的三角韧带将胫骨远端或称作内踝的部分连接到跟骨和距骨上。在更严重的扭伤中，该韧带会受伤。最后一组将腓骨远端与胫骨连接，主要用于稳定踝关节的韧带被称作胫腓韧带。旋转产生的力导致的这些韧带损伤称为高位踝关节扭伤，因为这些韧带位于踝关节所在的区域之上。这种伤害的痊愈时间往往比其他扭伤更长。

小腿的肌肉（参见图4.6）控制着踝关节的活动。起始于股骨远端的腓肠肌和起始于胫骨的比目鱼肌在踝关节附近汇合形成跟腱，而跟腱与跟骨相连。它们负责进行跖屈的运动，并且也是人体脚部蹬离地面的主要力量来源。尽管跟腱是人体最大和最结实的肌腱，但是它仍然可能遭受一系列伤病困扰，其中包括跟腱炎与跟腱断裂。

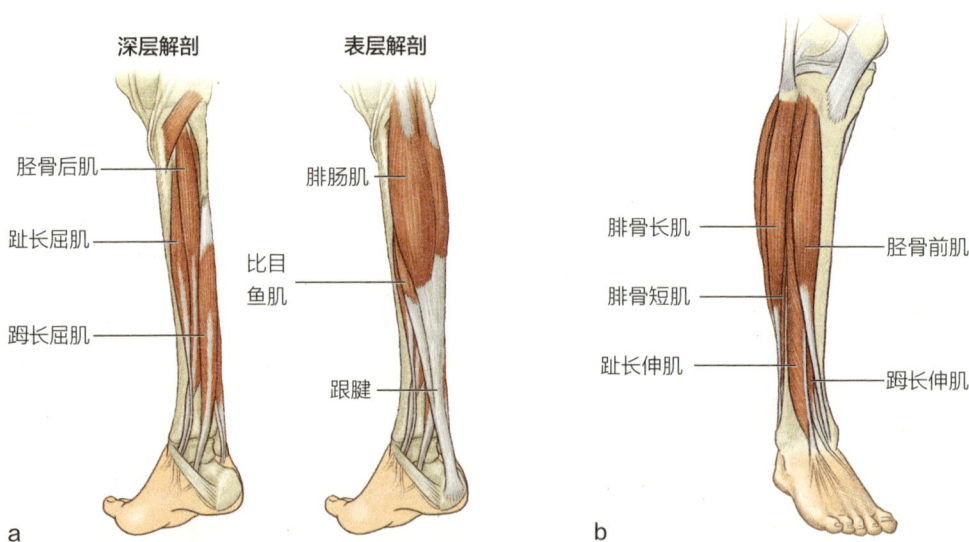

深层解剖　表层解剖

胫骨后肌
趾长屈肌
踇长屈肌
腓肠肌
比目鱼肌
跟腱

a

腓骨长肌
腓骨短肌
趾长伸肌
胫骨前肌
踇长伸肌

b

图4.6　小腿的肌肉：（a）后视图；（b）前视图

小腿前侧的肌肉包括胫骨前肌、踇长伸肌和趾长伸肌，它们共同让脚产生背屈动作。这个基本动作负责脚从蹬离地面到该侧脚跟再次接触地面所在步态周期里的脚抬起的动作。如果没有这个动作，脚就会出现下降且当脚向前摆动时，脚趾会处于被拖拽的状态。如果支配这个肌群的腓总神经受损，也可能导致该问题。这种损伤不常见，但有时是人工全髋关节置换手术的并发症。

小腿最后一个肌群是腓骨肌，包括腓骨长肌和腓骨短肌。它们起始于腓骨，沿着腓骨及踝关节外侧向下延伸，腓骨长肌止于内侧楔骨与第一跖骨底部，腓骨短肌止于第五跖骨底部。其主要功能是使踝关节外翻。从功能上看，该动作产生了动态的踝关节稳定性。在踝关节扭伤后的韧带修复治疗中，我们需要同等对待这些肌肉以进行康复训练，从而得到功能性的愈合。

脚和踝关节包括26块骨，超过30个关节，超过100块肌肉、肌腱和韧带。前面已经介绍了表层肌，即那些起始于小腿和止于脚上的肌肉。脚的深层肌体积小但非常强壮，它能够帮助人体建立平稳的步态模式。

腿部训练

铁人三项运动员在通过腿部训练来增强力量时需要仔细策划。赛季的年度训练时间及骑行和跑步的训练量等因素，将影响到腿部阻力训练的数量和质量。训练的重点是让腿部力量从频繁的比赛中恢复，以及通过特定项目的训练，最大限度地增强腿部力量。超负荷的力量和爆发力的训练无法转化为跑步和骑行成绩的提升。运动特异性是所有耐力运动员都必须遵循的重要训练原则，我们应该将力量训练作为提升运动表现和降低受伤风险的补充手段。

与其他部位的训练一样，运动员应训练腿部以发展肌肉的力量和耐力。因此，在所选择的日常训练项目中，请考虑每项训练执行2～4组，每组重复10～15次，每组之间休息1～2分钟。

下述的训练内容将主动分离式练习与多关节运动的专项练习结合在了一起。运动员只有在充分热身之后才可以做这些训练。热身可能包括10～15分钟的简单有氧运动，然后是一些拉伸运动，如动态拉伸运动或温和的静态拉伸运动。运动员在赛季前应每周进行2～3次腿部力量训练，在赛季中应每周进行1～2次腿部力量训练以保持力量并预防损伤。

杠铃深蹲

长收肌

竖脊肌

股内侧肌

臀大肌

股直肌

股外侧肌

股中间肌

股二头肌

腓肠肌

比目鱼肌

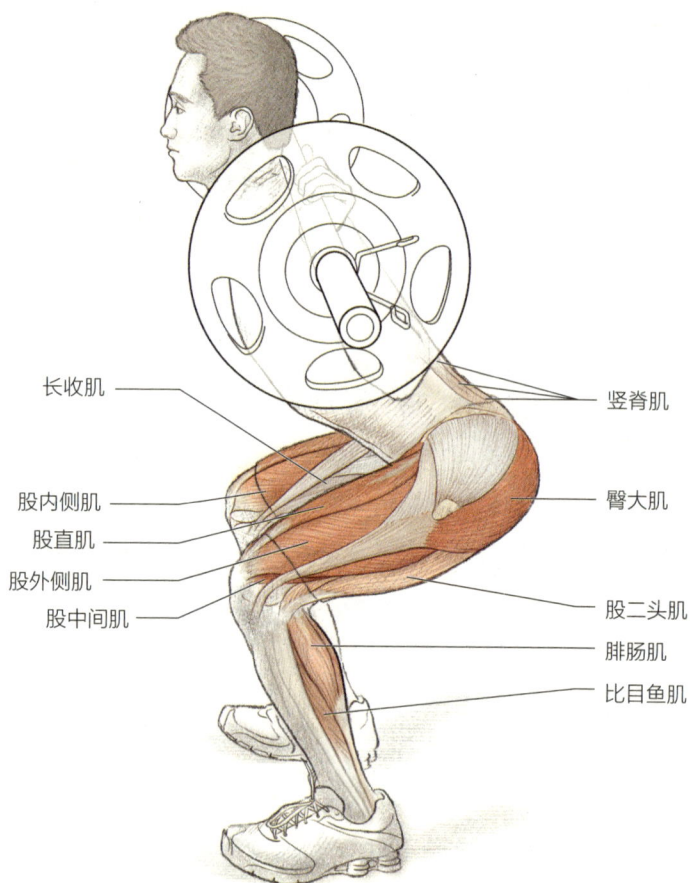

安全提示： 正确的姿势至关重要。运动员在整个训练过程中应保持背部平直，不要在下蹲的末端位置有跳动动作，这会给膝关节施加不必要的压力。如果有需要，可在使用一块板子轻微垫高脚后跟的状态下来进行训练。运动员在开始这项训练之前要充分热身。

训练步骤

1. 将装有配重片的杠铃放在肩关节上，身体站立，双脚之间的距离同骑行时双脚踩在踏板上的距离（或稍宽）。

2. 背部保持平直状态，进行下蹲并配合躯干屈曲的动作，直到大腿几乎与地面平行。

3. 背部保持平直状态，动员核心肌群，运用臀部和腿部力量将身体从下蹲位
支撑起至起始位。重复动作至预定的次数。

涉及的肌肉

主要肌群：臀大肌、股四头肌（股直肌、股外侧肌、股内侧肌、股中间肌）

辅助肌群：竖脊肌、腘绳肌（股二头肌、半腱肌、半膜肌）、腓肠肌、比目鱼肌、髋内收肌

铁人三项重点

杠铃深蹲长久以来因其突出的训练效果而一直被认为是下肢力量训练的最佳手段。这项多关节训练用到腿部、臀部和核心的关键肌肉，很难找到能比它提供更多训练益处的动作。

对铁人三项运动的自行车赛段而言，这些训练能让股四头肌、腘绳肌和臀大肌在骑行时产生更多力量，从而减少疲劳，尤其在腿部踩踏车踏板至90度的位置时。

运动员会发现在游泳池中训练时双脚蹬池壁的力量更大了，同时在双腿打水时有更强的推进力。铁人三项运动员在上坡跑步阶段，或者是在骑行过后的状态，都会发现下肢拥有更佳的弹性能力和力量储备。

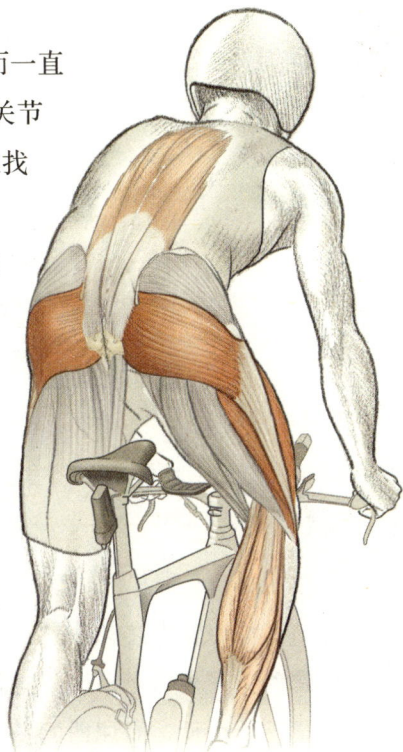

变化动作

哑铃深蹲

这项训练的执行方式类似于杠铃深蹲，不同的是将杠铃换成哑铃。运动员双手各持一个重量相同的哑铃于身体两侧，保持背部平直，并做下蹲动作。

弓箭步

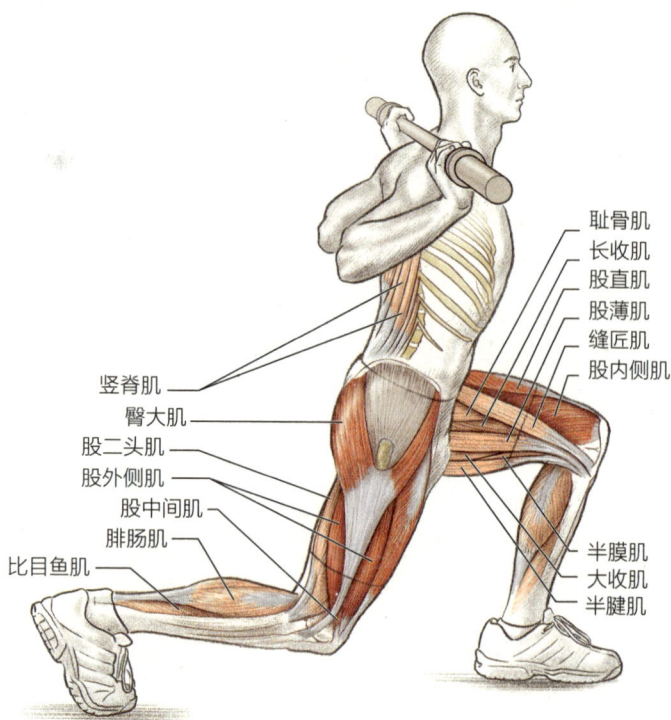

耻骨肌
长收肌
股直肌
股薄肌
缝匠肌
股内侧肌

竖脊肌
臀大肌
股二头肌
股外侧肌
股中间肌
腓肠肌
比目鱼肌

半膜肌
大收肌
半腱肌

训练步骤

1. 身体站立，双脚与肩同宽。如果想要使用额外的阻力，可以将一个杠铃舒适地、均匀地放置在肩上，或在每只手上各握一只同等重量的哑铃。

2. 背部保持平直状态，抬头向前看，轻轻向前跨步（弓箭步），直到前侧大腿平行于地面，而屈曲的膝关节与地面呈90度。置于后侧腿的膝关节几乎触碰到地面，在整个训练进行中注意保持动作的姿态。

3. 在短暂的停顿之后，激活前侧腿的股四头肌，在回到开始位置的过程中注意保持身体的平衡和姿势。

4. 另一侧腿交替发起新的动作，重复此过程。重复动作至预定的次数。

涉及的肌肉

主要肌群：臀大肌、股四头肌（股直肌、股外侧肌、股内侧肌、股中间肌）

辅助肌群： 竖脊肌、腘绳肌（股二头肌、半腱肌、半膜肌）、腓肠肌、比目鱼肌、髋内收肌

铁人三项重点

如果问任何一个精英铁人三项运动员，是哪个下肢力量训练在他的成功中起到了关键作用，他可能会回答是弓箭步。这些简单但有效的训练可以强化股四头肌（股直肌、股外侧肌、股内侧肌、股中间肌）、腘绳肌（股二头肌、半腱肌、半膜肌）和臀大肌，这些肌肉是运动员在跑步和骑行阶段获得力量和速度的关键。

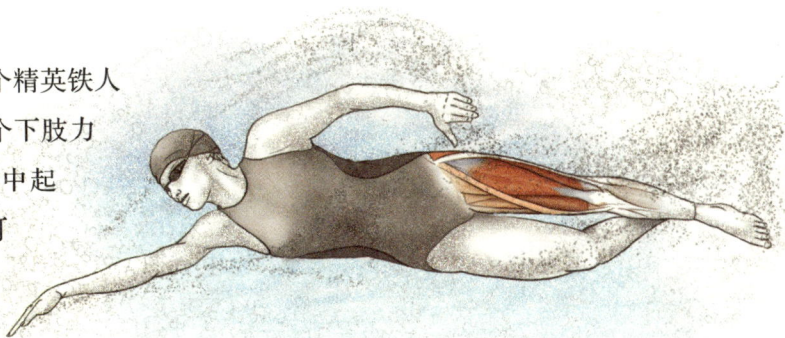

弓箭步是多功能的下肢训练手段，它不仅能够增强铁人三项运动员使用大齿轮进行快速骑行上坡的能力，还可作为跑步训练前建议开展的动态热身运动和拉伸运动。此外，适当做弓箭步训练能够增强本体感受能力和平衡能力。最后，和所有增强臀肌力量的练习一样，弓箭步将通过促进更有力的踢腿动作而使游泳速度更快。

运动员在做弓箭步训练时要谨慎，不论是使用杠铃、哑铃还是自身体重，正确的姿势都要求背部保持平直，在跨步时膝关节不超过脚尖，以免给髌腱带来过度压力。

变化动作

侧弓箭步

双脚分开与肩同宽站立，把杠铃放在肩上，或者两手各握一个哑铃来增加阻力。在整个练习过程中，保持背部挺直，抬头向前看。以大约45度的角度向一侧迈步。屈曲膝关节，直到大腿与地面平行，大腿与小腿形成90度角。使膝关节在脚趾后面的位置。

短暂的停顿后，屈曲的腿用力，将身体推回到起点位置。

然后切换另一脚并重复，重复动作至预定的次数。

单腿蹲起

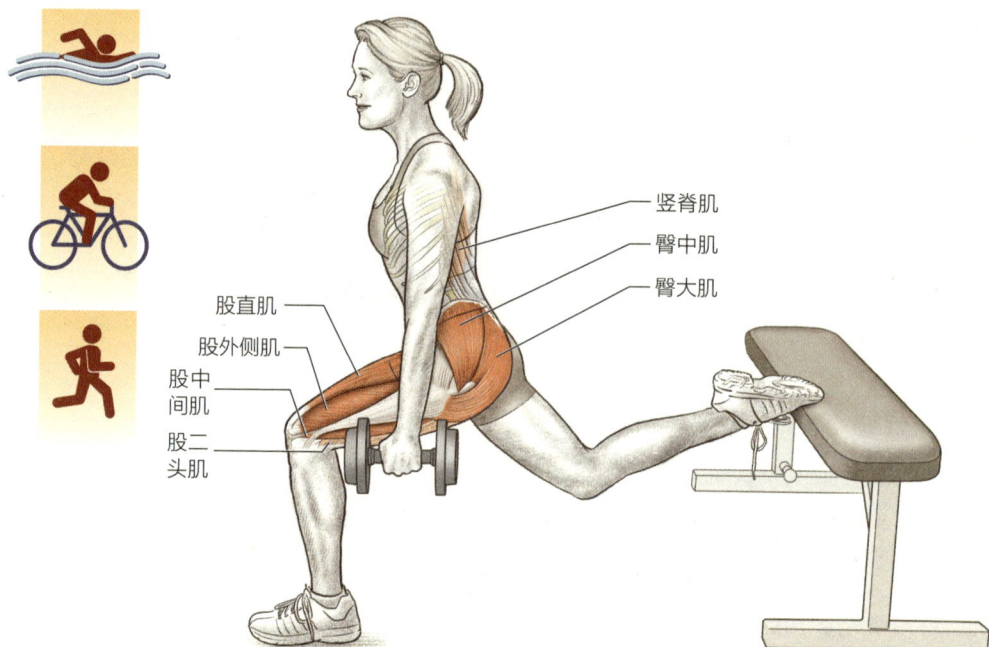

竖脊肌
臀中肌
臀大肌

股直肌
股外侧肌
股中间肌
股二头肌

安全提示： 和双腿深蹲一样，在下蹲的末端位置不要有跳动动作，这会给膝关节施加不必要的压力。

训练步骤

1. 只利用自身体重或在两侧手各握一个哑铃的状态下完成这项训练。

2. 站在举重凳或其他稳固支撑物前方0.6 ~ 0.9米处。将一侧腿向后伸并放在长凳上，找到让身体可以达到平衡的姿势。

3. 屈曲前侧膝关节以降低身体，直到大腿几乎平行于地面，激活臀部肌肉及股四头肌。

4. 伸展前侧腿，返回到起始位置，并重复动作至预定的次数。切换另一侧腿并重复练习。

涉及的肌肉

　　主要肌群：股四头肌（股直肌、股内侧肌、股外侧肌、股中间肌）、臀大肌、臀中肌

　　辅助肌群：竖脊肌、股二头肌、长收肌、短收肌、腹横肌、腹内斜肌、腹外斜肌

铁人三项重点

　　单腿蹲起所锻炼的肌肉很多都与双腿深蹲是一样的，但它能够每次单独锻炼一侧腿。其重点就在于侧重强化弱侧腿与提升平衡能力。

　　由于该训练可以让很多肌肉参与动员收缩，因此成为铁人三项运动员的理想训练项目，特别是有助于骑行和跑步。它能够增加骑行所需的蹬踏的力量，有助于获得跑步所需的更大的推动力，尤其是在上坡跑动阶段。总体而言，单腿蹲起应该成为下肢日常力量训练的核心内容。

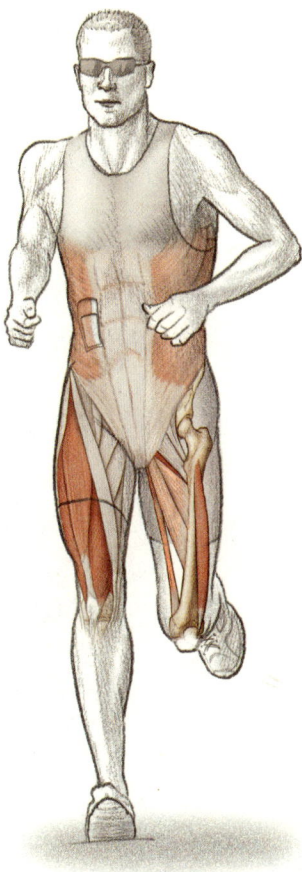

哑铃向上踏步

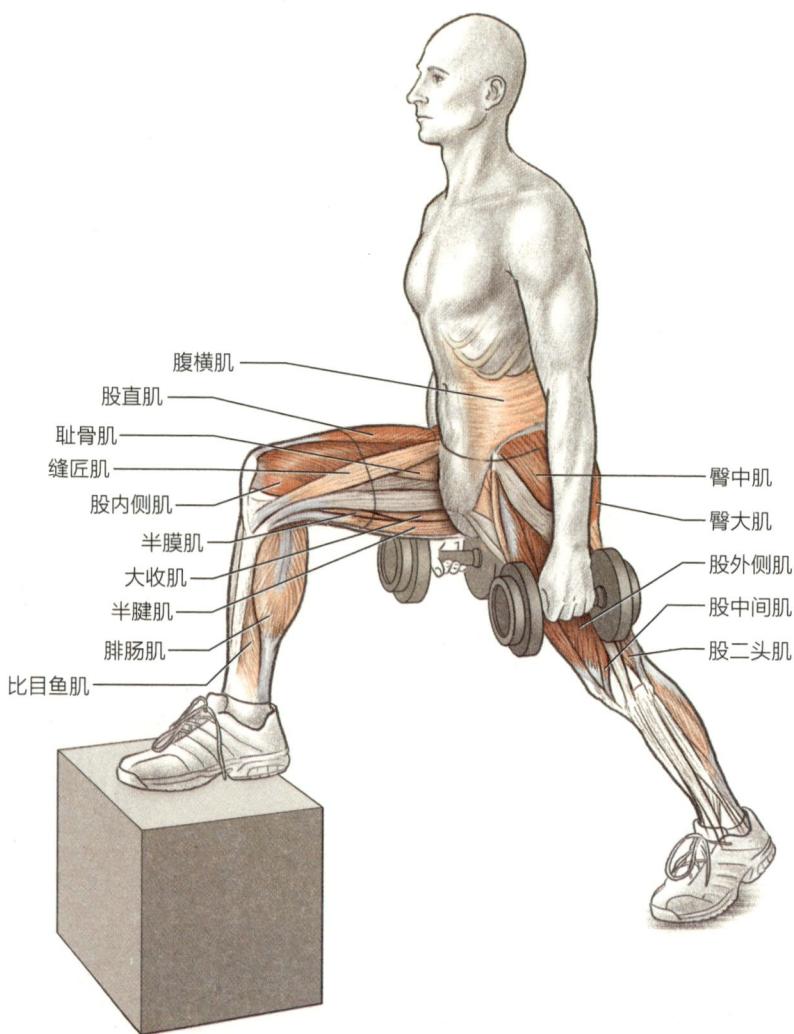

腹横肌

股直肌

耻骨肌

缝匠肌

股内侧肌

半膜肌

大收肌

半腱肌

腓肠肌

比目鱼肌

臀中肌

臀大肌

股外侧肌

股中间肌

股二头肌

训练步骤

1. 使用跳箱或其他坚固的箱子，箱子的高度与站立位状态下膝关节所在的高度大约一致。面对箱子站立，每只手各握一个哑铃。

2. 将需要锻炼的那侧腿踏在箱子上并蹬踩箱面，直到双脚都站在箱子上。

3. 返回到起始位置，用另一侧腿执行相同的步骤。重复动作至预定的次数。

涉及的肌肉

　　主要肌群：股四头肌（股直肌、股内侧肌、股外侧肌、股中间肌）、腰大肌、臀大肌、臀中肌

　　辅助肌群：腘绳肌（股二头肌、半腱肌、半膜肌）、大收肌、短收肌、耻骨肌、缝匠肌、腓肠肌、比目鱼肌、腹横肌

铁人三项重点

　　这是锻炼下肢肌肉及提升平衡能力和稳定性的另一项优秀的训练手段。运动员以缓慢和有控制的动作模式来执行这项训练，会进一步提高训练效果。

　　将这项训练纳入日常力量训练的铁人三项运动员会注意到，骑行时的力量输出有提升，游泳时打腿推进的力量更大了，而且上坡跑时身体的弹性能量也更多。这项训练还能加强结缔组织，从而有助于预防损伤。运动员可以通过增加更多的负重或提升箱子的高度来增加训练强度。

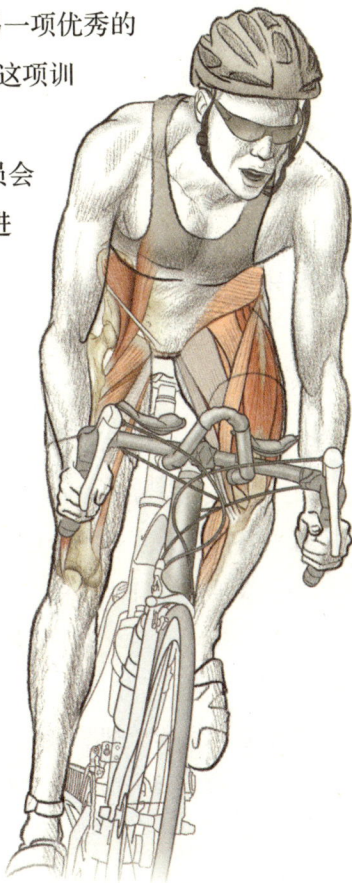

健身球腘绳肌弯举

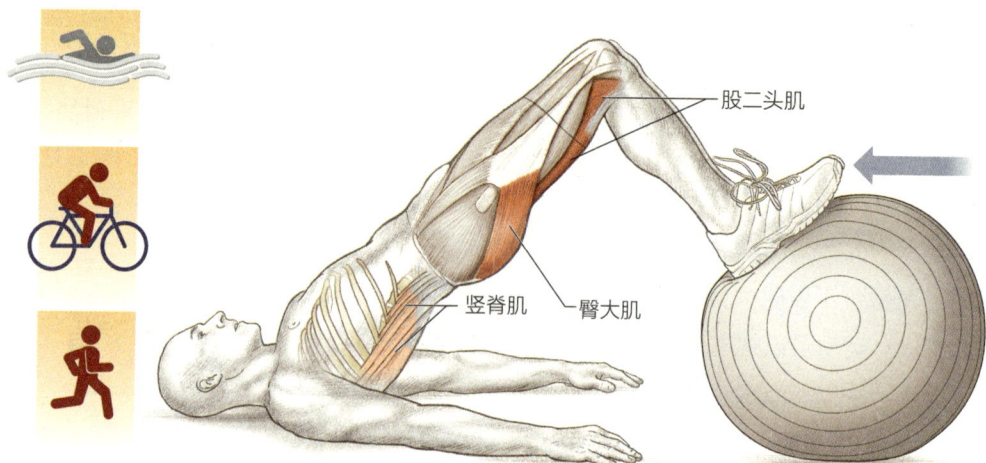

股二头肌

竖脊肌

臀大肌

注：因图片展示角度有限，未标注全部涉及的肌肉。（书内同类情况不再另外说明。）

训练步骤

1. 使用一个中等直径的健身球，背部着地躺在地面上，脚支撑于健身球上。

2. 用核心肌肉发力，轻轻地将臀部向天花板方向抬起，让身体逐渐呈现平直的状态。

3. 将脚跟向臀部方向拉动，直到膝关节形成90度屈曲状态。

4. 伸直双腿回到起始位置，用贴在地面的上背部和健身球上的脚跟来支撑身体，保持身体平直。

涉及的肌肉

主要肌群：臀大肌、腘绳肌（股二头肌、半腱肌、半膜肌）

辅助肌群：竖脊肌（髂肋肌、最长肌、棘肌）

铁人三项重点

　　这项训练方便、有效，可以单独针对腘绳肌和臀大肌进行训练，非常适合没有时间去健身房使用力量训练器材的铁人三项运动员。此外，它还有额外的好处，即可以锻炼到腿部关键肌肉和核心肌肉。

　　健身球腘绳肌弯举有助于加强骑行时所用的肌肉，尤其在爬坡骑行或逆风骑行的时候，在这些状态下，踩下踏板并上提的动作就变得非常重要。跑步运动员也将受益于更加强壮的腘绳肌和臀大肌，尤其是迎强风跑步或向上坡路段发起冲刺的时候，人体需要这些肌肉表现出最佳的水平。

　　注意，正确执行该训练动作需要有强大的核心肌群作为支撑。运动员一定要阅读本书关于核心力量训练的部分。

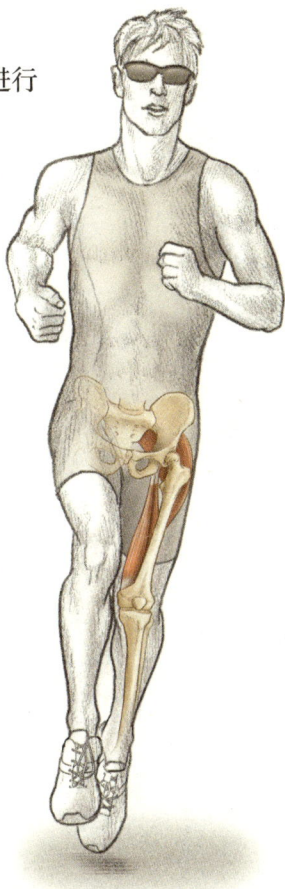

变化动作

单腿健身球腘绳肌弯举

　　单腿弯举由双腿弯举变化而来，这项训练需要更强的平衡能力和核心稳定性。做这个变化动作时，只需使用一侧腿重复预定的次数，而另一侧腿在训练过程中保持伸直位。结束一组训练后，换另外一侧腿重复该训练内容。

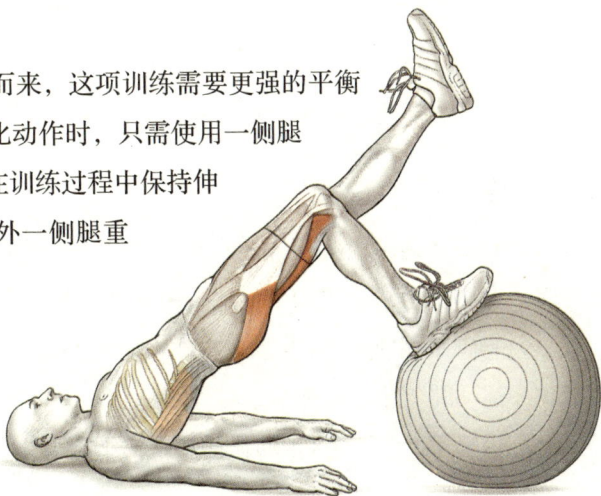

迷你带侧滑步

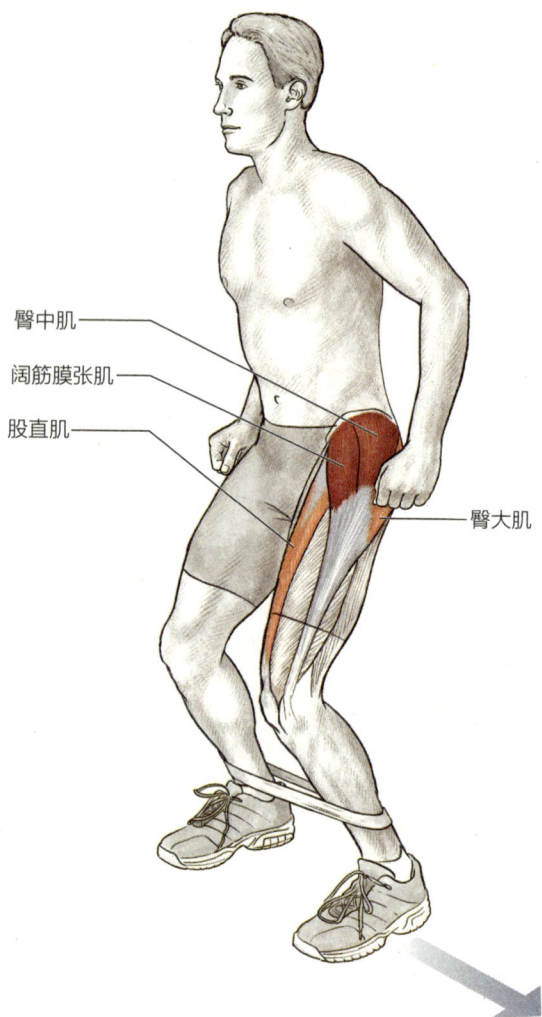

臀中肌

阔筋膜张肌

股直肌

臀大肌

训练步骤

1. 双膝屈曲站立，双脚分开至与肩同宽，脚尖指向前方。

2. 在脚踝上绑上阻力带。保持跟随腿站稳，运动腿向一侧迈步，同时保持两脚脚趾朝向前方。

3. 运动腿立稳于地面后，移动跟随腿。

4. 重复第2步和第3步动作至预定的距离。

涉及的肌肉

主要肌群： 阔筋膜张肌、臀中肌

辅助肌群： 臀大肌、股直肌

铁人三项重点

加强臀部外展肌训练可以稳定臀部并有助于促进膝关节的正确运动，提升运动表现，降低受伤的风险。

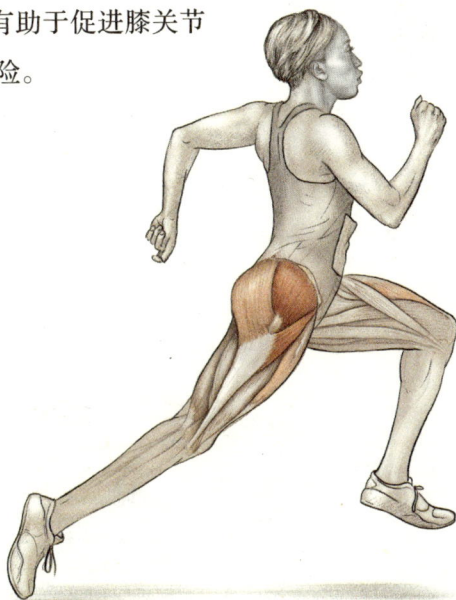

单腿硬拉

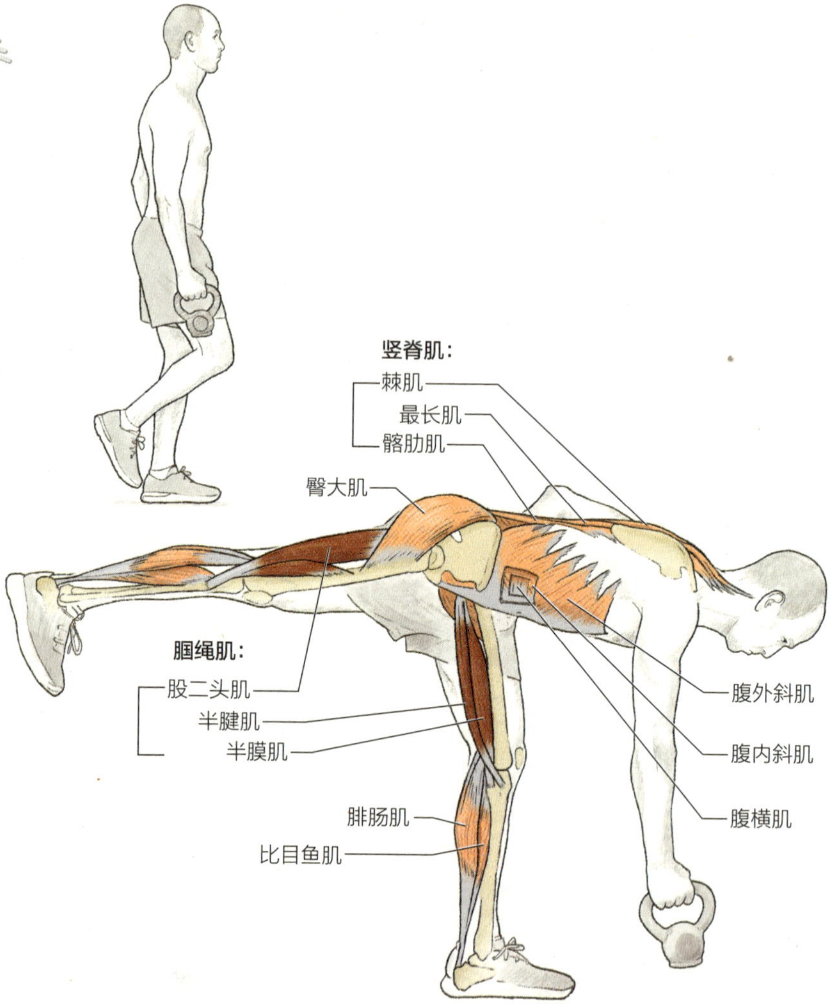

竖脊肌：
棘肌
最长肌
髂肋肌

臀大肌

腘绳肌：
股二头肌
半腱肌
半膜肌

腓肠肌

比目鱼肌

腹外斜肌

腹内斜肌

腹横肌

训练步骤

1. 单腿站立，对侧的手拿着壶铃。

2. 保持背部直立状态，站立腿膝关节微屈，身体在腰部进行前倾，随后进行单腿硬拉动作。

3. 身体向前屈曲时，将自由腿伸到身后以保持平衡。臀部继续屈曲，直到躯干与地面平行。

4. 回到起始位置，另一侧重复动作练习。

涉及的肌肉

　　主要肌群： 腘绳肌（半腱肌、半膜肌、股二头肌）

　　辅助肌群： 竖脊肌（髂肋肌，最长肌，棘肌）、臀大肌、腓肠肌、比目鱼肌、腹外斜肌、腹内斜肌、腹横肌

铁人三项重点

　　单腿硬拉能更多地锻炼后侧肌肉，主要是腘绳肌。这给骑行和跑步带来了更大的动力。

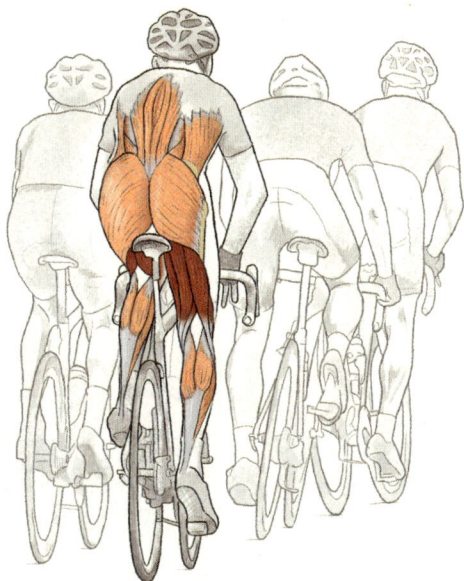

变化动作

健身球髋伸展

　　背部与地面接触，保持仰卧位，将两腿的小腿部位放在健身球上。要想增加难度，可以通过单侧腿来进行球上支撑的动作，并使用臀部发力将整个身体拉平伸直。注意在这个过程当中加强臀大肌的收缩。

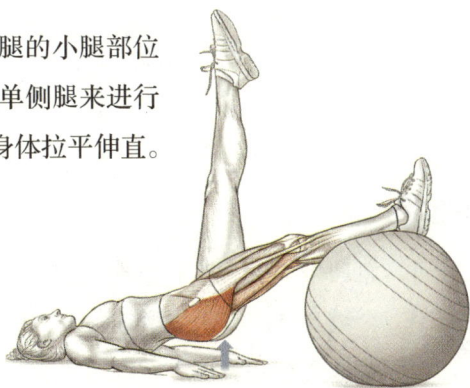

靠墙健身球下蹲

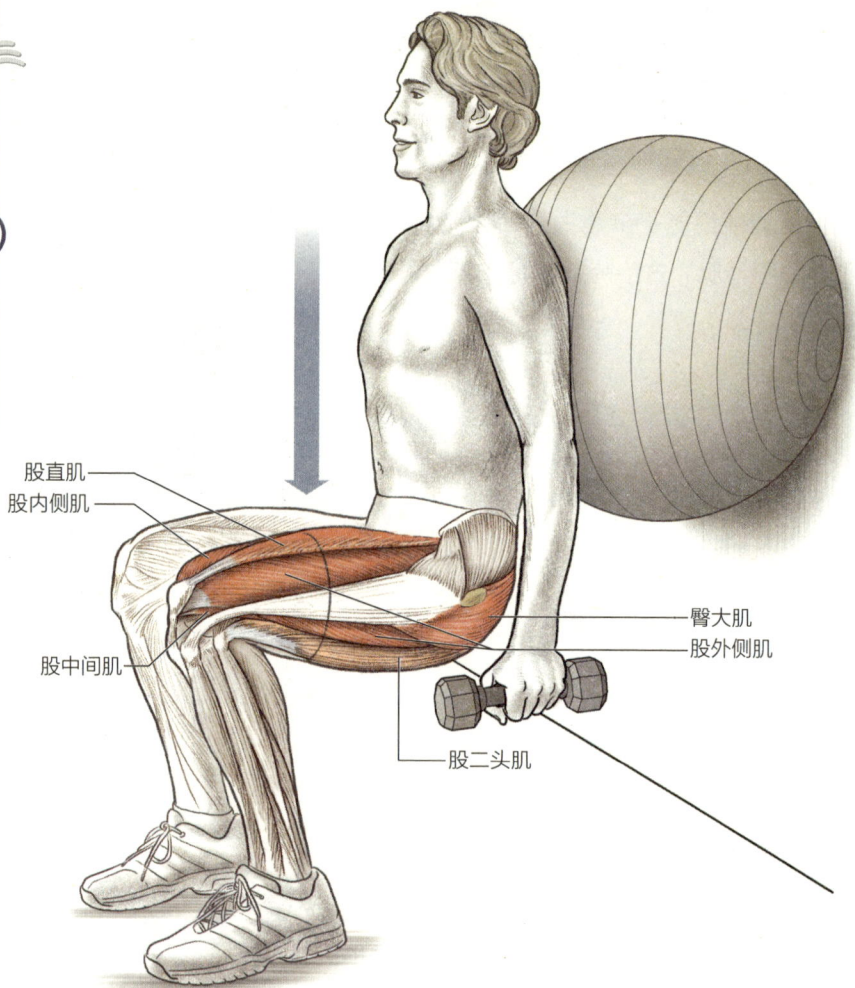

股直肌
股内侧肌
臀大肌
股外侧肌
股中间肌
股二头肌

训练步骤

1. 背向墙面站立，脚跟距离墙壁大约0.9米，在中背部与下背部之间放置一个健身球。如果想增加负重的话，可以两侧手各握一个哑铃。

2. 背部靠在健身球上并保持平衡，降低身体至坐姿，此时大腿与地面几乎平行，膝关节屈曲呈90度。

3. 逐渐上升到站立位，重复动作至预定的次数。

涉及的肌肉

　　主要肌群：股四头肌（股直肌、股外侧肌、股内侧肌、股中间肌）、臀大肌

　　辅助肌群：腘绳肌（股二头肌、半腱肌、半膜肌）、髋关节内收肌（长收肌、大收肌、短收肌）

铁人三项重点

　　靠墙健身球下蹲所针对的肌群同常规深蹲一样，但是该训练增加了核心肌群的收缩能力并有助于发展平衡能力。

　　这样的抗阻训练可以使双腿变得强壮，不仅能够增加骑行和跑步的力量输出，而且对铁人三项运动当中的项目转换会非常有帮助。

　　这类训练的另一个好处就是对时间的高效利用，因为运动员通过一个简单有效的训练就可以发展核心稳定性、腿部力量及耐力。

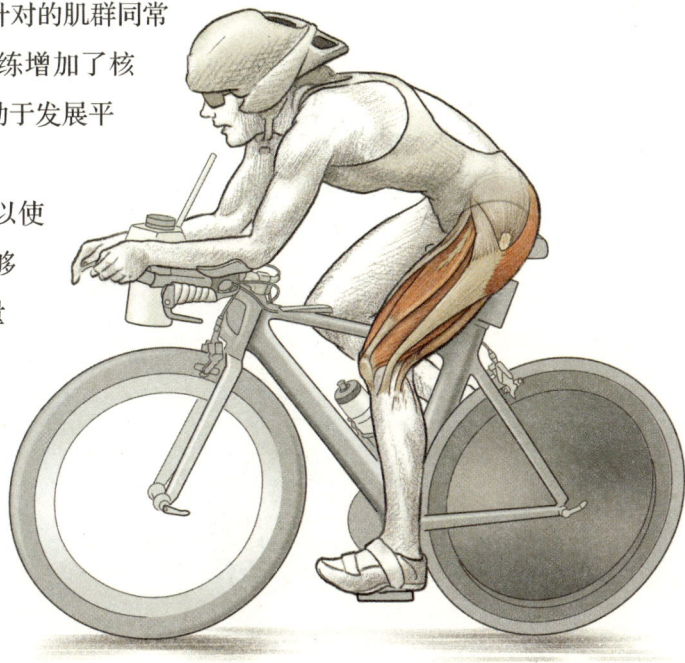

握哑铃单腿提踵

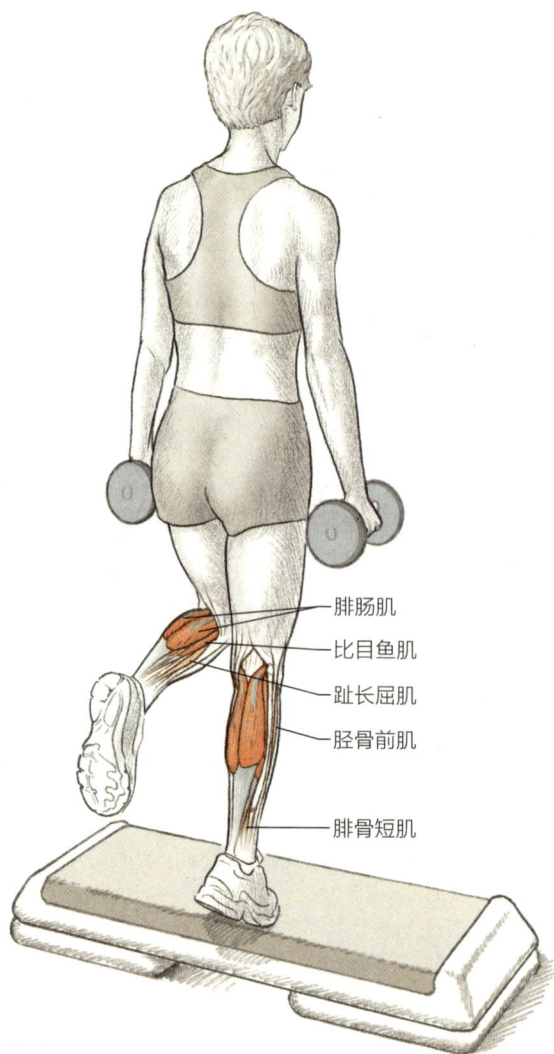

腓肠肌

比目鱼肌

趾长屈肌

胫骨前肌

腓骨短肌

训练步骤

1. 运动员站在一个稳定的7.5 ~ 12.5厘米高的平台上，每只手各握一个以当前体适能水平为参照重量的哑铃。对于大多数运动员来说，应该选择一个对于完成预期重复次数具有挑战的重量。

2. 向靠近地面的方向降低脚后跟（踝关节背屈），继续脚背屈并将身体下降到一个小腿及其周围区域能感到轻微拉伸的范围。

3. 在膝关节轻度屈曲的状态下同时收缩小腿的肌肉，从而向上逐渐抬起脚跟（踝关节跖屈）。

4. 再次缓慢降低脚跟并完成预期的重复次数。换到对侧腿进行同样的练习。

涉及的肌肉

主要肌群： 腓肠肌、比目鱼肌

辅助肌群： 胫骨前肌、腓骨短肌、趾长屈肌

铁人三项重点

这项针对铁人三项运动员小腿进行的针对性力量练习有助于预防损伤、提高骑行与跑步的运动表现。

在骑行与跑步当中，小腿对力量的传递与推进起到了重要作用。如果该部位的肌肉得不到适当加强，不仅会影响运动表现，还会增加受伤风险，最常见的情况是跟腱受伤。

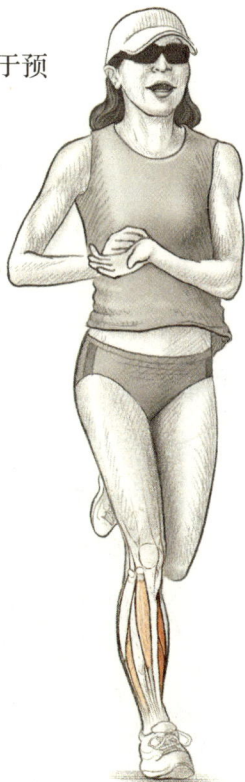

绳索髋内收

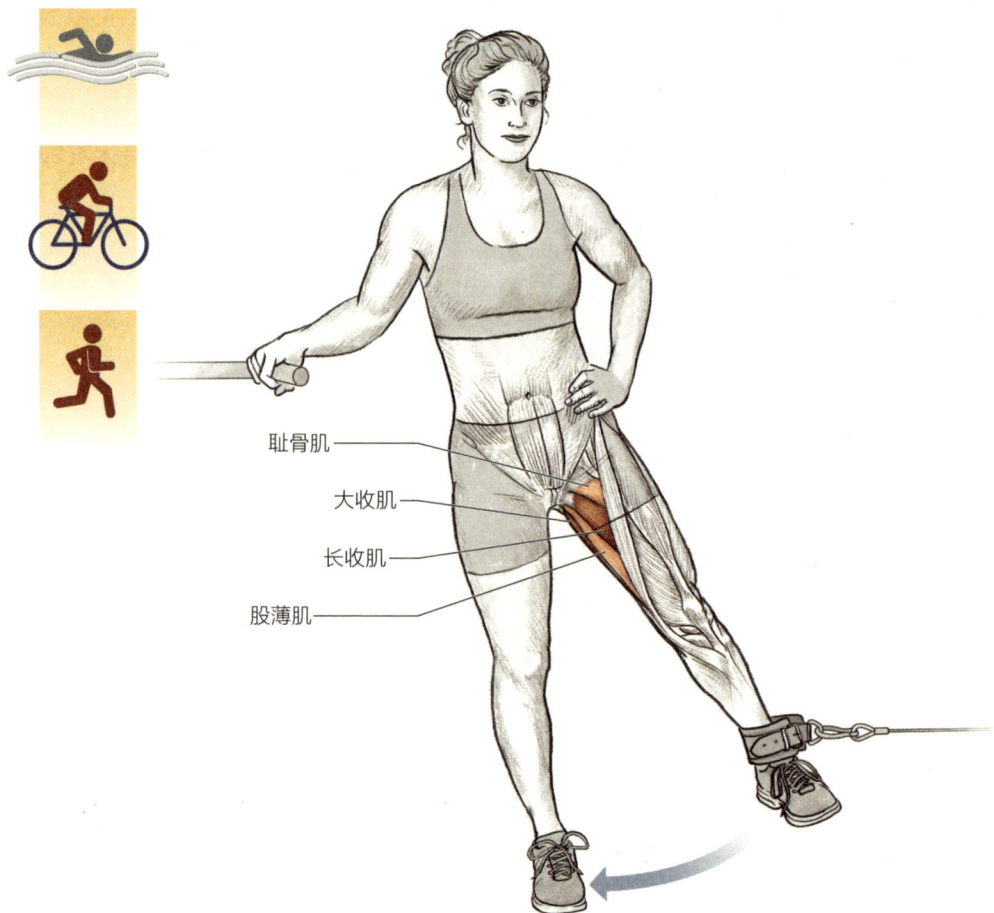

耻骨肌

大收肌

长收肌

股薄肌

训练步骤

1. 侧身站在绳索拉力器旁，将一根高度较低的绳索带固定在靠近绳索拉力器的一侧脚踝上。

2. 站在离绳索拉力器一步远的地方，双脚分开，这样身体就更能承重。用手握住绳索拉力器系统以便支撑并保持稳定。单脚站立，脚踝向外侧伸出。

3. 保持躯干稳定，将固定有绳索带的一侧脚向站立脚拉动。保持片刻，然后慢慢回到起始位置。完成后换对侧腿进行同样的练习。

涉及的肌肉

主要肌群： 大收肌、长收肌、短收肌

辅助肌群： 股薄肌、耻骨肌、臀大肌

铁人三项重点

虽然在骑行或跑步时，实际上不会以内收的方式摆动双腿，但为了保持稳定，运动员仍然需要加强内收肌训练。在艰苦的骑行过程中，双腿要保持流畅的旋转运动。在跑步时，身体需要把所有的能量转化为向前的动力。内收肌有助于保持身体的稳定性，保证身体正确地向前发力。

变化动作

内收肌训练

许多健身房都有髋关节内收和髋关节外展器械。这里介绍一个快速简单易上手的器械来训练你的髋内收肌群。

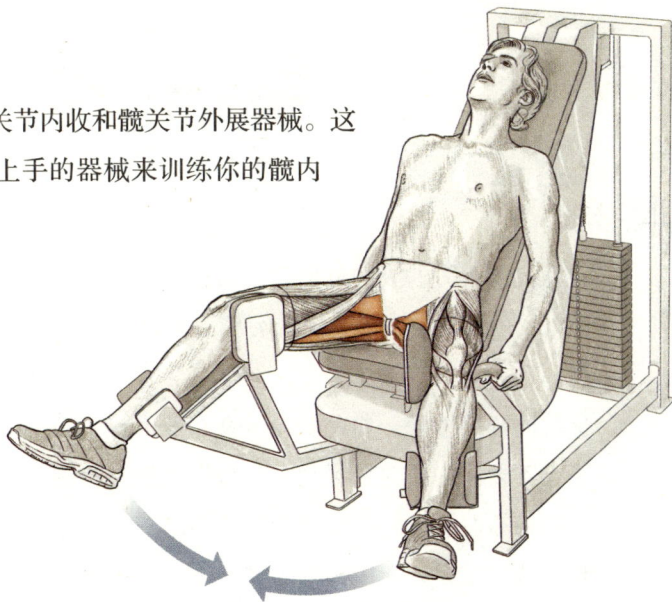

迷你带髋外展步行

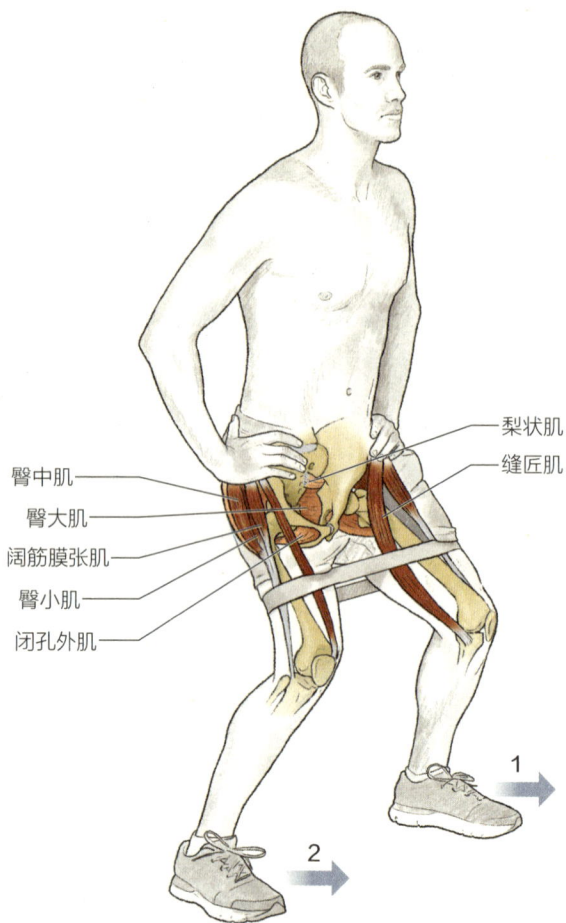

梨状肌
缝匠肌
臀中肌
臀大肌
阔筋膜张肌
臀小肌
闭孔外肌

训练步骤

1. 在膝关节上方的大腿处放置一根迷你带（也可以把它放在脚踝或脚上）。

2. 以1/4深蹲的姿势站立，膝关节屈曲，臀部向后，背部直立，双脚脚尖保持向前。

3. 保持同样的姿势，将左腿向外侧迈开。确保膝关节的位置固定并在控制之下，不要向内或向外晃动，双脚脚尖保持向前。

4. 右脚跟随左脚，向左移动相等的距离。

5. 整套动作完成后，按相反的方向（向右）进行练习。

涉及的肌肉

主要肌群： 臀中肌、臀小肌、阔筋膜张肌、缝匠肌

辅助肌群： 臀大肌、梨状肌、闭孔外肌

铁人三项重点

与髋内收肌群相似，髋外展肌群在稳定蹬踏和跑步运动中起着关键作用。当疲劳状态趋于恶化时，强力的稳定肌会特别有用。在健身房训练这些肌肉不仅能增加肌肉的力量，而且会增加血液流量和贯穿肌肉的血管床的数量。

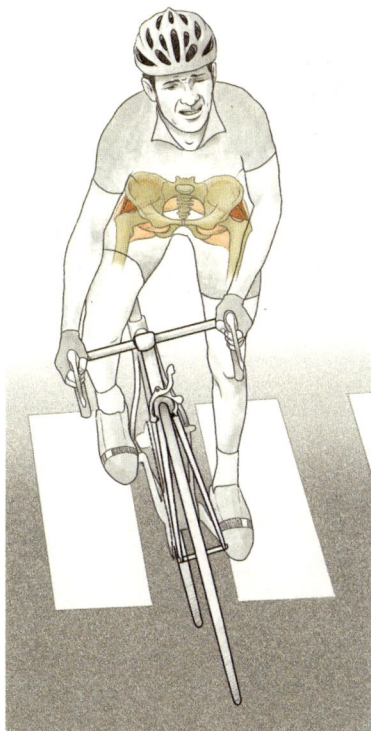

变化动作

消防栓式训练

类似于髋内收肌群练习，运动员可以借助器械或阻力锻炼髋外展肌群。消防栓式训练是一个可行的替代方案，因为不需要使用任何其他特殊的设备，旅行途中或在家里使用都很方便。

将身体压在双手和膝关节上，抬起一侧腿向外伸展，保持膝关节屈曲。将注意力放在激活臀部外展肌群，你会发现即使这个简单的练习也是一个很好的分离式力量训练。

军步伸膝臀桥

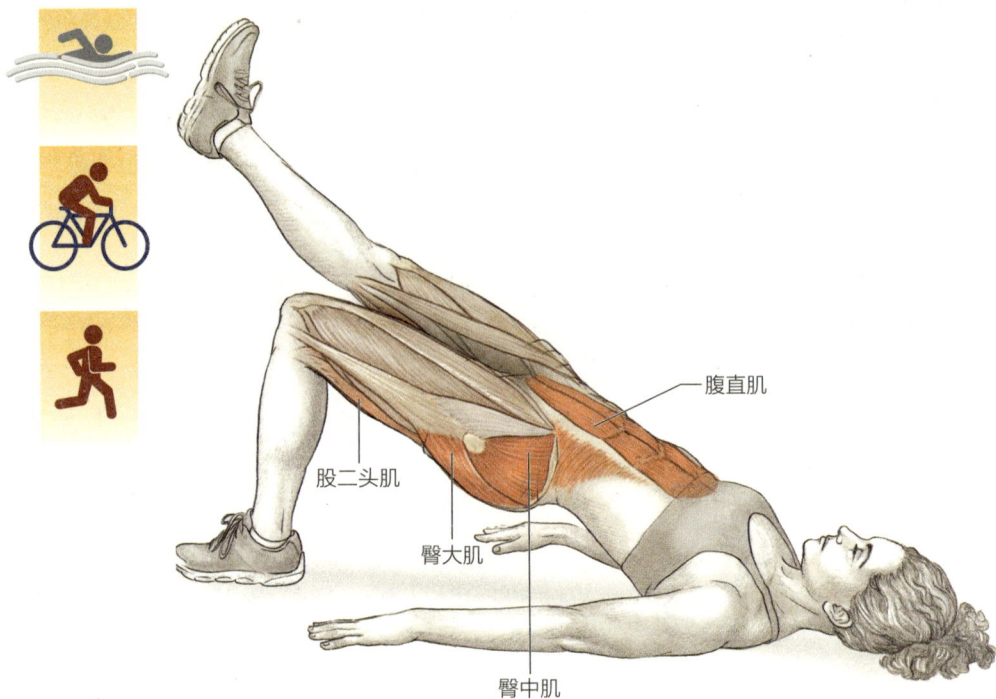

腹直肌

股二头肌

臀大肌

臀中肌

训练步骤

1. 仰卧（背部朝下），双膝屈曲。
2. 将臀部尽可能高地向上抬起，同时收紧臀大肌，保持肩胛骨放在地面上。
3. 当处于臀桥姿势时，伸直一侧腿，保持5秒。
4. 将腿放下，然后换另一侧腿重复刚才的动作。

涉及的肌肉

主要肌群：臀大肌、臀中肌、臀小肌、腹直肌、腹横肌

辅助肌群：腘绳肌（半腱肌、半膜肌、股二头肌）

铁人三项重点

即使没有设备，也可以用臀桥运动（及其变化动作）加强髋部的伸展。虽然在没有负重的情况下增加肌肉负荷的阻力比较困难，但是臀桥运动几乎可以在任何地方进行，而且是锻炼臀大肌和腘绳肌的有效方式，这有助于运动员在跑步和骑行时进行能量输出。

变化动作

负重臀桥

保持臀桥姿势，双腿屈曲，每侧大腿上部（前髋关节）前方放一个哑铃。以常规的方式进行练习，用哑铃增加阻力。

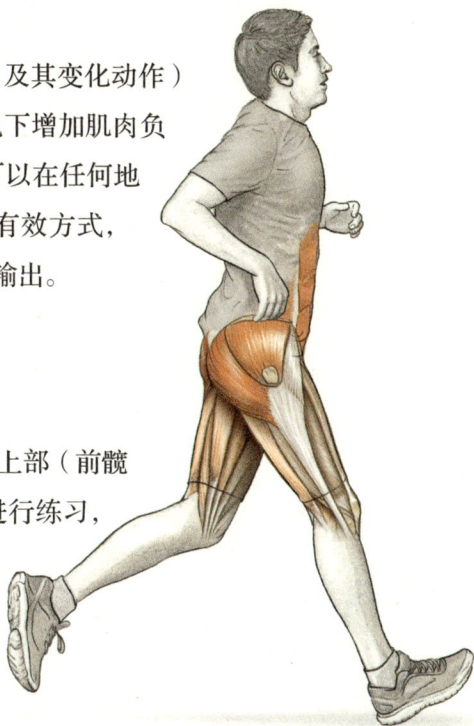

侧卧抬腿

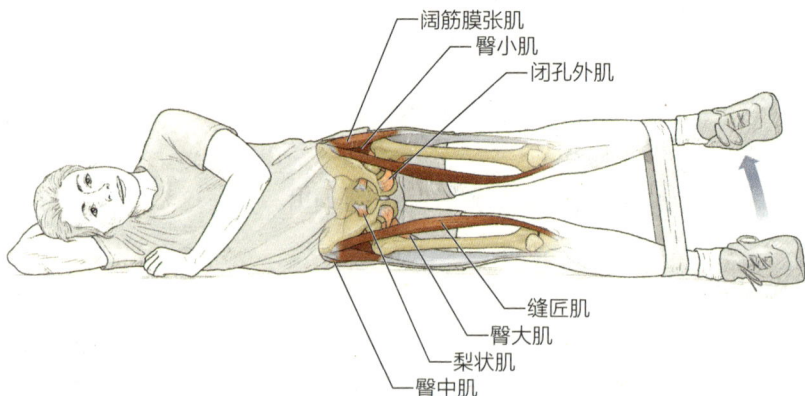

阔筋膜张肌
臀小肌
闭孔外肌
缝匠肌
臀大肌
梨状肌
臀中肌

训练步骤

1. 身体右侧朝下躺在垫子上，收紧臀部，身体呈直线状态，脚踝上绑一条阻力带。
2. 将右侧手臂放在头下支撑，左手放在胸廓前的地面上。
3. 慢慢地将左腿从右腿上方移开，在不旋转身体的情况下尽可能抬高左腿。
4. 慢慢降低左腿高度，在靠近底部的位置稍作停顿。
5. 重复10～12次，然后换另一侧练习。

涉及的肌肉

主要肌群： 臀中肌、臀小肌、阔筋膜张肌、缝匠肌
辅助肌群： 臀大肌、梨状肌、闭孔外肌

铁人三项重点

和其他外展肌练习一样，侧卧抬腿是增加骑行时的横向稳定性和改善跑步步态的有效方法。

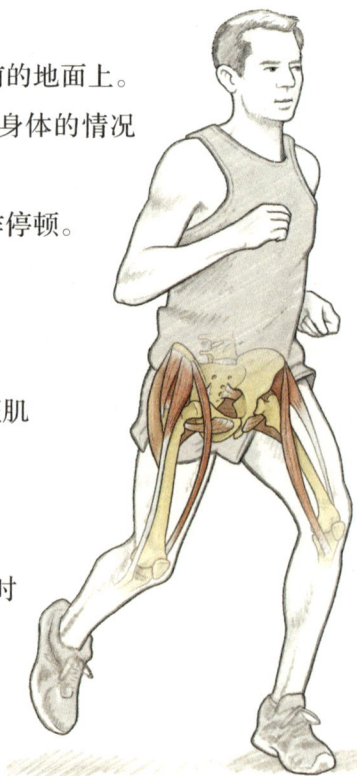

第5章

背部和颈部训练

　　约60% ~ 80%的美国人曾经或正在受到背部和颈部疼痛的困扰。那么，我们为什么不花时间让我们的背部和颈部保持健康和强壮呢？在我们的一生中，我们常常听到有人说"小心你的背部"或"背部疼得厉害"，这些简单的话反映出背部是潜在的比较容易受伤的区域。对背部与颈部某些训练的恐惧导致我们忽略了这两个原本可以通过训练获得改善并大幅度减少受伤的重要部位。

　　在参加铁人三项运动期间，身体所承受的压力使我们不断面临受伤风险。无论受伤是技术不足、身体疲劳还是设备问题导致的，我们都应当知道耐力训练与比赛给我们的所有身体组织施加了大量重复性应力，而上述的这种情形可能导致运动系统的"故障"及损伤。在游泳过程中，身体缺乏转动会迫使运动员过度旋转头部，这可能会导致颈部应力过大，从而导致颈部疼痛和僵硬。运动员身材与车架尺寸的不匹配，骑行姿势不理想，或仅仅只是长时间坐姿骑行都可能会导致颈部和下背部疼痛。跑步会给脊柱及其结构支撑组织带来强大的冲击力，如果这些情况同过度磨损的运动鞋与跑步姿势不佳结合在一起，那么背部和颈部问题很可能在不久的将来就会发生。这些损伤可能是拉伤或机械性应力疼痛。背部和颈部拉伤可由脊柱的一个或多个结构受损而引起，这些结构包括骨骼、肌腱、韧带、椎间盘和肌肉。这类损伤应与神经或神经根疼痛区分开来，后者是神经受到刺激所产生的一系列症状，且疼痛在腿部和手臂更明显，而不是在背部或颈部。

　　为了更好地理解背部和颈部的重要性以及它们与健康和身体功能的关系，我们将分别讨论脊柱各部分的解剖结构，从而说服读者相信一个精心设计的力量和延展度训练计划可以大大减少受伤的可能性并提高运动表现。

背部和颈部的骨骼结构

背部和颈部的核心结构为组成脊柱的骨。脊柱由33节椎体构成：7节颈椎（Cl ~ C7）、12节胸椎（T1 ~ T12）、5节腰椎（L1 ~ L5），5节融合的骶椎构成的骶骨，以及4节尾椎构成的尾骨（参见图5.1）。

每节椎体由两个基本部分组成：前侧（椎体）和后侧（椎弓或神经弓）。每个椎体叠加在另一个椎体上形成整个脊柱（参见图5.2）。椎间盘将椎体分离，但骶骨和尾骨的椎体除外。椎弓通过两个椎间关节（每侧一个）相互连接起来。沿着

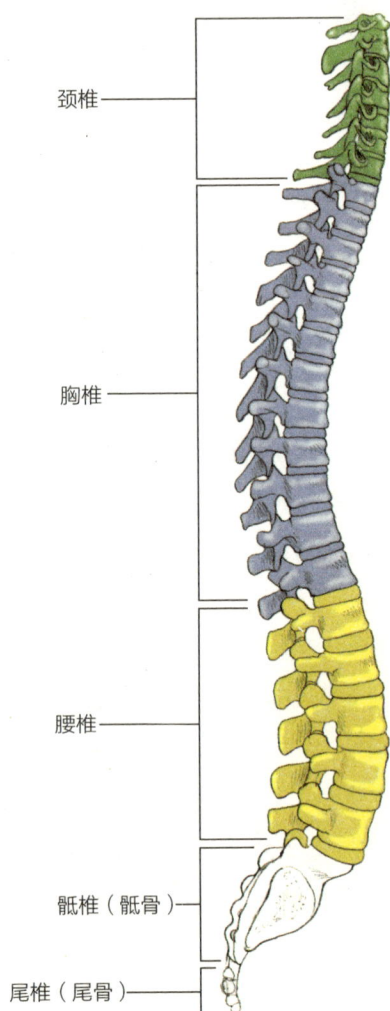

图5.1　脊柱的各个节段及曲线（右侧视图）

椎孔

上肋骨

椎间盘

椎体

上关节突

横突

下关节突

棘突

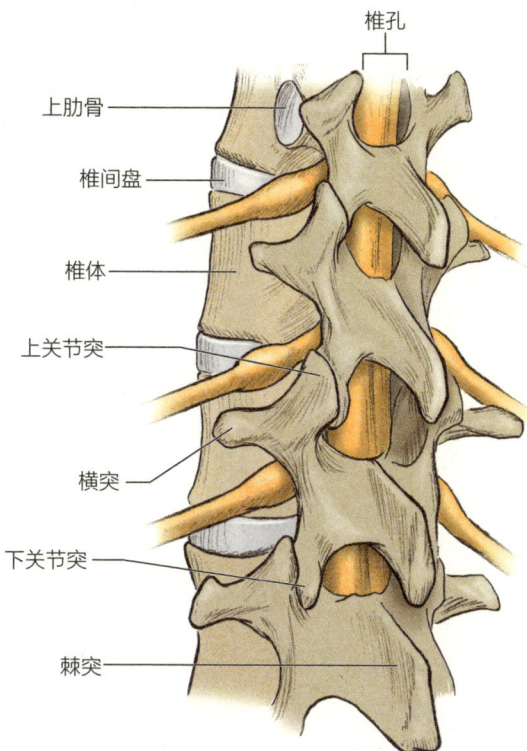

图5.2 脊柱上的椎体

整个脊柱的韧带帮助将每个部分连接起来，形成一条具有支撑能力的脊柱，使得头部和躯干保持相对的直立状态并保护脊髓和神经根。

每个相邻椎体和椎间盘共同构成一个可活动的节段。它们本身的活动幅度较小，但依次将多个活动段叠加起来之后，整个脊柱就变得很灵活。产生脊柱活动的关键部分是椎间盘。我们可以将它想象成一个果冻甜圈，由纤维环和纤维环内的果冻状的物质组成，该物质是髓核（参见图5.3）。90%的髓核都是由水组成的，从而形成一个不可压缩的枕垫。

椎间盘执行两个功能——协助运动和吸收冲击。脊柱的活动伴随着纤维环和髓核之间的相互作用。冲击性载荷施加在脊柱上形成的垂直压力被纤维环内几乎不可压缩的髓核所抵消。在20～30岁，椎间盘和小关节可能发生退行性病变。髓核的水分流失和纤维环的胶原纤维结构分解会降低椎体的冲击吸收能力，增加患椎间盘突出的风险。发生椎间盘突出时，果冻状髓核从纤维环流出，可能会压迫到脊髓或与脊髓连接的神经从而引发疼痛。椎间盘所处的节段很大程度上决定了疼痛放射到手臂或下肢的具体区域。小关节的退行性病变包括软骨的减少以及周围韧带过度紧张或纤维化，这可能引起脊柱疼痛和活动范围受限。

健康的脊柱从侧面看通常呈S形（参见图5.1），而从正面看，各节段整合在一起形成的脊柱为一条直线。该曲线在儿童时期就呈现出来。我们出生的时候，脊柱呈C形，称为脊柱后凸（从侧面看上背部向后凸）。当婴儿逐渐开始爬行和学会抬头的动作时，颈曲逐渐形成（从侧面上背部向前凸）。随着肌肉的持续发展和行走的行为，更多的身体重量被分布到脊柱，从而形成腰椎前凸。成熟的S形曲线让身体重量均匀分布在脊柱上，实现脊柱的平衡性和灵活性。

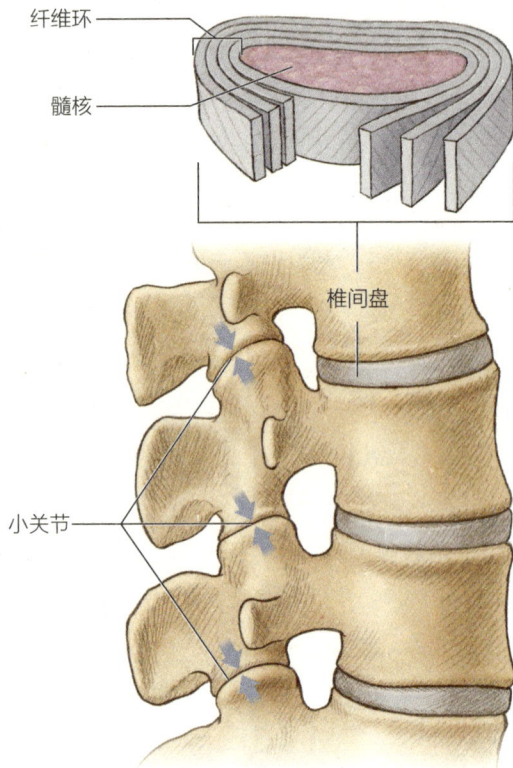

图5.3 小关节和椎间盘，其中显示了椎间盘的细节

背部和颈部的肌肉

前面描述的都是关于脊柱的被动子系统，那究竟是什么使脊柱活动的呢？答案是背部的一些强壮的深层肌肉，它们控制着脊柱中下段的活动。这些肌肉包括竖脊肌（参见图5.4）、多裂肌（参见图5.5）和横突间肌。

上背部和颈部活动除了通过上述肌肉进行控制之外，还有许多颈部的小肌肉（参见图5.6）参与控制，包括胸锁乳突肌、斜角肌和头夹肌等。

与脊柱活动有关的其他背部肌肉包括斜方肌、背阔肌、深层肩胛骨的旋转肌群和肩胛提肌。

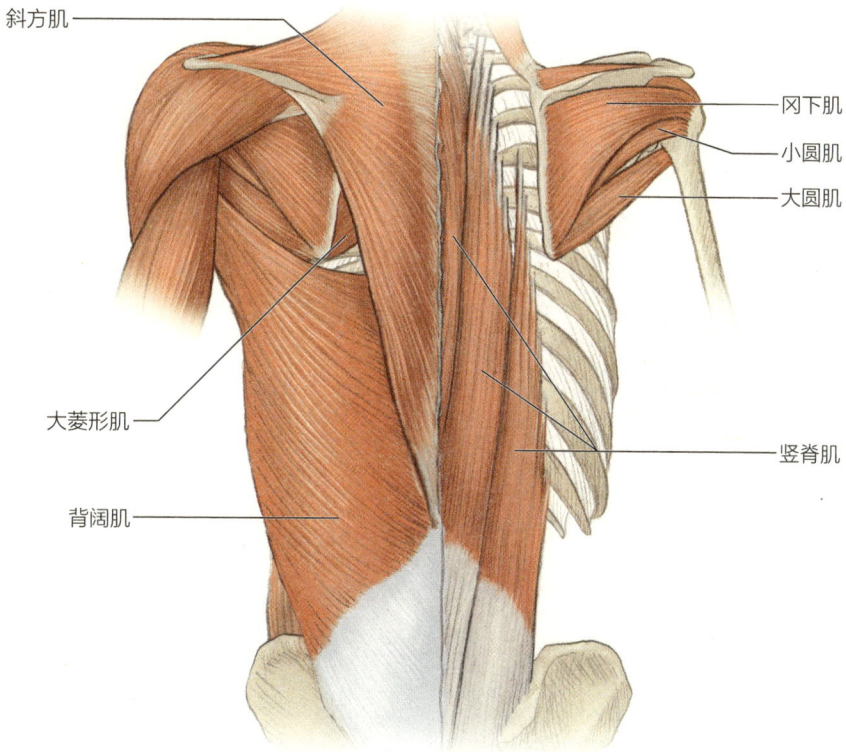

图 5.4　背部肌肉：斜方肌、大菱形肌、背阔肌、冈下肌、小圆肌、大圆肌和竖脊肌

斜方肌

冈下肌
小圆肌
大圆肌

大菱形肌

竖脊肌

背阔肌

　　脊柱产生的动作包括屈伸（向前和向后屈曲）、侧倾或旋转。颈椎的旋转绝大多数发生在最上部的椎体 C1 和 C2 上；屈伸发生在较低位的椎体 C5 和 C6 上。腰椎旋转时，力几乎是均匀分布在所有椎体上的，但是屈伸主要集中在 L3 ~ L4 和 L4 ~ L5 节段上。这些节段发生的大多数退行性病变是由椎体过度活动或位移引起的。

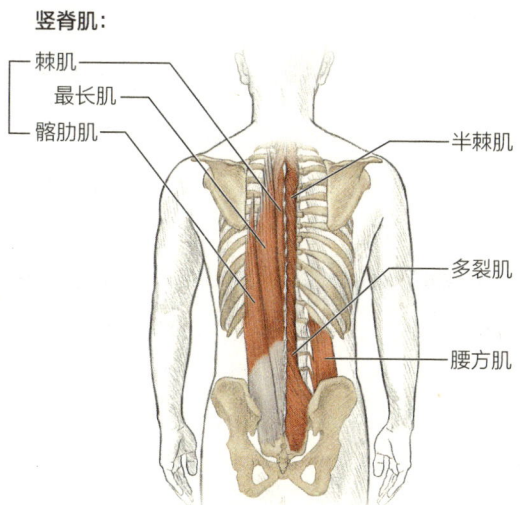

竖脊肌：

棘肌
最长肌
髂肋肌

半棘肌

多裂肌

腰方肌

图 5.5　背部深层肌肉包括多裂肌和半棘肌

前视图

胸锁乳突肌

头夹肌

斜方肌

小菱形肌

斜角肌

大菱形肌

肩胛下肌

冈上肌

冈下肌

小圆肌

大圆肌

后视图

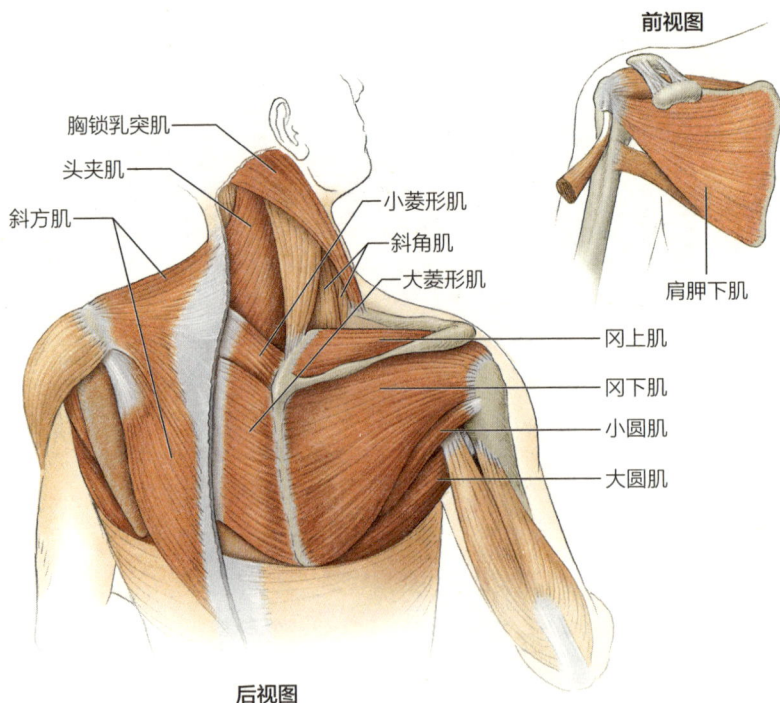

图5.6 颈部、上背部和肩袖肌肉

　　脊柱的屈曲动作通过腹直肌及其他腹部前侧肌肉的收缩来实现，脊柱的伸展通过称为竖脊肌的肌群来实现。该肌群沿着脊柱从骶骨一直延伸到颈部，一共由3组不同的肌肉构成，即髂肋肌、最长肌和棘肌。一些肌纤维也与臀大肌相连，它们的主要功能是稳定和伸展脊柱。

　　脊柱的侧向旋转和侧倾由腹斜肌和竖脊肌肌群的分离式的组合收缩来完成。横突间肌是位于每个椎体横突之间的小肌肉，它们在脊柱上的位置也可以协助脊柱侧倾。

多裂肌是背部非常薄的一块深层肌肉，它从骶骨一直沿着棘突与相邻的骨性凹槽向上延伸到颈部。多裂肌的主要功能是稳定脊柱的每个连接部分。棘突是每节脊柱椎体上的骨突（用手在背部可以触碰、感受到）。

颈部两侧的胸锁乳突肌负责颈部的旋转和侧曲。斜角肌在每侧各有3束，负责头部的侧向屈曲。这两个肌群也有助于呼吸，它是训练中的一个重要内容。斜方肌附着在枕骨、肩胛骨和脊柱上，因此将颈部与身体的其余部分相连，协助颈部的伸展、旋转和屈曲。

背部和颈部训练

要想发展肌肉耐力和力量，运动员需要努力完成本章的训练，每项训练做2 ~ 4组，每组重复10 ~ 15次。要想让每组的训练效果最大化，请选择一个能让你有挑战性地完成每组中最后一次重复动作，同时保证动作规范的负荷。研究表明，每组之间休息3 ~ 5分钟可能最适合发展最大力量，而更短的休息时间（即最多60秒）更适合发展肌肉耐力。根据运动的强度和完成每组训练的难度，我们建议铁人三项运动员在做中等强度的训练时将休息时间控制在1 ~ 2分钟。

运动员在训练期间通常会忽视背部和颈部的肌肉，但是它们在比赛甚至日常生活中都会承受很大的压力，例如长时间坐在桌子前以蜷缩身体的姿态使用计算机。为了防止下背部及颈部的损伤，你需要对该部分以及整个核心（包括腹部）进行有针对性的训练。

在开始力量训练计划之前，针对背部尤其需要做足够的热身运动。因为背部是上肢和下肢之间的连接部分，所以划船或使用椭圆训练机是非常不错的热身运动，它可以增加心率以将血液输送至身体的所有部位。随着体温的升高，肌肉、肌腱和韧带都更容易接受和适应所受到的压力。在热身运动期间适合做低负荷运动，该运动有如下几个特点：进行该运动过程中可以轻松对话，心率处于低强度的有氧活动范围，身体有轻微出汗。一旦做到这些就可以开始进行力量训练了。下面的训练将帮助你打造强壮和健康的背部与颈部。

屈膝桥式

胸锁乳突肌
头夹肌
斜方肌
肩胛提肌

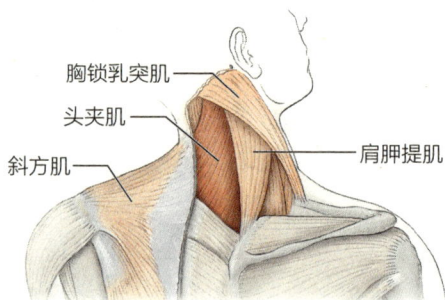

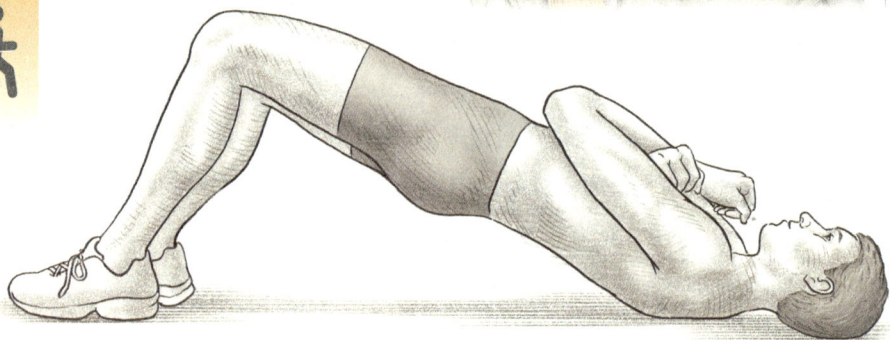

安全提示：这项训练需要格外小心。在做这项训练之前，请确保你的颈部肌肉已完成热身运动，且不要尝试让颈部肌肉超出舒适水平。切忌将背部过度伸展并抬起超过头部上方，或者让颈部形成过度的弓形。

训练步骤

1. 首先，背部与地面接触并平躺在地板上，双膝屈曲，双脚平放。
2. 背部与颈部同时轻轻朝地面的方向下压，同时慢慢抬高身体和肩关节，锻炼颈后的肌肉。该过程应该需要3～4秒。
3. 慢慢地回到起始位置，并重复动作至预定的次数。

涉及的肌肉

主要肌群：头夹肌

辅助肌群：斜方肌、肩胛提肌、竖脊肌、胸锁乳突肌

铁人三项重点

在铁人三项骑行赛段中，以空气动力学姿势骑行的动作要求运动员向上抬头并伸展颈部来观察路面。使用空气动力学姿势骑行时，进攻性越强，抬头观察路面的动作就变得越发重要，因而导致运动员需要更多地使用颈后肌群。在坐垫上度过几个小时之后，你的头部（约4.5千克）会变得相当沉重，而且颈部开始变得疲劳和僵硬。

在开放水域游泳时，观察浮标以保持航线的动作需要频繁抬头并使用救生员式的手部划水模式。这同样给颈后部位造成了巨大的压力。补充力量训练，例如屈膝桥式，有助于减轻颈部疲劳及酸痛。

静态背部伸展加反向飞鸟

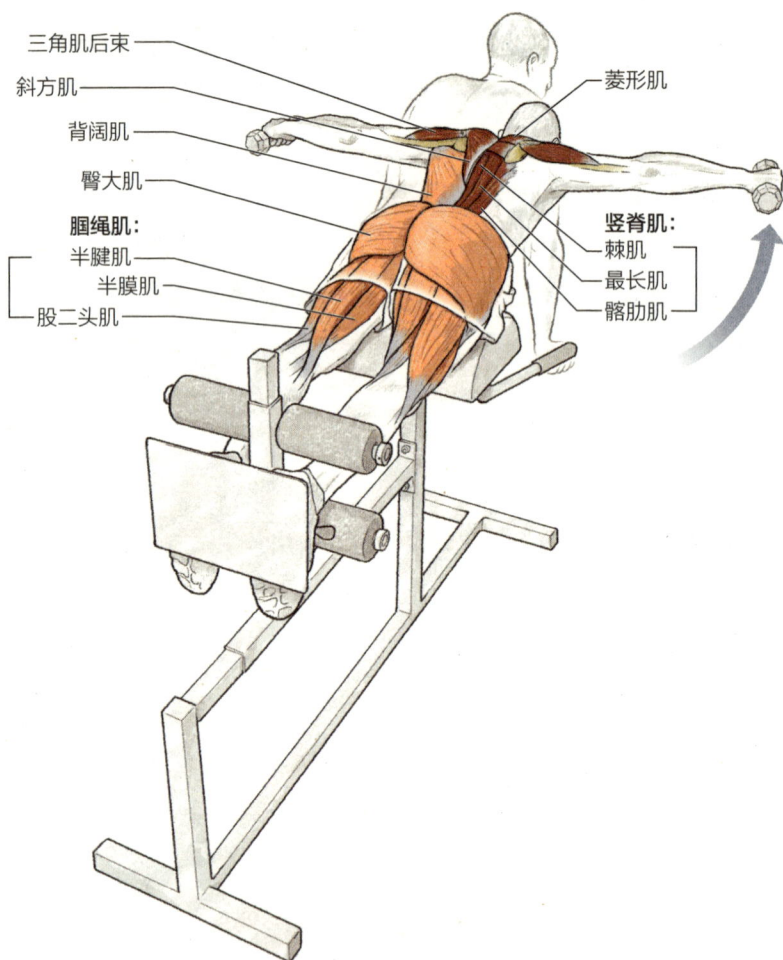

三角肌后束

斜方肌

背阔肌

臀大肌

腘绳肌：
半腱肌
半膜肌
股二头肌

菱形肌

竖脊肌：
棘肌
最长肌
髂肋肌

训练步骤

1. 俯卧，髋部放在腰部伸展台上，使用脚踝支撑。
2. 两只手握住重量较轻的哑铃或配重片。
3. 这是一个静态的下背部练习，保持背部不动，伸展下背部，保持脊柱与地面平行。
4. 手臂垂向地板，做反向的伸展动作。手臂向上伸展时，两侧肩胛骨彼此靠近。身体以T形结束动作，这时背部仍然处于伸展状态。

5. 将手臂放回下垂的位置。重复手臂的动作，但不要移动下背部。

涉及的肌肉

主要肌群： 竖脊肌（髂肋肌、最长肌、棘肌）、菱形肌、斜方肌、三角肌后束

辅助肌群： 背阔肌、臀大肌、腘绳肌（半腱肌、半膜肌、股二头肌）

铁人三项重点

这是一个静态的下背部练习和动态的上背部练习。它不仅能锻炼肩胛骨的周围肌肉（菱形肌、斜方肌和三角肌后束），还能锻炼竖脊肌。该练习在骑行过程中非常适用，因为在骑行时会较长时间保持空气动力学姿势，脊柱很少活动，可能会导致腰部痉挛。这个练习增强了下背部的耐力，而不仅是纯粹的力量。虽然，耐力是下背部需要的，因为运动员需要长时间地、艰苦地骑行。

变化动作

A形静态背部伸展

尝试同样的练习，但是要改变手臂的动作，尝试摆出一个A形姿势。重复本练习中描述的步骤1 ~ 3，不要做飞鸟的动作，而是完成A形划臂动作。这个练习的关键是保持你的下背部伸展，这样随着时间的推移可以提高你的耐力。

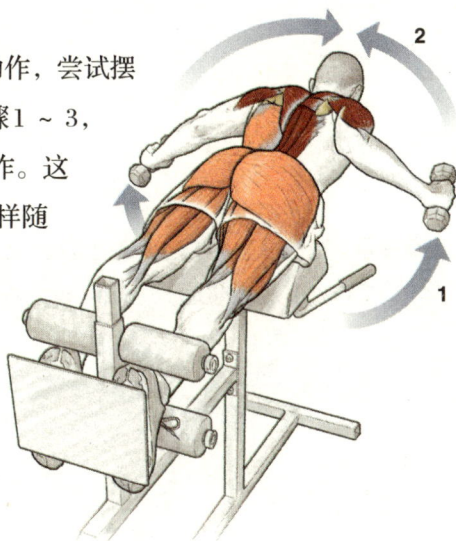

滑轮下拉

小菱形肌
大菱形肌
下斜方肌
大圆肌
背阔肌

肱二头肌
肱肌

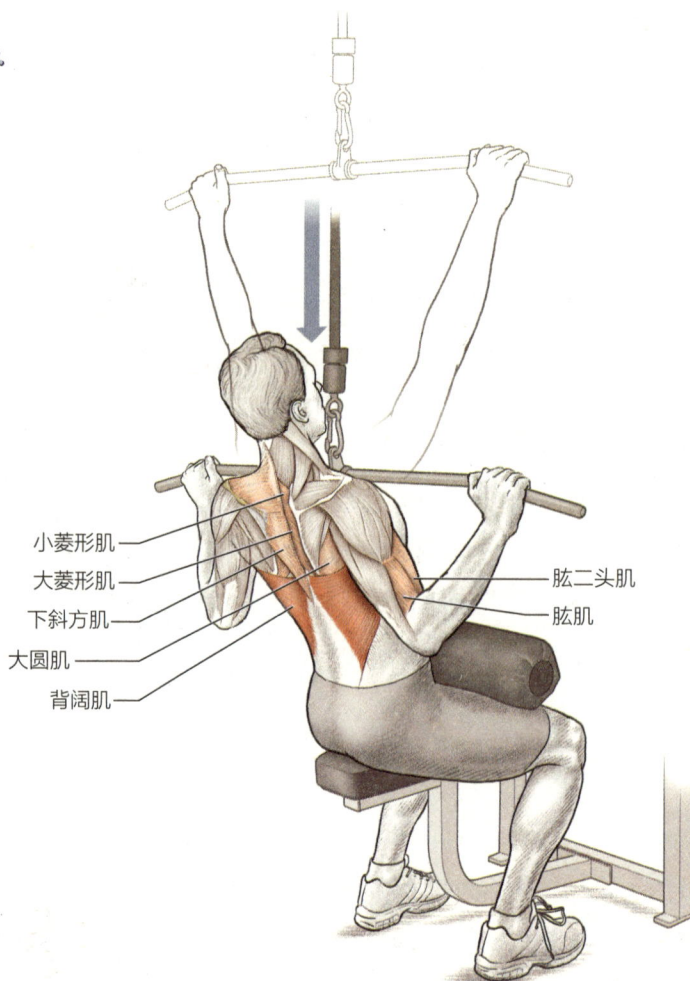

安全提示： 有些书强调将把手下拉至上背部，虽然这可能对一些运动员是有效的，但是它会给肩部带来不必要的压力，从而使这项技术存在不足。

训练步骤

1. 坐在滑轮下拉训练器上，让腿部位于支持垫下方以给身体提供支撑。手臂完全伸直，以正手抓握的方式抓握把手（掌心朝前），双手距离比肩稍宽。
2. 有控制地缓慢向胸廓上部进行下拉把手的动作，直到把手位于下颌下方。
3. 慢慢地让把手返回到起始位置，直到手臂完全伸直。重复动作至预定的次数。

涉及的肌肉

主要肌群： 背阔肌

辅助肌群： 下斜方肌、大菱形肌、小菱形肌、大圆肌、肱二头肌、肱肌

铁人三项重点

虽然和引体向上的动作要点类似，但是滑轮下拉的优点在于可以提供变化的阻力，而且对于不能利用自身体重执行重复训练动作的运动员或需要使用多个配重片的较强壮的运动员而言，该训练都是非常好的替代方法。

由于该训练和引体向上一样为多关节的练习，所以能够锻炼上肢与产生拉动相关的肌肉群，从而增强这些肌肉的力量、稳定性和耐力。它最直接的应用是在游泳赛段，上肢强壮的铁人三项运动员在骑行和跑步赛段也会获益。

我们建议运动员从这个训练动作开始来发展力量，选择具有挑战性的配重来进行训练。每组训练重复10～12次，之后再过渡到更难的引体向上的训练动作。

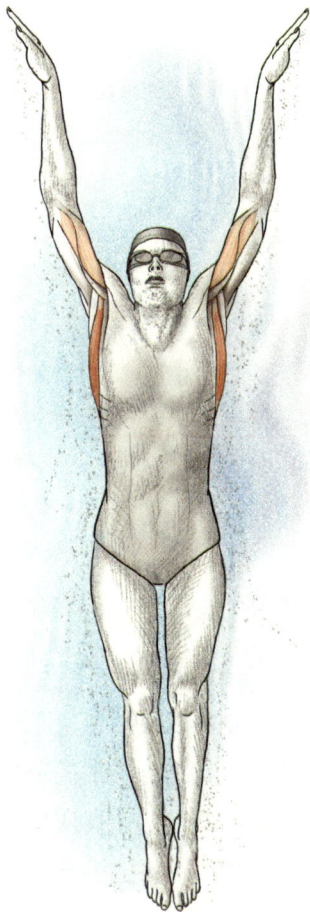

站立直臂下拉

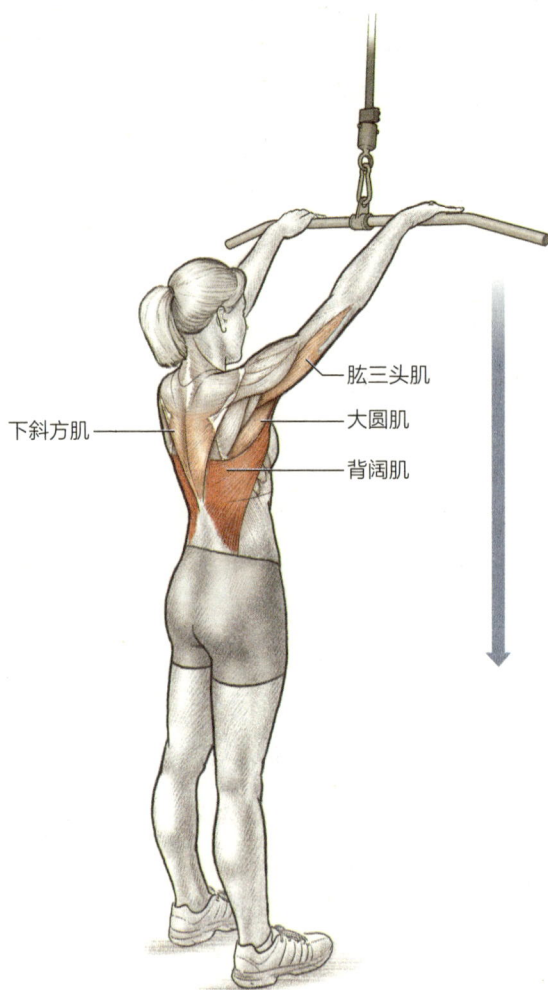

肱三头肌

下斜方肌

大圆肌

背阔肌

训练步骤

1. 面向滑轮组训练器站立，背部保持直立。

2. 稍微屈曲手臂，把两侧手掌放在把手的顶部，做好开始准备。

3. 保持适当的肘关节位置（抬高和微屈曲），以拱形动作将训练器向下压至大腿上部，直到几乎触碰大腿。整个过程中注意运用背阔肌。

4. 慢慢地将把手返回到起始位置，并重复动作至预定的次数。

涉及的肌肉

主要肌群：背阔肌、胸大肌

辅助肌群：下斜方肌、大圆肌、肱三头肌

铁人三项重点

这项训练主要有利于铁人三项运动的游泳赛段，可以被纳入铁人三项运动员常规的陆地训练内容。起始阶段的手臂过顶姿势极为相似地模仿了自由泳划水的起始伸展阶段的动作，而下拉阶段类似手入水后的推水动作。然后它有针对性地锻炼了每个在实际游泳与水体接触中被激活的肌群，直到手臂推水结束的出水阶段。

做这项训练时，要注意在大部分动作中使用背阔肌，而且在动作的末尾稍微将重点转移到肱三头肌。保持身体稳定，避免任何快速拉动的动作，其目的在于减少作弊偷懒的行为，因为这些行为将会影响训练的预期效果。

引体向上

小菱形肌

大菱形肌

下斜方肌

大圆肌

背阔肌

肱二头肌

肱肌

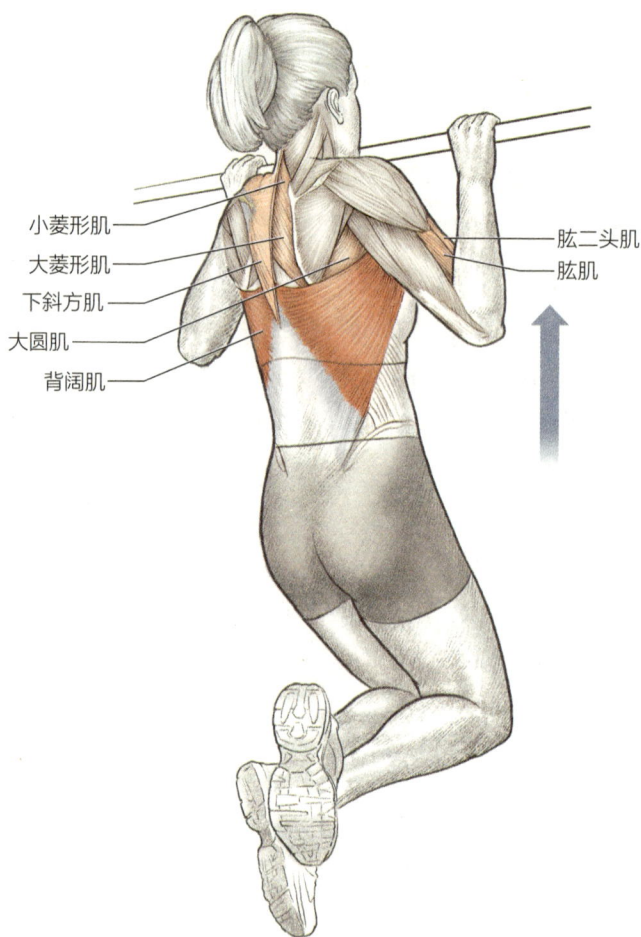

安全提示： 在有控制的状态下缓慢降低身体离地面的高度，从而减轻肩关节受到的压力。

训练步骤

1. 手掌向前，以正手抓握的方式握住引体向上训练所需抓握的横杠。

2. 屈膝，脚踝交叉以使下肢保持稳定，防止来回摇晃。

3. 从完全悬挂的伸展位将身体向上拉动，让胸廓上部到达横杠所在的高度位置。

4. 慢慢降低身体至起始位置，并重复动作至预定的次数。

涉及的肌肉

主要肌群：背阔肌

辅助肌群：下斜方肌、大菱形肌、小菱形肌、大圆肌、肱二头肌、肱肌

铁人三项重点

你可能从上高中体育课开始就非常畏惧引体向上训练。不过，它是最有效、最全面的上肢训练之一，可以改善肌肉拉动动作的力量并发展背部肌肉。

这项训练在铁人三项运动中最直接帮助的是游泳项目，因为该动作针对的就是游泳中抱水及推水各阶段会动用的肌肉。同样，在握住休息把与离开坐垫这两个骑行姿势条件下，运动员也能逐渐感到骑行稳定性的提高。运动员在跑步赛段的上坡路段中也能够通过动用双臂来产生更大的动能。

训练动作执行的稳定性和一致性是增加引体向上数量的关键。如果起初只能艰难完成较少的重复次数，可以争取获得其他人的帮助，例如在双腿有垂直向上的支持力的条件下进行训练。当你能够重复做 12 ~ 15 次之后，请考虑增加负重，如将哑铃放置于双脚交叉的区域之间来提供额外的负重。

反握引体向上

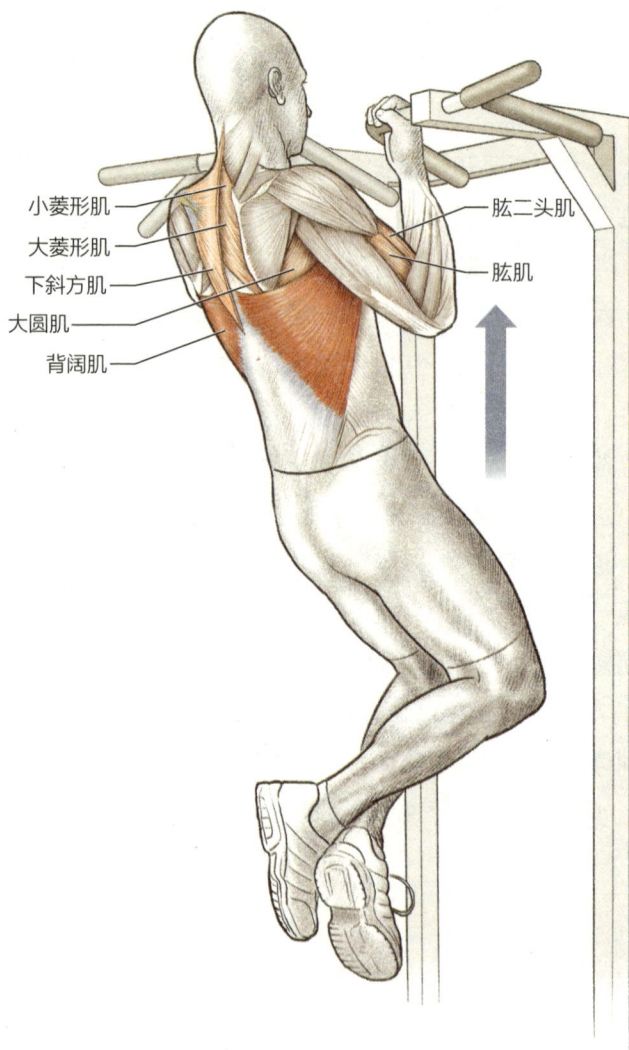

小菱形肌
大菱形肌
下斜方肌
大圆肌
背阔肌

肱二头肌
肱肌

安全提示：不要快速降低身体至完全的伸展位，因为这会给肩关节造成不当压力，应缓慢地降低身体离地面的高度。同时减少腿部摆动这种被视为作弊的动作，以保证理想的训练效果。

训练步骤

1. 手掌面向自己（反手）抓握横杠。屈曲双膝并交叉两侧脚踝，以此来稳定下肢部分。

2. 从完全伸展的状态逐渐升高自己的身体，使自己的胸廓上部靠近横杠，并在每个重复动作中让下颌超过横杠的水平位置。

3. 有控制地慢慢降低身体至起始位置。重复动作至预定的次数。

涉及的肌肉

主要肌群：背阔肌

辅助肌群：肱二头肌、肱肌、下斜方肌、大菱形肌、小菱形肌、大圆肌

铁人三项重点

该项训练在形式和功能上对引体向上的变式，不过引体向上更多地强调肘屈肌（包括肱二头肌和肱肌），同时也发展背阔肌和上背部的大面积肌肉。

该项训练尤其针对铁人三项运动的游泳赛段，有助于发展自由泳的推水阶段所需的强壮、稳定的肌肉。它也有利于骑行赛段，能够在运动员使用休息把骑行时增加稳定性和车辆操控能力。它还有益于跑步赛段，使运动员在艰难的上坡路段和冲刺时感受到来自上背部和手臂运动所带来的额外推力。调整上拉阻力的方法同样适用于反握引体向上。

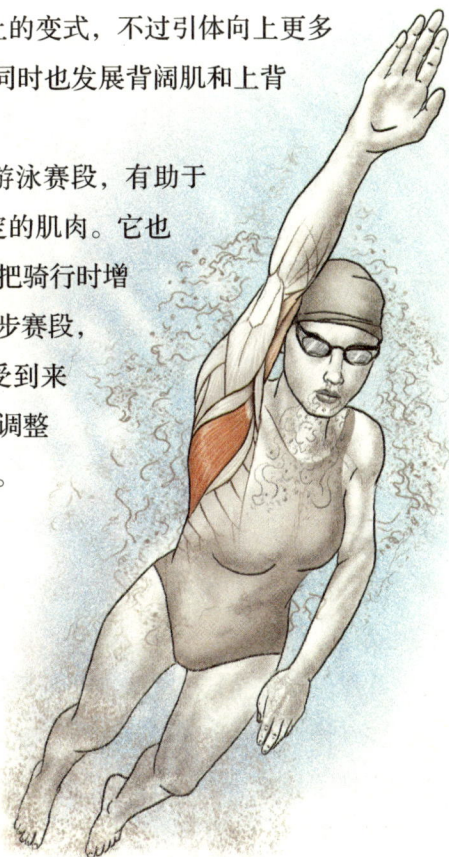

坐姿双手划船

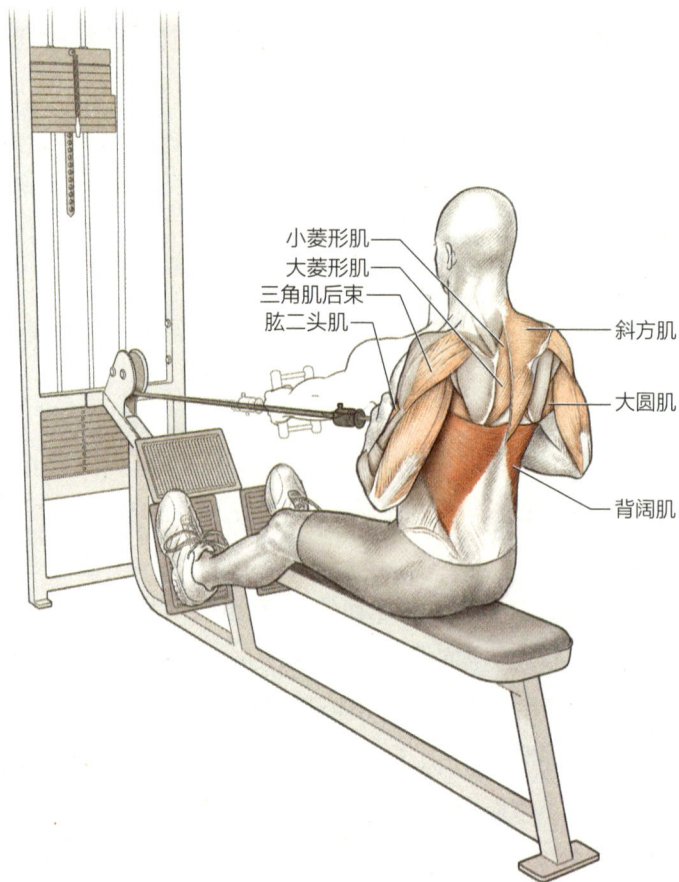

小菱形肌
大菱形肌
三角肌后束
肱二头肌

斜方肌

大圆肌

背阔肌

训练步骤

1. 坐在有缆绳和滑轮的坐拉训练机上，做好准备，抓住把手准备进入训练动作。

2. 背部保持直立且垂直于地面，握住受力的把手并使用双臂拉伸，直到手臂完全伸直。注意伸展背阔肌、菱形肌和三角肌后束。

3. 将把手拉至胸廓下端，在运用背阔肌的同时将两侧肩胛骨向脊柱挤压靠近。记得保持脊柱直立。

4. 伸直手臂回到起始位置，并重复动作至预定的次数。

涉及的肌肉

主要肌群：背阔肌

辅助肌群：斜方肌、大菱形肌、小菱形肌、大圆肌、三角肌后束、肱二头肌

铁人三项重点

同样地，这项上背部训练动作发展的是在开放水域中游泳时需用到的关键肌群，这对铁人三项运动员非常关键。它能够极大地增强肩胛稳定肌群，为整个肩带提供强大的支撑基础。

这项训练不只是针对自由泳的动作，而且锻炼了几乎所有运动员在推水前进时会使用到的肌肉。这项训练还使骑行运动员感受到对自行车操控能力的提升，尤其在双手支撑于手扶把开始进入陡坡或处于艰难爬坡的两个阶段。

哑铃耸肩

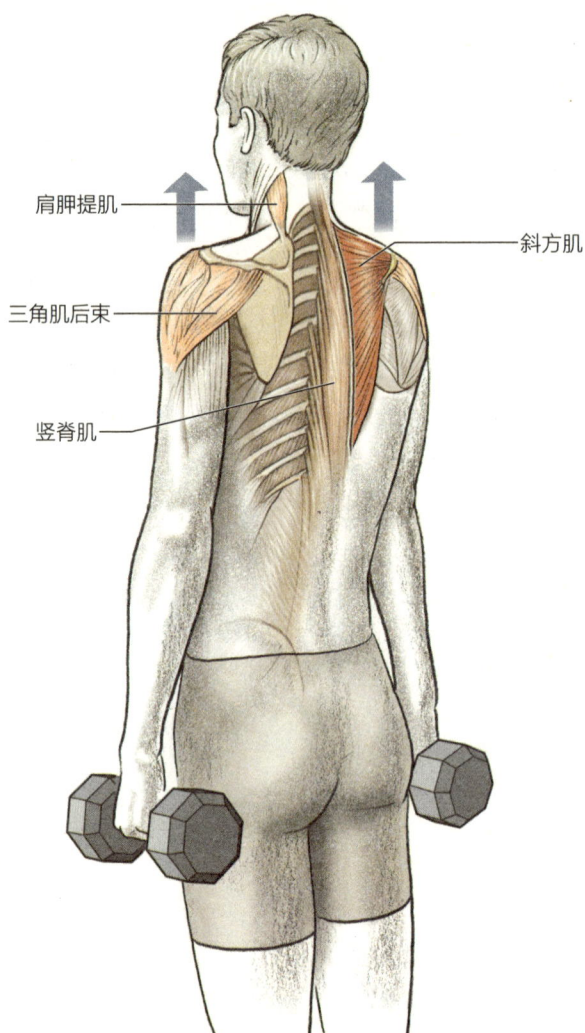

肩胛提肌

斜方肌

三角肌后束

竖脊肌

训练步骤

1. 站立，保持脊柱直立。每只手各握一个哑铃。

2. 将两侧肩关节向接近耳朵的位置上提（耸肩），保持手臂伸直。

3. 回到起始位置，然后重复动作至预定的次数。

涉及的肌肉

主要肌群： 斜方肌

辅助肌群： 三角肌后束、肩胛提肌、竖脊肌

铁人三项重点

虽然铁人三项运动员不像美式橄榄球运动员那样需要巨大的斜方肌（或颈部肌肉），但是将哑铃耸肩作为日常力量训练内容也是一个非常好的选择。

这项训练对骑行时的某些动作而言非常有用，尤其是离开坐垫骑行爬坡或者快速冲刺时。

在跑步赛段，尤其是参加全程铁人三项的运动员，他们在训练和比赛中需要经受长距离运动的考验。他们会从哑铃耸肩这项训练当中获益，因为该训练可以强化那些帮助上臂保持稳定的斜方肌和周围肌群，从而使运动员能够在良好的运动姿势下保持更长的时间，同时不受到上肢疲劳所带来的负面影响。

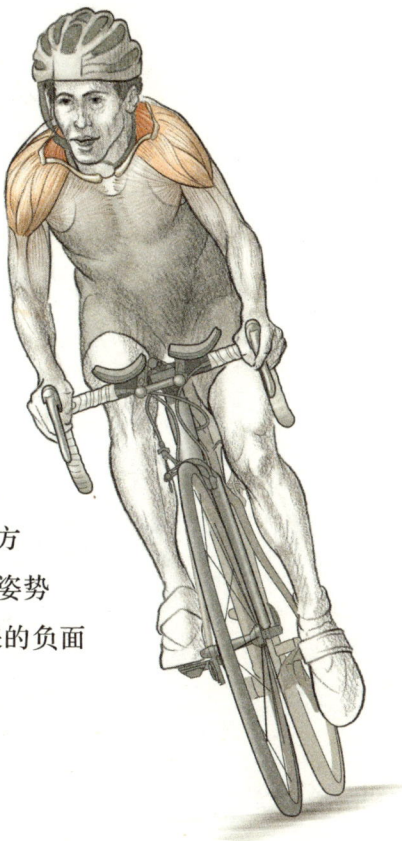

变化动作

杠铃耸肩

这项训练中使用杠铃代替哑铃也可以得到很好的效果。运动员用正手抓握的方式握住杠铃，按上述训练步骤 2、步骤 3 完成该动作。

杠铃引体向上

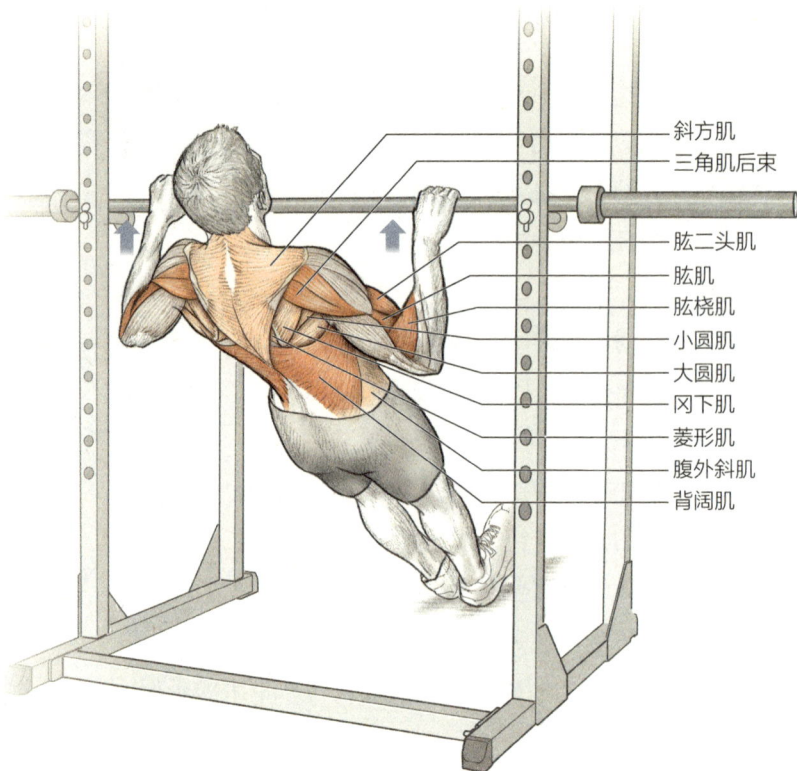

斜方肌
三角肌后束

肱二头肌
肱肌
肱桡肌
小圆肌
大圆肌
冈下肌
菱形肌
腹外斜肌
背阔肌

训练步骤

1. 使用史密斯训练架或其他近乎固定于腰部高度的杠铃。
2. 将身体置于横杠之下。用正手抓握的方式握住横杠，手臂完全伸直，身体悬挂并保持身体在一条直线上。身体与地面约呈45度。
3. 向靠近杠铃的方向拉动胸廓，试图让胸骨接触到横杠。
4. 降低身体至起始位置，并重复动作至预定的次数。

涉及的肌肉

主要肌群：背阔肌、肱二头肌、肱肌、肱桡肌、三角肌后束

辅助肌群：大菱形肌、小菱形肌、大圆肌、小圆肌、冈下肌、腹外斜肌、斜方肌

铁人三项重点

　　这项训练所针对的肌群与引体向上所锻炼到的肌群基本一致，但是更强调锻炼三角肌后束。成功执行该训练的关键是在整个过程中保持身体在一条直线上。大多数人起初难以执行这项训练，但是要有耐心，按照正确的训练动作执行，最终会获得良好的训练效果。

　　铁人三项运动员将在许多方面受益于这项训练，例如游泳阶段背部会拥有更强的力量及稳定性，同时在离开坐垫的上坡骑行阶段会获得更佳的爬坡杠杆。长距离的跑步赛段中，运动员也会感受到跑步姿势的优化提高以及背部疲劳的减轻。

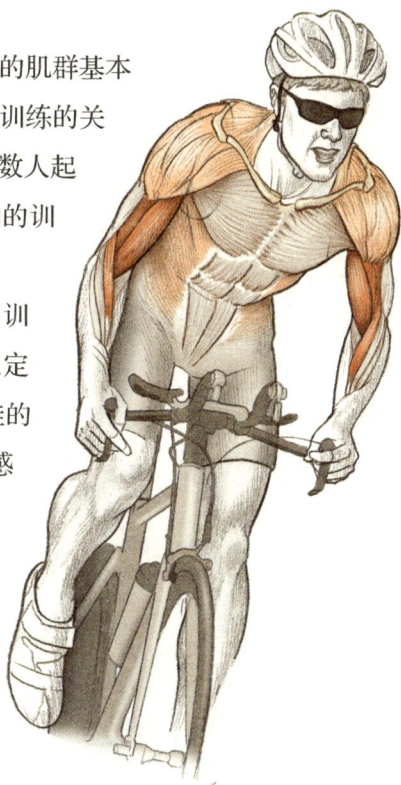

硬拉

斜方肌

竖脊肌

背阔肌

股四头肌

桡侧腕长伸肌

尺侧腕屈肌

掌长肌

臀大肌

股二头肌
半腱肌

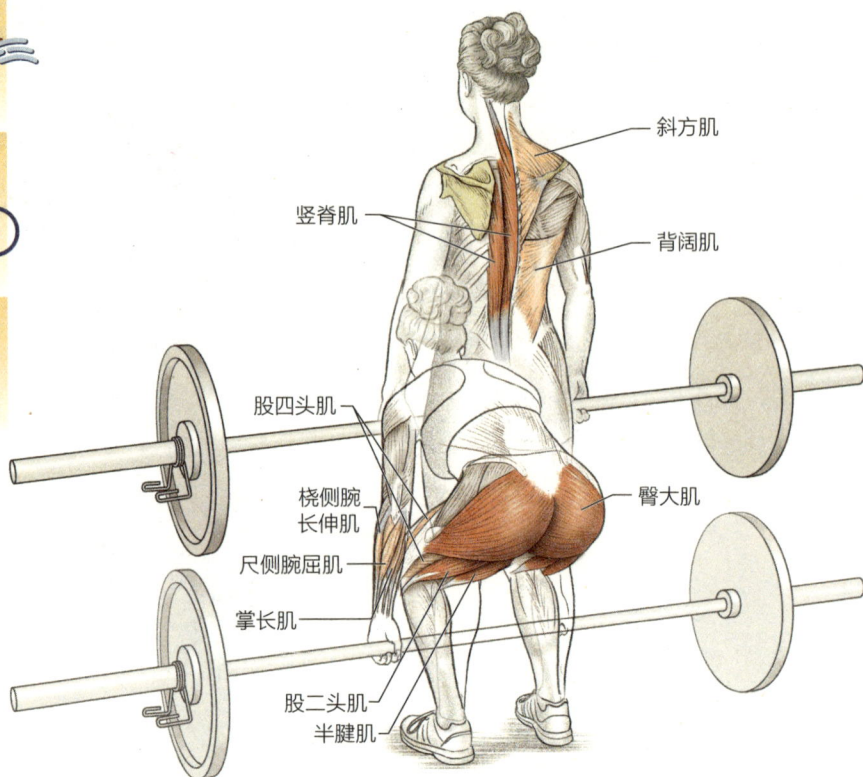

安全提示： 执行这项训练时要留意采取正确的动作，包括保持背部平直，同时在整个过程中向上前方看。

训练步骤

1. 双脚大约与肩同宽站立，屈膝并以正手抓握的方式握住杠铃。选择重量适度的配重片。

2. 保持背部平直且脊柱在一条直线上，双目注视前方，下颌微微抬起。

3. 将杠铃从地面提起，然后提升至完全站立的姿势，让杠铃与大腿有轻度接触。背部保持平直，注意激活强大的股四头肌、臀大肌、腘绳肌和下背部肌肉。

4. 以相同的方式慢慢降低杠铃，直到它接触地面。注意不可在负重条件下让身体出现上下弹拉式的震动动作。重复动作至预定的次数。

涉及的肌肉

主要肌群： 竖脊肌、臀大肌、腘绳肌（股二头肌、半腱肌、半膜肌）

辅助肌群： 斜方肌、背阔肌、股四头肌（股直肌、股外侧肌、股内侧肌、股中间肌）、前臂肌（桡侧腕长伸肌、尺侧腕屈肌、掌长肌）

铁人三项重点

硬拉是全身性的训练，因为此训练会动用许多大肌肉群，所以也被认为可以锻炼全身绝大部分肌肉。这项训练尤其针对竖脊肌、臀大肌和腘绳肌。许多力量训练专家将硬拉视作一种有效的训练手段，认为它能够提升与肌肉生长相关的激素水平。

硬拉训练中，铁人三项运动员可以发展更强大的下肢力量、核心力量、背部力量以及耐力，从而在长距离比赛中获益。在长距离比赛中，铁人三项运动员的下背部疲劳引起的问题并不罕见，它们可能是长时间俯身于自行车上或长距

离跑动条件下身体与地面产生撞击所致。此外，如果运动员没有经过良好的训练和做好充足的准备，长距离的开放水域游泳也可能导致严重的下背部疲劳。虽然含有硬拉动作的训练计划无法完全消除疲劳，但是它可以减缓这种疲劳的产生。

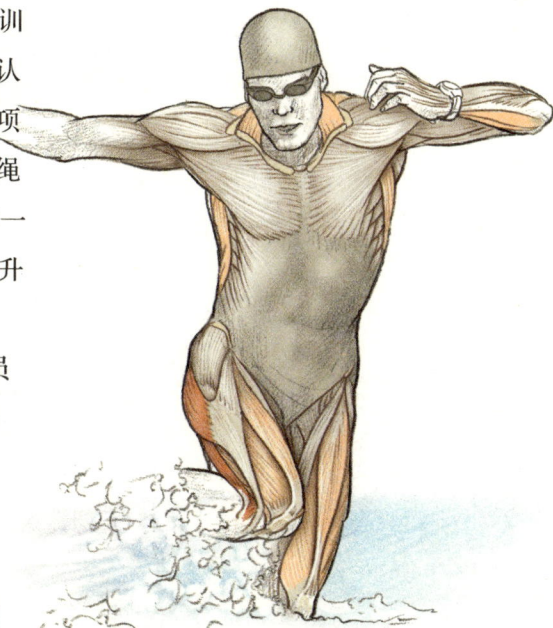

单臂哑铃划船

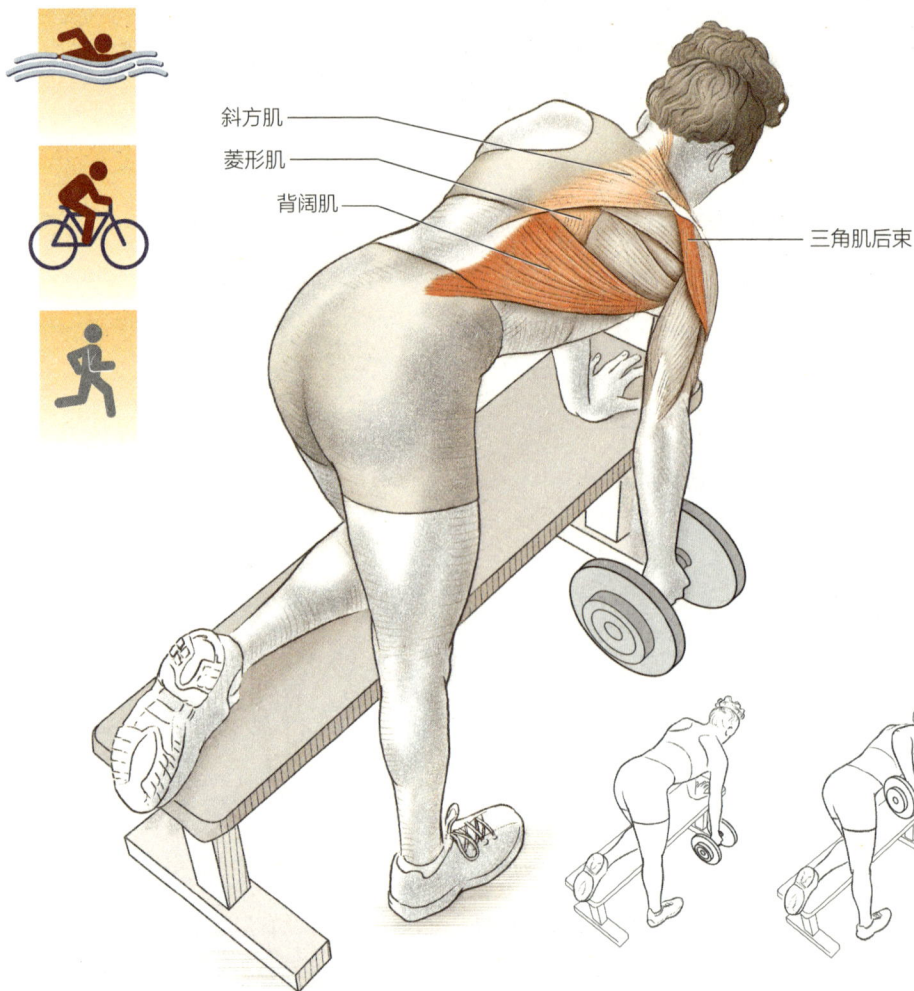

斜方肌
菱形肌
背阔肌
三角肌后束

训练步骤

1. 单膝置于长凳上，并将同侧手放在长凳上以支撑身体。屈曲背部捡起地上的哑铃，然后让哑铃处于垂直悬空状态。

2. 保持背部平直，头部处于中间位置，利用背部肌肉向上提哑铃，直到你的手与较低一侧胸廓平行。

3. 把哑铃放回开始的位置，并重复手臂动作至预定的次数。换手臂重复刚才的动作。

涉及的肌肉

主要肌群：三角肌后束、背阔肌

辅助肌群：斜方肌、大菱形肌、小菱形肌、肱二头肌

铁人三项重点

单臂哑铃划船的训练目标是三角肌后束，这是铁人三项运动中游泳和自行车运动需要训练的重要肌肉。

开放水域的自由式游泳比赛由于面临广阔的水域和剧烈的波浪，运动员需要抬高手臂恢复。在难度较大的开放水域游泳，拥有强大的三角肌后束可以减轻疲劳，增加运动员的划水周期。

骑行运动员在攀爬和冲刺时主要依靠强壮的三角肌后束。单臂哑铃划船运动能激活许多肌肉群，这些肌肉群在运动员下自行车时能够应付剧烈的前后摇晃。

变化动作

单臂绳索或阻力带划船

如图所示，运动员坐在举重长凳上，使用水平方向的绳索或阻力带完成单臂划船动作。这有助于训练核心的稳定性。

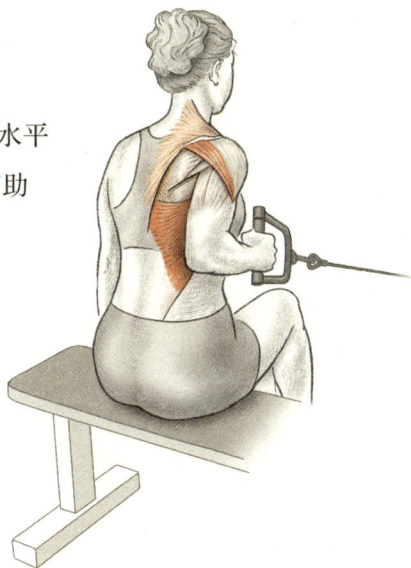

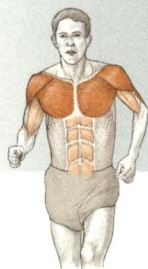

第6章

胸部训练

　　如果不了解胸部肌肉如何影响动作和肩部的稳定性，那么任何关于上肢的讨论都是不完整的。胸大肌、胸小肌和前锯肌是人体在外观条件下最显眼的肌群之一。从电视上播放的增大胸肌的宣传广告到健美杂志的封面人物，胸廓前侧的胸肌常作为力量的象征而被媒体等广泛使用。

　　对于铁人三项运动员而言，不管其身形是否高大，他们通常都关心抗阻训练。如最后两章所述，肩关节的活动是通过很多肌肉的复杂协调收缩才得以实现的。胸廓部分肌肉的力量和健康状况是帮助提升肩部运动效率、运动表现和预防肩关节受伤的链条中的一环。

胸部的骨骼结构

　　胸廓的解剖结构包括肋骨、胸骨和锁骨。锁骨是手臂和肩关节连接到躯干的唯一骨骼附着点。锁骨通过胸锁关节连接到胸骨。锁骨和胸大肌一起将手臂和肩关节固定到胸壁。正是通过胸大肌的收缩和锁骨提供的结构支撑，我们才能够将物体从胸廓前侧推开。

　　肋骨理所当然地给内部结构，例如心脏和肺提供保护。因为位于每根肋骨之间的肋间肌在胸大肌和前锯肌的协助下与膈肌一起工作，所以我们能够完成运动所需的深呼吸动作。

胸部的肌肉

　　胸大肌（参见图6.1）是一块很大的扇形肌肉，它有两个起始端。第一个起始端为锁骨内侧和胸骨上部，其起于锁骨靠内侧部分和胸骨上部，称为胸骨柄。第

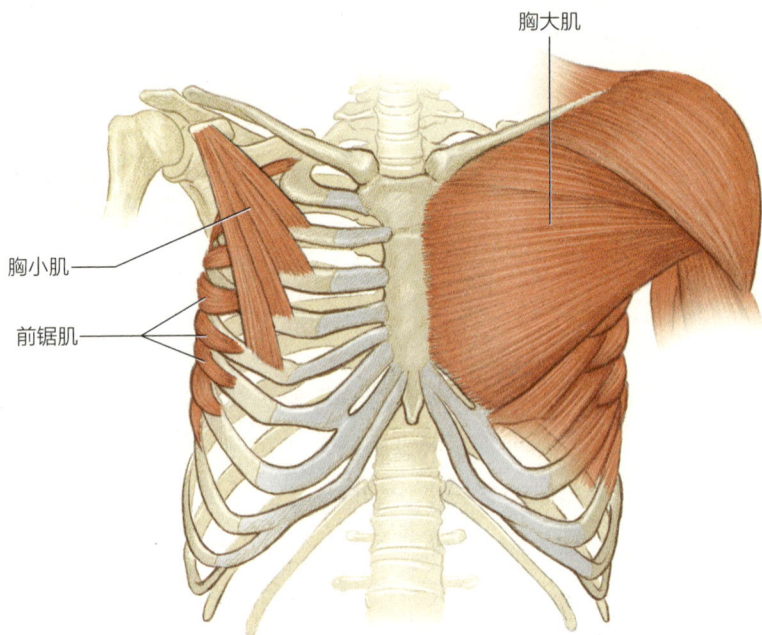

胸大肌

胸小肌

前锯肌

图6.1   胸部的肌肉

二个起始端为胸骨部分或下束，起于胸骨和上肋骨。这两个起始端的肌肉纤维向外横向延伸并汇合形成一个肌腱，连接在肱骨上端的内侧。虽然该肌腱的损伤极其罕见，但是在高强度的运动，包括举重及美式橄榄球的比赛当中还是会出现。不幸的是，这些伤害大部分需要通过手术治疗才能恢复解剖结构及其功能。涉及胸大肌的主要动作是手臂和肩关节的屈曲、内收和内旋。游泳时，胸大肌在背阔肌的协助下开始发起划水动作。运动员使用握把或休息把骑行时，胸大肌可以帮助支撑上肢。另外，胸大肌也协助运动员在跑步中发出流畅的手臂摆动动作。

　　胸小肌是位于胸大肌下方的一块更小的肌肉。它起始于体前侧的第三至第五肋骨，而且附着在肩胛骨边缘的内侧和肩胛骨的一个称为喙突的骨突上。它的功能是帮助控制肩胛骨，并在抬高手臂期间持续保持肩胛骨与胸壁之间的相对稳定。

　　前锯肌是一块深层肌肉，它同时也被称作拳击者肌肉。前锯肌起始于胸廓两侧的肋骨部分，同时附着在肩胛骨内侧缘。它的功能类似于胸小肌，即可以稳定肩胛骨。游泳时，在水面上的前伸手臂和最初抱水阶段，它有助于将肩胛骨向前拉动。在呼吸过程中，前锯肌还可以协助胸腔扩张。

胸部训练

许多运动员一开始的常见力量训练包括卧推、杠铃推举和握杠双臂屈伸，它们对加强肩部前侧和前胸部分的肌肉尤其有效。如果单独进行这些训练，运动员可能因为肌肉不平衡而导致肩关节前倾，进而可能导致肩部前侧僵硬。在游泳中，这种收缩的姿势可能导致肩袖过度劳累，从而导致一系列损伤，包括肩关节撞击综合征，其表现通常包括肩部疼痛和活动受限。在骑行中，胸部和上肢肌肉无力加上圆肩姿势，会让颈部和上臂处于软组织损伤风险范围内。这种损伤是由于肌肉软组织长时间处于过度拉长状态，其表现为难以在休息把上保持骑行姿态，以及长时间骑行时难以保持头部抬起的动作。在跑步中，圆肩的不良姿势可能会限制胸壁的活动，从而降低胸廓的扩张幅度并影响正常的呼吸模式，甚至还会影响手臂的运动。例如，手臂跨过躯干，在水平面上进行过多的摆动动作就会降低跑步的经济性。

在进行以下包括俯卧撑及握杠双臂屈伸在内的训练的同时，我们也需要同步训练针对肩胛骨的内外旋转、肩关节的协同稳定及背部肌肉力量，以达到肌肉训练的平衡。我们应该对那些外观不突出的肌肉进行强化练习，其中包括背部和肩袖肌肉，这对预防损伤有极大的好处。将背部与胸部的力量训练量之比控制在2∶1会让你保持相对的健康。

更大的重量和较少的重复次数能够增大肌肉和力量，而更小的重量和较多的重复次数能够在几乎不增大肌肉体积的情况下提升肌肉耐力。因为重力和风阻对速度产生主要影响，所以对铁人三项运动员而言，功率重量比是运动表现的关键因素之一，尤其是在骑行和跑步中。因此，铁人三项运动员的训练目标是在增强肌肉力量和耐力的同时不增大肌肉体积。针对本章的大多数训练，铁人三项运动员可执行2～3组，每组重复10～15次。训练负重选择原则是自己能够完成预定重复次数，但在最后几次重复动作中需付出较大努力。随着力量训练经验越来越丰富，你可以选择做1～2组使自己达到力竭状态的训练，即在没有教练帮助的情况下几乎无法继续完成另外1～2次重复。这是高级的训练技术，只能由经验丰富的运动员在周期训练计划的某些阶段使用，以防止过度训练并降低受伤的风险。

俯卧撑

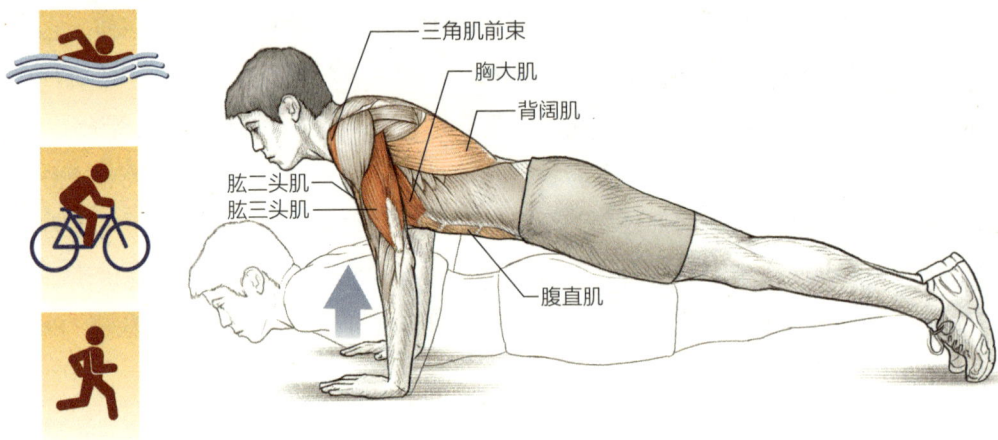

三角肌前束
胸大肌
背阔肌
肱二头肌
肱三头肌
腹直肌

训练步骤

1. 首先从俯卧姿势开始，双手距离稍比肩宽，手指向前。

2. 动员并激活核心肌肉的同时降低身体，直到胸部轻轻接触地面。始终保持背部平直，头部位于中间位置。

3. 较快但有控制地将躯干向上推至起始位置，在动作完成时保持肘关节稍微屈曲的状态。重复预定的次数。

涉及的肌肉

主要肌群：胸大肌、肱三头肌、三角肌前束

辅助肌群：肱二头肌、背阔肌、腹直肌

铁人三项重点

　　作为最有效和最受欢迎的上肢训练之一，俯卧撑主要针对游泳、骑行和跑步需用到的上臂与躯干的关键肌群。因为它很容易开展且不需要任何设备，几乎可以在任何地方执行。

　　发展强壮的胸部肌肉有益于游泳运动员，尤其是强壮的胸大肌。另外肱三头肌同样也在自由泳动作中扮演着重要角色。这些训练可以使肌群产生更加理想的耐力和力量，从而拉动身体在水中前进。

　　绝大多数的骑行单项及长距离跑步竞速的运动员的上肢都是较为薄弱的。然而，铁人三项运动员因为游泳的缘故，腿部往往更为强壮。并且通过做俯卧撑发展的力量可以帮助铁人三项运动员在站立爬坡骑行时更好地保持稳定。另外该训练同样对跑步赛段有帮助，即运动员在上坡路段及向终点冲刺时，上肢的摆动动作将不会过早地引起上肢的疲劳。

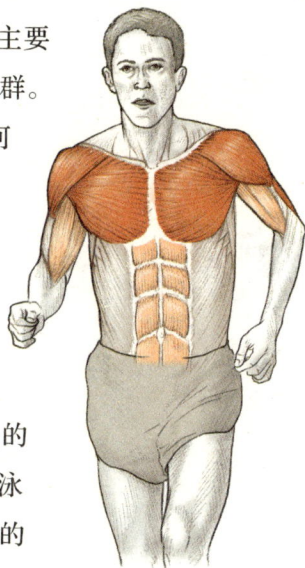

变化动作

俯卧撑－膝关节支撑

　　许多刚进行上肢力量训练的铁人三项运动员，尤其是在做俯卧撑时，需要将俯卧撑改为膝关节支撑而不是脚趾支撑。这种改变让俯卧撑更容易完成，而且力量较弱的运动员在发展力量时能够将重点放在正确动作的执行上。一旦铁人三项运动员能够以膝关节支撑状态执行几组动作，每组动作可以重复12～15次，就可以以脚趾支撑状态做俯卧撑。

健身球哑铃胸部推举

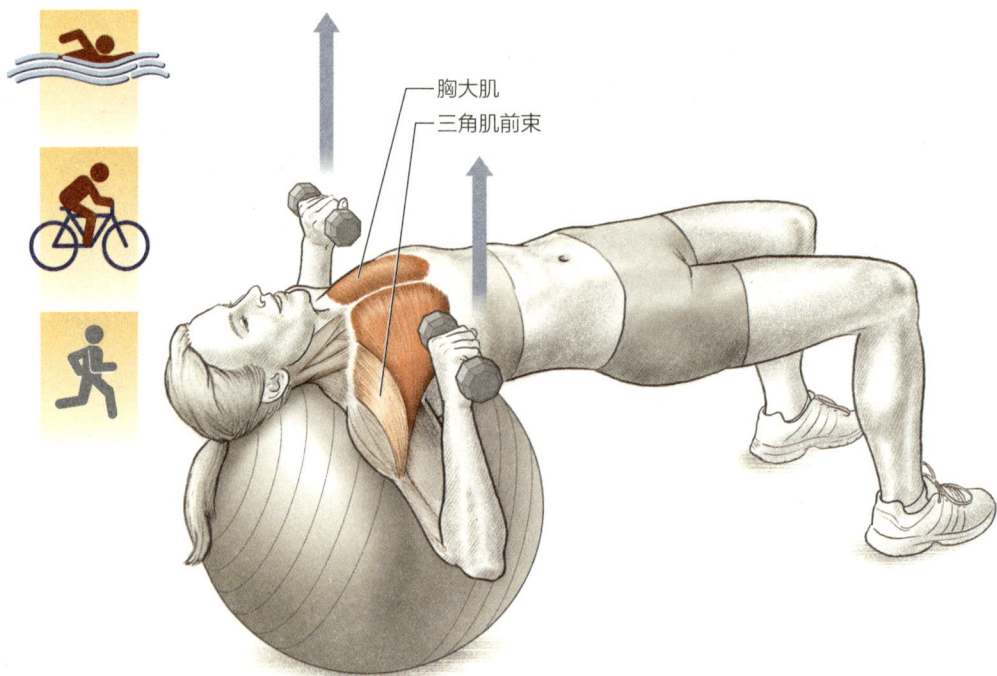

胸大肌
三角肌前束

训练步骤

1. 运动员坐在健身球上，每只手各握一个重量适当的哑铃，背部向下缓慢、稳定地滑移到健身球上，直到上背部倚靠足够的球体面积并感到稳定。

2. 双脚分开至略比肩宽以增加稳定性，臀部、肩部和头部在一条直线上。身体逐渐向上，然后慢慢降低哑铃至与胸部在同一水平高度的位置。

3. 移动哑铃至接近手臂最大伸展位时，沿着推动轨迹返回训练的起始位置，同时小心地在不稳定的健身球表面上保持平衡。

涉及的肌肉

主要肌群： 胸大肌

辅助肌群： 三角肌前束、肱三头肌

铁人三项重点

　　这项训练所带来的益处和许多其他推举训练一样，在运用和加强了胸部肌肉的同时也动员了肩部前侧的肌肉及肱三头肌。使用健身球能够额外训练平衡能力及核心肌肉。

　　进行哑铃重量方面的稳定控制与合理分配（取决于个人），有益于训练较弱的非惯用侧手臂。对于在开放水域游泳的运动员而言，它让运动员的双侧身体在推水阶段更加平衡和对称。

　　对于在陡峭山坡上骑行的运动员来说，拉动手把的动作对两侧手臂力量的均衡表现有着更显著的要求。

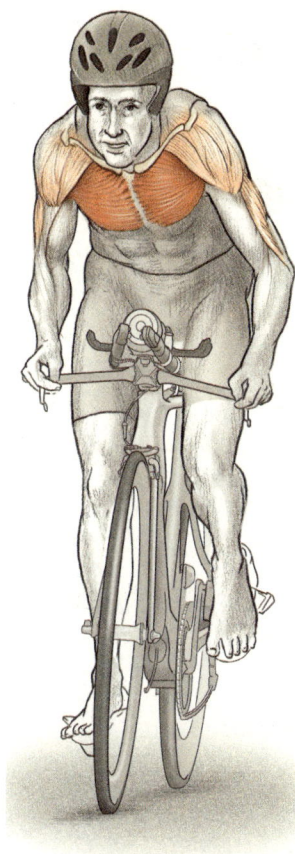

健身球哑铃双臂屈伸

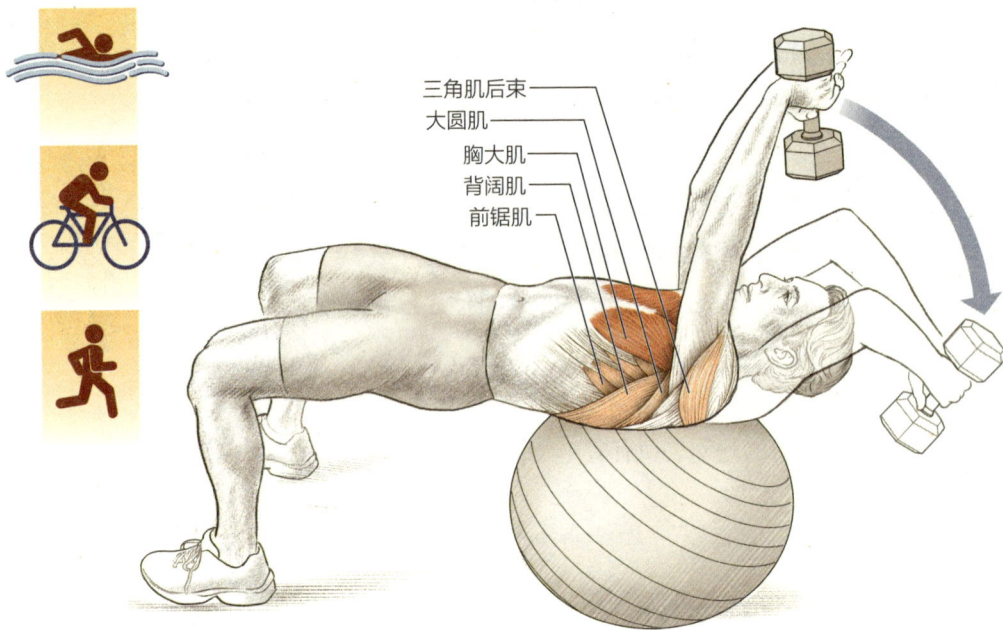

三角肌后束
大圆肌
胸大肌
背阔肌
前锯肌

训练步骤

1. 使用健身球产生的不稳定性可以激活核心肌群。运动员坐在健身球上，两只手共握一个哑铃。

2. 让身体在健身球上缓慢向下移动，直至健身球支撑背部的同时保持背部的平直状态，双脚分开至大约与肩同宽。

3. 降低哑铃高度，肘关节稍微屈曲，直到哑铃降低到与头部齐平的水平。在将哑铃推回到起始位置的过程中，应侧重于激活胸部和上背部的肌肉。

涉及的肌肉

主要肌群：胸大肌

辅助肌群：背阔肌、大圆肌、胸小肌、三角肌后束、前锯肌、大菱形肌、小菱形肌

铁人三项重点

　　这项基础训练为铁人三项运动员提供了多种益处。对于游泳赛段而言，它有针对性地锻炼了推水阶段需用到的肌群，此外还锻炼到了运动员使用休息把骑行时身体向前伸展所用到的肌肉。在跑步赛段中，该训练不仅可以提升上肢在跑动中的平衡能力，而且通过摆动手臂的动作，使得运动员在上坡以及最后向终点冲刺的阶段能够获得更多的优势。

变化动作

长凳哑铃双臂屈伸

　　在第一次尝试哑铃双臂屈伸训练时，一些运动员应使用稳定的表面，例如使用长凳而不是健身球。本质上，长凳哑铃双臂屈伸训练的执行方式和使用健身球是相同的，但是不需要运用核心肌群来提升稳定性，因此运动员可以把重点放在锻炼目标肌群上。

握杠双臂屈伸

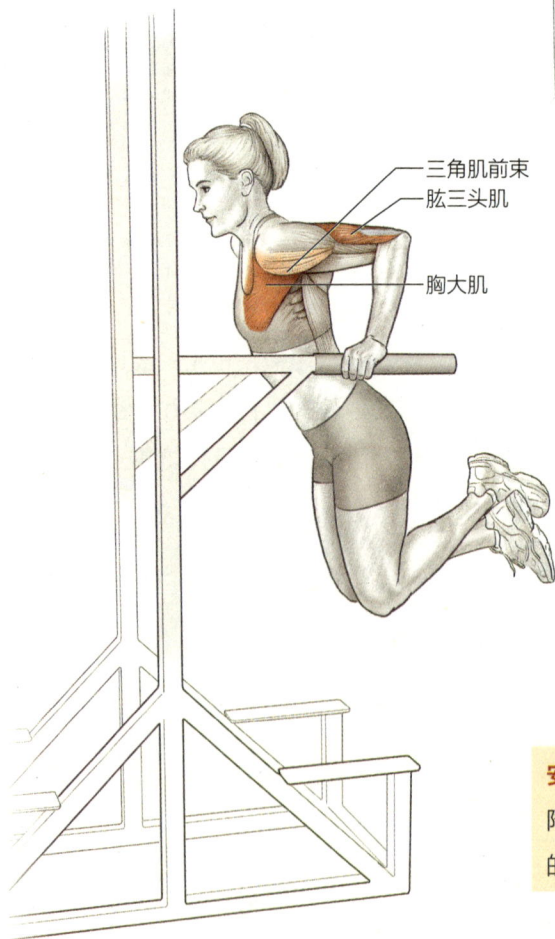

三角肌前束

肱三头肌

胸大肌

安全提示： 为了防止肩部受伤，下降的距离不要超出上臂与地面平行的水平位置。

训练步骤

1. 使用双臂屈伸训练专用的器械或双杠，首先用双臂支撑体重，肘关节稍屈曲。

2. 缓慢地降低身体，直到上臂平行于地面，同时躯干略向前倾，以更好地激活胸部的肌肉。

3. 向上将身体推起到起始位置，并继续保持肘关节微屈曲的状态，重复预定的次数。

涉及的肌肉

主要肌群： 胸大肌、肱三头肌

辅助肌群： 三角肌前束

铁人三项重点

双臂屈伸是一项基础训练，对于增加上肢的力量和耐力极为有益。双臂屈伸有针对性地锻炼了那些很大程度上影响自由泳技术成败的肌肉，包括胸大肌和肱三头肌。在骑行阶段，双臂屈伸练习让运动员能够在休息把上舒适地骑行更长时间，而且增强了运动员短距离以站立骑行状态通过陡坡的能力。

就像做俯卧撑（或任何其他自重运动）一样，控制阻力对运动员而言可能是一个挑战。运动员可以用负重背心或腰带增加额外的重量，如果需要较小的阻力，某些机器也可以提供帮助。锻炼时注意动作正确，包括规定的关节运动范围，而不是重复做达不到标准的动作。

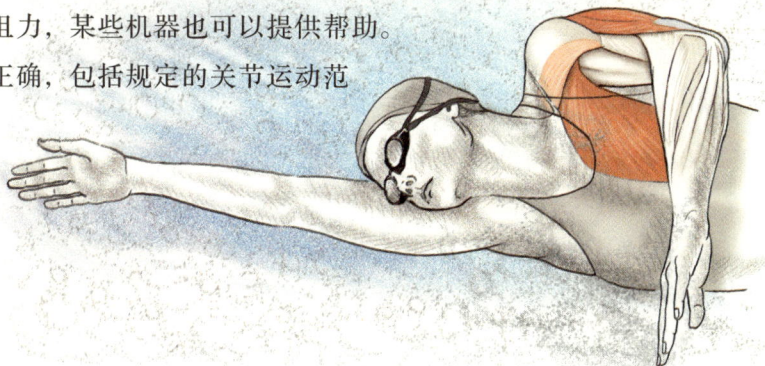

站立双臂掷实心球

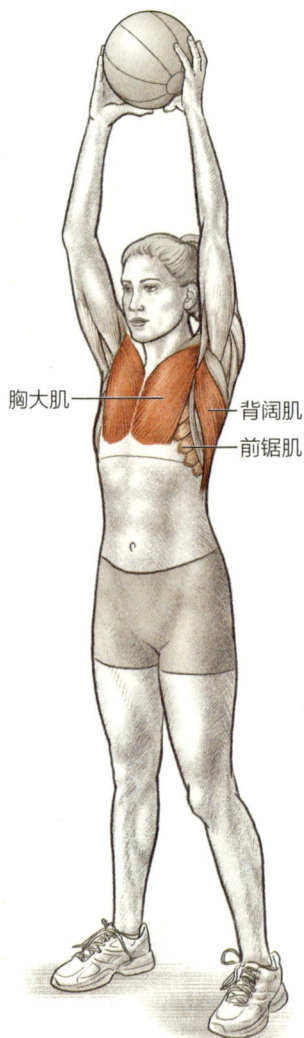

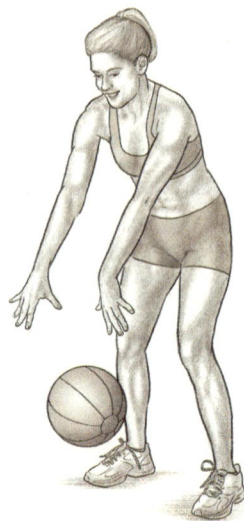

胸大肌 ——

背阔肌

前锯肌

训练步骤

1. 选择重量适当的健身实心球。运动员站在水泥地面或其他坚硬地面上，双手以几乎伸直的状态将实心球举过头顶。

2. 使用爆发力将实心球掷到脚趾前方30 ~ 38厘米的地面上。

3. 在实心球弹起时将其接住。回到开始位置，将实心球举过头顶，然后重复该动作至预定的次数。

涉及的肌肉

主要肌群： 胸大肌、背阔肌

辅助肌群： 前锯肌

铁人三项重点

这项训练锻炼了胸部和上背部肌肉的爆发力和力量，是铁人三项运动员针对自由泳的理想训练动作。在开放水域游泳要求运动员与其他能力相似的运动员在竞争中保持有利的位置，这需要运动员在听到发令枪之后快速跳水并启动冲刺模式。爆发力是成功冲刺的关键要素之一，而实心球训练能够满足该需求。

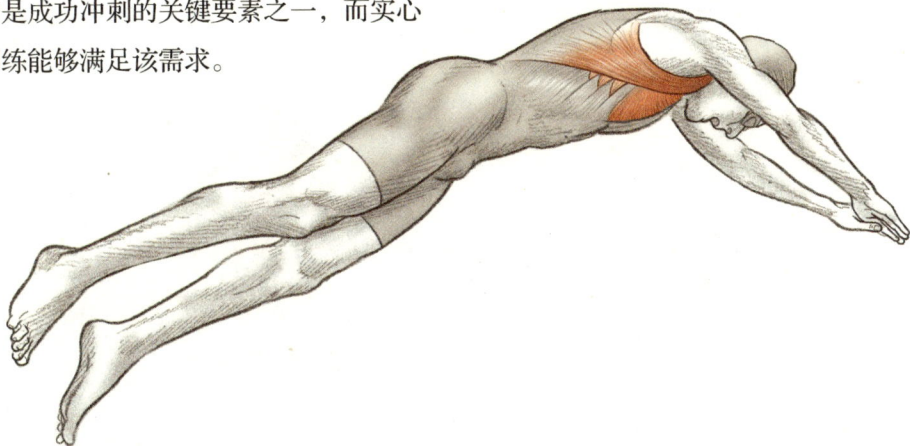

健身球哑铃飞鸟

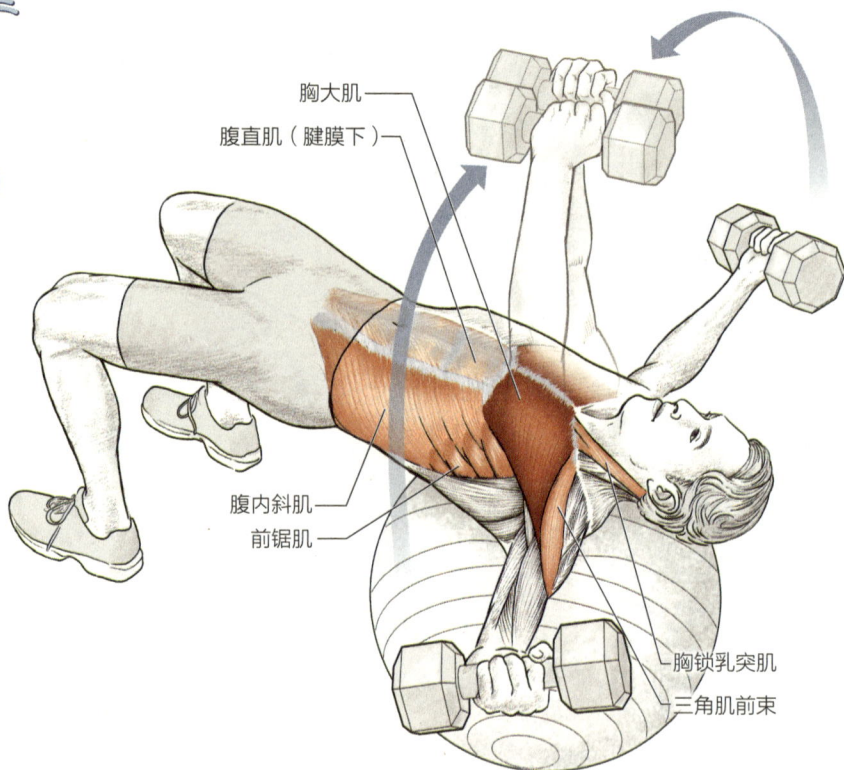

胸大肌

腹直肌（腱膜下）

腹内斜肌

前锯肌

胸锁乳突肌

三角肌前束

训练步骤

1. 运动员每只手各握一个重量适当的哑铃，坐在健身球上，背部缓慢往下移动，直到上背部完全平衡并受到良好控制。双脚平放在地板上，间距与肩同宽。背部和颈部应该保持在一个平面且控制在一条直线上。

2. 首先，将两个哑铃举至胸部上方，肘关节稍微屈曲，两个手掌相对。然后向身体两侧降低哑铃，重点是让胸部肌肉和三角肌发力。

3. 下降时，有控制地以缓慢的动作回到开始位置。重复预定的次数。

涉及的肌肉

主要肌群：胸大肌

辅助肌群：三角肌前束、腹直肌、胸锁乳突肌、腹外斜肌、腹内斜肌、前锯肌

铁人三项重点

　　铁人三项运动员需要加强在开放水域游泳以及稳定骑行动作需用到的上肢肌肉，从而提升在开放水域游泳时的竞技水平并在骑行计时赛中保持更大的稳定性，尤其是在山路较多、挑战性较大的赛道上。健身球哑铃飞鸟不仅让胸大肌得到很好的锻炼，而且能够增强核心力量和平衡能力。对处于游泳赛段的运动员来说，这意味着在自由泳的推水阶段更有爆发力。对骑行中的运动员来说，该训练可以增强快速爬坡时主动摇摆车辆的能力，并帮助提升骑行的加速突围能力及摆脱运动员跟骑的能力。

变化动作

上斜仰卧哑铃飞鸟

　　稍加改变后的上斜仰卧哑铃飞鸟训练更加针对三角肌前束和胸肌上束，主要推荐给具备较丰富力量训练经验的铁人三项运动员。上斜仰卧哑铃飞鸟训练可以在倾斜的长凳或健身球上进行。

实心球俯卧撑

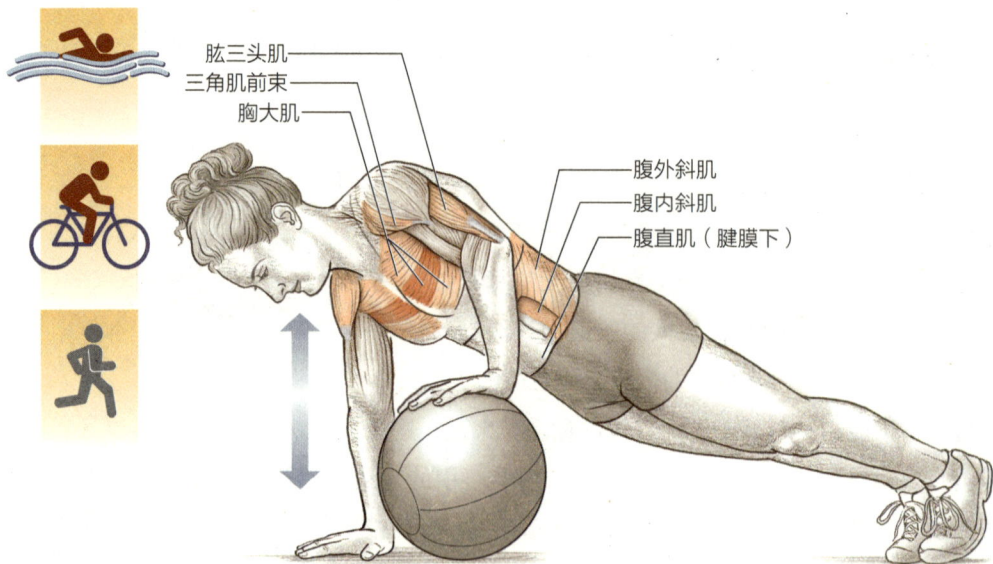

肱三头肌
三角肌前束
胸大肌

腹外斜肌
腹内斜肌
腹直肌（腱膜下）

训练步骤

1. 一只手放在实心球上，另一只手平放在地面上，以标准的俯卧撑姿势开始训练。保持身体平直，头部处于中立位。

2. 降低身体，直到胸部部分几乎接触到地面。保持身体和背部平直。

3. 回到起始位置。在实心球上的那侧手的肘关节应略屈曲；另一侧手几乎完全伸直，但无须达到肘关节伸展的最大范围。交换另一只手，用另一侧手臂重复相同的过程。注意非双手交替进行训练，而是用一侧手臂完成一组训练后，再切换到另一侧手臂。

涉及的肌肉

主要肌群： 胸大肌中束

辅助肌群： 肱三头肌、三角肌前束、腹直肌、腹内斜肌、腹外斜肌、前锯肌

铁人三项重点

　　这种变化后的俯卧撑需要运用到核心肌群，而且以锻炼上肢为目标。它以稍微不同的模式控制肌肉，有助于肌肉的平衡发展，而且给阻力训练计划增加了多样性。

　　和传统的俯卧撑一样，这项训练以增强胸大肌、三角肌前束和肱三头肌的力量和耐力为目标，对在开放水域自由式游泳时的推水动作有所帮助。对处于自行车赛段的运动员来说，强壮的胸大肌和肱三头肌有助于运动员在使用休息把骑行时提供更强的整体协调性，并在空气动力学姿势下产生更大的功率。

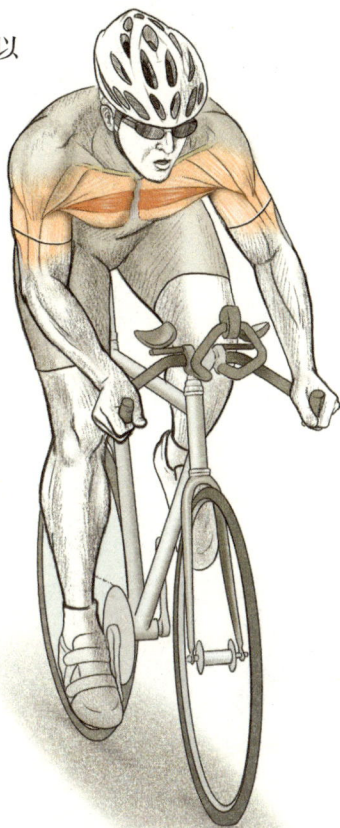

第7章

肩部训练

肩关节的复杂解剖结构使得它成为身体中最大、功能最全的关节之一。肩部由3块骨（肱骨、肩胛骨和锁骨）以及肌肉、肌腱和韧带组成。这些组织连接手臂的方式及其排列模式不仅为运动提供了结构支持，也对力量的输出做出了贡献。

一共有18块独立的肌肉起始于或止于肩胛骨。手臂抬高及手臂在游泳、骑行、跑步等训练活动中所涉及的肌肉的协调动员极为复杂。驱动肩部动作的肌肉主要位于两个不同的关节上。盂肱关节位于肱骨顶端与肩胛骨之间，而肩胛胸壁关节由肩胛骨形成，它位于胸部及其后方。如果一个部位出现功能障碍，未出现功能障碍的肩关节部分则会代偿因功能受损而缺失的部分功能，从而可能引起疼痛和功能紊乱。铁人三项运动动作的高重复性，尤其是游泳，使得肩部成为因过度使用而导致损伤的主要部位。全面理解解剖结构与力量训练的益处以及其两者之间的相互作用关系，将有助于运动员进行安全的训练，也可防止损伤的发生。

肩关节的骨骼结构

肩关节由3块骨构成：肩胛骨、锁骨和肱骨（参见图7.1）。肱骨如第8章所述，是一根长骨，其上端形状像一个球，并与肩胛骨的浅关节窝（关节盂）一起构成一个关节。这就像一个高尔夫球放置在球座上的模式。这种结构让肩部拥有极大的灵活性。

肩胛骨是一块三角形的骨，位于后胸壁上。肩峰是肩胛骨的一个骨突，形成了肩胛骨的上端边缘。肩峰是肩关节顶部的凸起，从身体外可以很容易触碰到。它的功能是作为弓形的骨性结构来保护穿梭其下方的肩袖肌肉和肌腱。

锁骨是水平横跨着的长骨，它通过肩锁关节将肩胛骨连接到胸骨。锁骨作为肩关节与手臂连接的唯一骨骼附着点，提供了结构支撑的功能。它在手臂远离身体的状态下为手臂提供了稳定支撑，从而使得手臂获得了最大限度的活动范围。

肩关节的韧带

我们可以将肩关节或盂肱关节比作高尔夫球和球座的连接体，以帮助我们理解肩关节的活动方式，但是这个潜在不稳定的结构意味着高尔夫球可能从球座中脱出。从医学上讲，肱骨头（即上述提到的球状结构）从关节盂中完全脱出称为脱位，而肱骨头先脱出但是又滑移回关节盂称为半脱位。从自行车上摔下来等急性创伤通常会导致关节脱位，但是游泳造成的重复性损伤可能导致复发性或慢性的关节脱位。在肩关节周围肌肉的协调控制、软组织对关节的包覆及健康的韧带系统在内的多个部分的共同作用下，我们能够有效地避免肩关节脱位。

肩关节周围有一个坚韧的纤维组织囊，就像一个充满气的气球，将肱骨头牢牢地固定在关节盂上。这种较厚的纤维组织构成了韧带系统，它将骨与骨连接起来，同样也提供了关节的稳定性。这些韧带附着在一个环绕在关节盂上的、被称为盂唇的环形组织上。它有助于加深关节盂，从而使得肱骨头不易从关节盂中脱出。

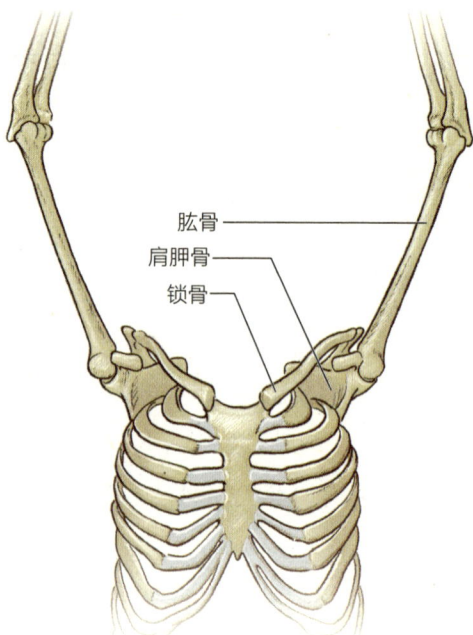

肱骨
肩胛骨
锁骨

图7.1 肩胛骨、锁骨和肱骨

肩关节的肌肉

肩带的肌肉可以分为3个肌群：主动肌、协同肌和肩胛稳定肌。后文的6个训练动作均是3个肌群一起协调工作的结果。

屈曲：手臂在身前抬高。

伸展：手臂往身后远离自己的方向运动。

外展：手臂远离身体一侧抬高（从靠近身体的位置开始运动）。

内收：手臂向身体一侧运动（从远离身体的位置开始运动）。

内旋：手臂向靠近对侧身体的方向旋转。

外旋：手臂向远离对侧身体的方向旋转。

主动肌

主动肌包括三角肌、背阔肌和胸大肌。

三角肌（参见图7.2）由3个不同的束组成，即前束、中束和后束。它们分别起始于锁骨、肩峰和肩胛冈，三束融合并入一个肌腱并附着在肱骨的上端。当所有肌纤维同时收缩时，三角肌就是外展动作的主动肌。

背阔肌（参见图7.3）是背部的一块宽大的肌肉。它起始于下背部和肋骨区，经过腋下，然后附着在肱骨近端的内侧。它充当肩关节伸肌和内收肌，同时也作为和胸大肌一起协作的内旋肌。游泳所需的推进能力除了主要依赖游泳技术获得外，一定程度上也取决于该肌肉的力量。

胸大肌和胸小肌是扇形的肌肉，它们起始于锁骨、胸骨和上肋骨部位并止于肱骨上端的内侧。它们能够实现的主要动作包括手臂屈曲、内收及内旋。胸肌力量水平是决定游泳速度的关键因素之一（第6章更详细地介绍了胸大肌和胸小肌）。

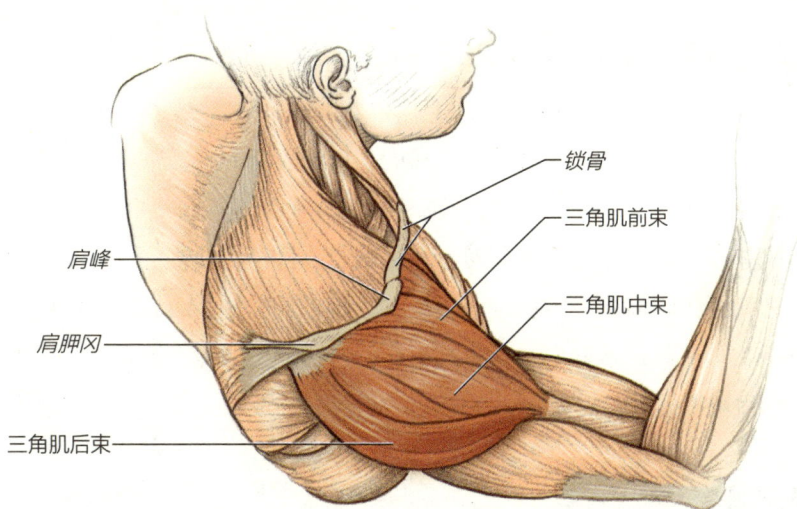

图7.2　三角肌

斜方肌

冈下肌
小圆肌
大圆肌

大菱形肌

背阔肌

竖脊肌：
棘肌
最长肌
髂肋肌

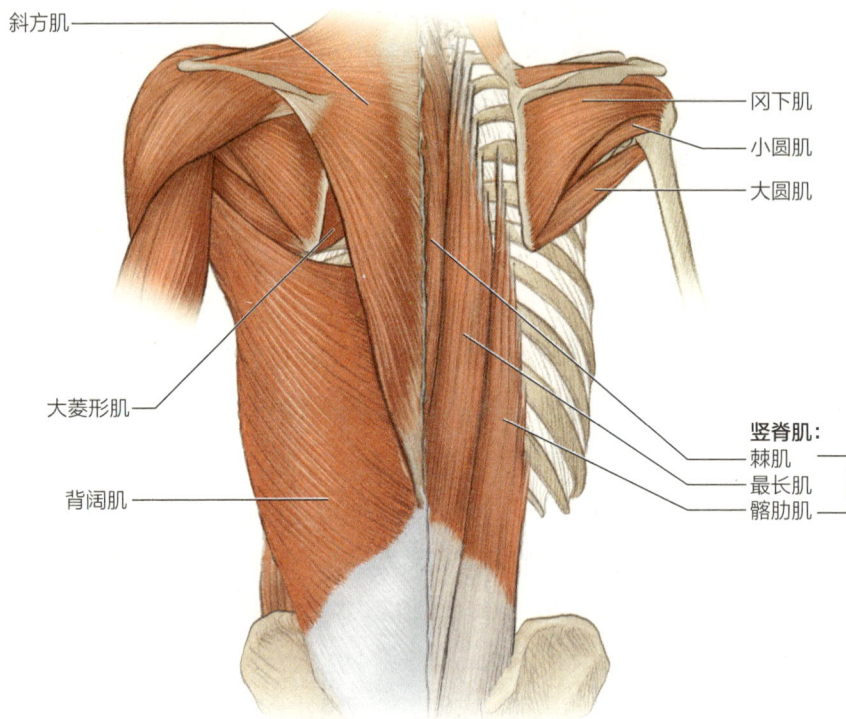

图7.3 背部肌肉，包括背阔肌

协同肌

　　肩袖（参见图7.4）由体积较小的、发挥协同稳定功能的肌肉组成。肩袖是一个由4块小肌肉（肩胛下肌、冈上肌、冈下肌和小圆肌）构成的肌群，它起始于肩胛骨并止于包绕肱骨头的肌腱。肩胛下肌的功能是作为肩部的内旋肌。位于肩胛骨顶部的冈上肌协助外展动作，冈下肌和小圆肌则协助外旋动作。

　　在三角肌收缩并开始移动手臂时，肩袖肌肉会协调性地收缩，将肱骨头压入关节盂中，即相当于将高尔夫球稳定地放置在球座上。重复性活动或摔倒导致的创伤可能会损伤肩袖肌腱，从而引起一系列病症，包括肩关节撞击综合征、滑囊炎、肩袖肌腱炎和肩袖撕裂，它们会导致疼痛和活动受限。

肩胛稳定肌

　　这个肌群包括斜方肌、大菱形肌、小菱形肌、前锯肌、肩胛提肌和胸小肌。这

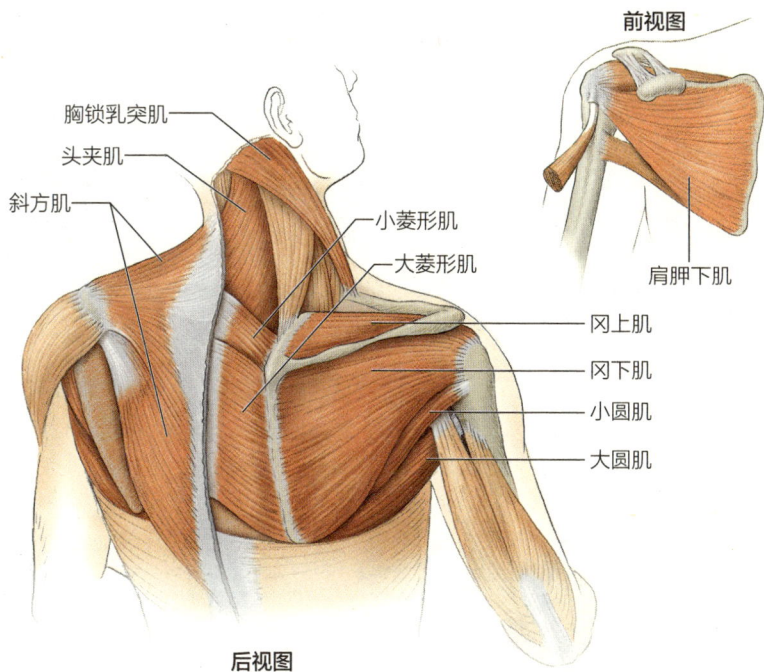

前视图

胸锁乳突肌

头夹肌

斜方肌

小菱形肌

大菱形肌

肩胛下肌

冈上肌

冈下肌

小圆肌

大圆肌

后视图

图7.4　肩袖和肩胛骨周围的肌肉

些肌肉负责肩胛的活动。当肱骨移动时，肩胛相应地发生抬高、下降、后缩或前伸的动作。肩胛骨在后胸的活动和肩关节的活动相互协调，使得我们的手臂可以做出各种各样的运动。

　　要想让肩关节产生运动，肩关节解剖结构当中的不同部分必须协调工作。这也突出了拥有强壮及具备良好协同功能的肩关节的重要性。下述的训练将针对这些肌肉来展开讨论。

肩关节训练

　　肩关节的结构相对脆弱，因此在训练时需要特别小心谨慎，将重点放在良好的动作执行上。高负重和低重复次数的组合并不十分适合大多数的耐力运动员。通常来说，理想的设置为3 ~ 4组的10 ~ 15次重复，每组之间休息60 ~ 90秒。为每组选择的重量应该有挑战性，但是也应该设置在可完成预定重复次数的能力范围内。和上一章提到的训练前的准备内容一样，建议在开始任何阻力训练之前要适当地做肩关节的热身运动。

三角肌哑铃前平举

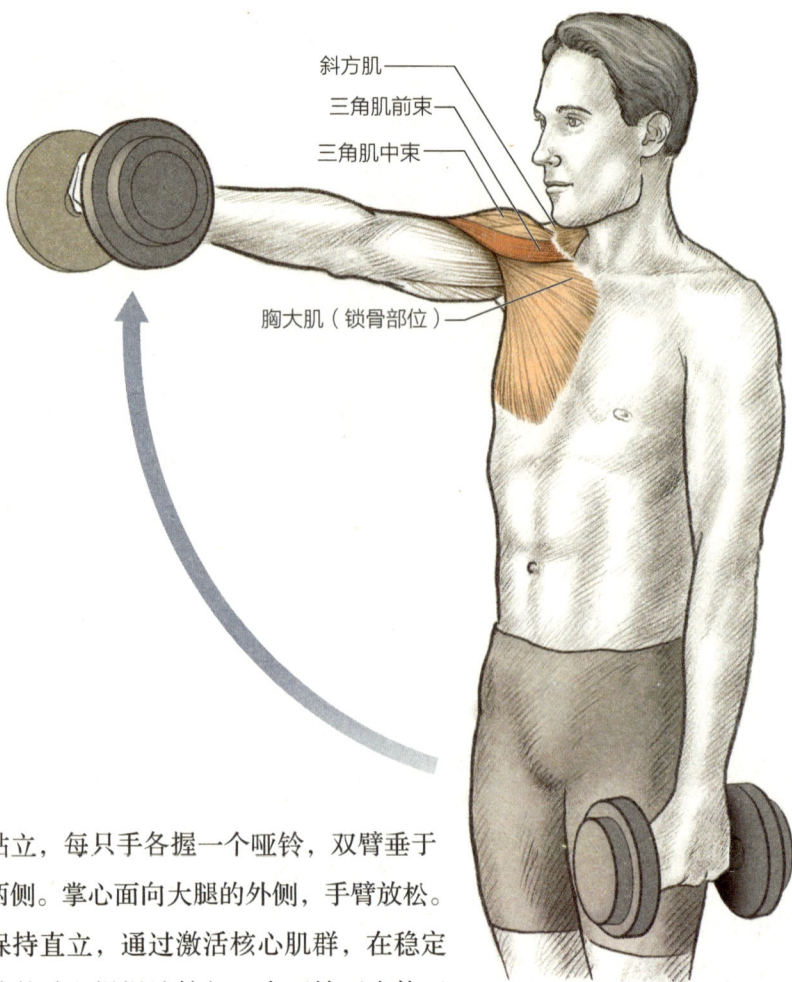

斜方肌
三角肌前束
三角肌中束

胸大肌（锁骨部位）

训练步骤

1. 身体站立，每只手各握一个哑铃，双臂垂于身体两侧。掌心面向大腿的外侧，手臂放松。

2. 背部保持直立，通过激活核心肌群，在稳定身体的基础上慢慢地抬起一个哑铃至身体正前方。

3. 在哑铃升起的过程中，稍屈曲肘关节并做手腕内旋，在动作达到最高点时让手掌朝向地面。

4. 有控制地慢慢降低哑铃，使之回到起始位。在此同时开始抬起另一侧手臂。

涉及的肌肉

主要肌群：三角肌前束

辅助肌群：胸大肌、三角肌中束、斜方肌

铁人三项重点

三角肌前束在游泳、骑行和跑步中起着重要作用。游泳时，三角肌前束间接参与抱水动作和自由泳推水动作的第一阶段。骑行过程中，在握住休息把底部进行站立骑行爬坡时，运动员使用该肌肉来协助稳定姿势。上坡跑的过程中，运动员利用肩关节前侧的肌肉驱动手臂摆动，从而获得较佳的推进力。

变化动作

三角肌阻力带提拉

阻力带是铁人三项运动员的理想训练器械，因为它不仅容易购买，而且在执行各种上肢动作时容易使用，如体前通过三角肌抬高手臂的动作。根据个人需求，可以选择阻力适度的阻力带，或通过改变身体与阻力带的固定点之间的距离来调整阻力。固定点可以是自己的脚或任何静止的物体。

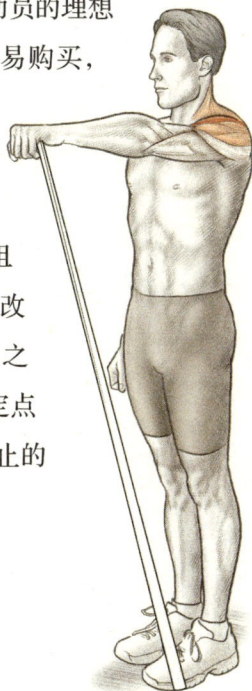

三角肌哑铃侧平举

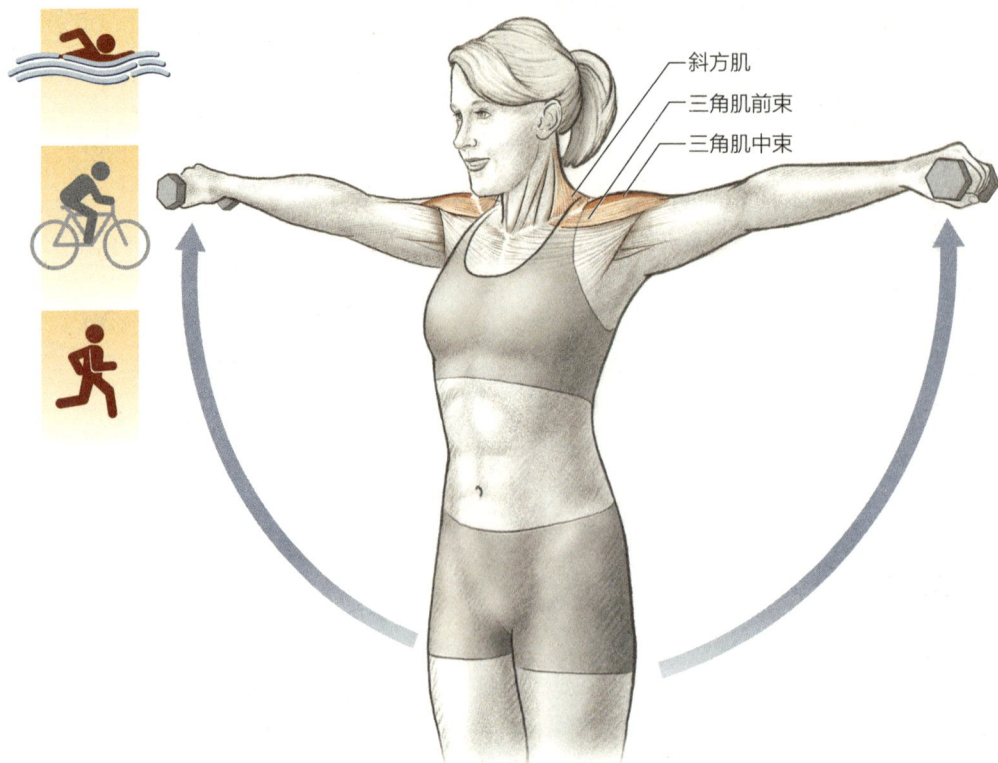

斜方肌
三角肌前束
三角肌中束

训练步骤

1. 身体站立，每只手各握一个哑铃，手臂垂于身体两侧，掌心朝向大腿外侧。

2. 肘关节轻度屈曲，从身体侧边有控制地慢慢抬起双臂，直到手臂与肩齐平。抬升过程中保持掌心朝向地面。

3. 降低哑铃至起始位置，并重复预定的次数。

涉及的肌肉

主要肌群： 三角肌中束

辅助肌群： 三角肌前束、三角肌后束、冈上肌、斜方肌

铁人三项重点

就像三角肌前束一样，三角肌中束在自由泳、骑行和跑步涉及的动作中所起的作用更多是支持与辅助肩关节运动而不是产生运动。

自由泳运动员在手臂推离出水到再次入水的转换阶段极为依赖三角肌肌群。在开放水域游自由泳时，特别是运动员抬头看浮标和赛道时，这个肌群容易过早疲劳，进而导致划水动作不对称。这种不对称也会减缓游泳速度。此外，长袖款的防寒服或胶衣可能会让肩部在运动过程中受到额外的阻力，这会加重该肌肉的疲劳程度，因此运动员需要更强壮的三角肌中束。

在跑步期间，运动员需要良好的姿势和摆臂来保持正确的动作，特别是开始出现疲劳时。锻炼三角肌中束可以强化整体的运动表现。

变化动作

三角肌拉阻力带

阻力带是哑铃的理想替代品。手持哑铃所进行的练习均可以使用阻力带来代替完成，且可以根据个人需求改变阻力带的阻力。

哑铃肩上推举

斜方肌
三角肌中束
三角肌前束
胸大肌
肱三头肌

训练步骤

1. 坐在长凳上，背部保持平直。稳定举起两个同等重量的哑铃并将它们放在肩上，手掌朝向身体。

2. 向头顶上方推举哑铃，直到肘关节几乎伸展到最大活动范围。在该动作执行过程中，略微外旋手掌可能有助于预防肱二头肌肌腱受到撞击。

3. 慢慢降低哑铃回到起始位置，并重复预定的次数。

涉及的肌肉

主要肌群： 三角肌前束、三角肌中束

辅助肌群： 胸大肌、三角肌后束、斜方肌、冈上肌、肱三头肌

铁人三项重点

运动员们往往不擅长做高过头顶位置的阻力训练。哑铃肩上推举就是高效的训练方法之一，它用到了几个重要的肌群，包括三角肌中束、三角肌前束和肱三头肌。

就游泳运动员而言，该训练有助于身体伸展和手臂推水，这是构成流线型的身体姿势的一部分，而且能够将单次划水距离延长到最大。

骑行阶段的运动表现也会因此获益，该训练不仅可以增强肩关节整体的力量，还可以增强斜方肌和上臂的力量。此外，该训练对长时间将双臂放在休息把上的长距离骑行运动员而言尤其重要，因为他们在微屈曲颈部以抬头观察路面情况时需要肱三头肌的辅助支撑。

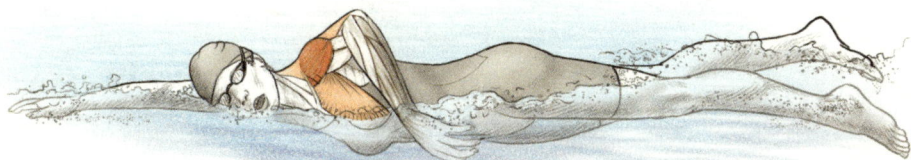

变化动作

健身球肩上推举

除了增强肩部力量，该训练还可以作为强化核心力量和促进平衡能力发展的训练手段。如果用健身球取代长凳来做推举动作，你将获得由训练模式的改变所带来的益处。

阿诺德推举

两只手各握一个哑铃，手掌面向自己。和传统的推举不同的是，在扭转双手使手掌朝前的同时，将手臂向两侧伸展。结束时将肘关节充分伸展，手掌心朝前，将哑铃高举过头顶。

手持阻力带内旋

前视图

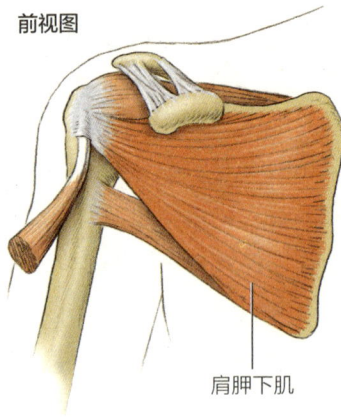

肩胛下肌

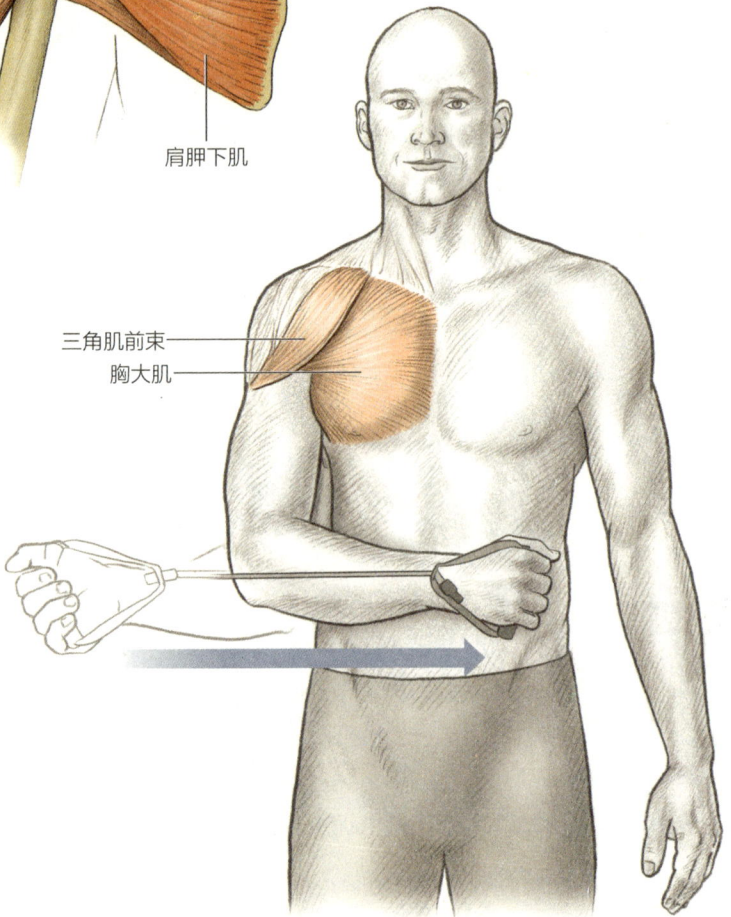

三角肌前束

胸大肌

训练步骤

1. 根据个人的健身水平选择适当阻力的阻力带。将阻力带与肘关节几乎等高地固定在物体上，然后站在离固定点大约1.2米远的位置。用靠近固定点侧的手臂握住握柄，然后肘关节屈曲90度。在上臂和躯干之间放一块折叠的毛巾。让肘关节在保持该姿势的条件下能够学习并强化正确的内旋转动技术。

2. 保持前臂平行于地面，保持上臂稳定，向身体前方的另一侧内旋前臂，直到手触碰到躯干。

3. 慢慢回到起始位置，并重复预定的次数。

4. 完成一侧手臂训练后，转身换另一侧手臂训练。

涉及的肌肉

主要肌群： 肩胛下肌

辅助肌群： 胸大肌、三角肌前束、背阔肌

铁人三项重点

在本节中加入该训练是因为它对保持肩袖肌肉健康非常重要，其目的是预防游泳运动员和铁人三项运动员经常碰到的肩部过度使用造成的损伤。作为4块肩袖肌肉之一，肩胛下肌负责手臂的内旋。肩胛下肌、肩关节囊和韧带系统共同加强了肩部稳定，帮助将肱骨头稳定地控制在关节盂中。虽然其他更大的肌肉也执行类似的内旋动作，但是运动员应该有针对性地通过补充力量训练来增强肩胛下肌，并在一定程度上降低长距离自由泳等重复性动作所带来的损伤风险。

手持阻力带外旋

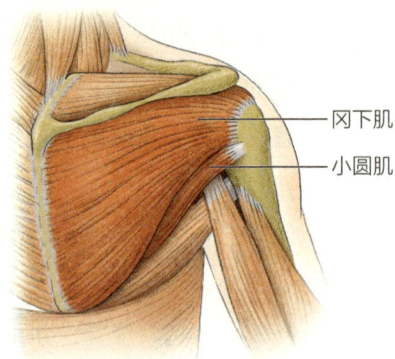

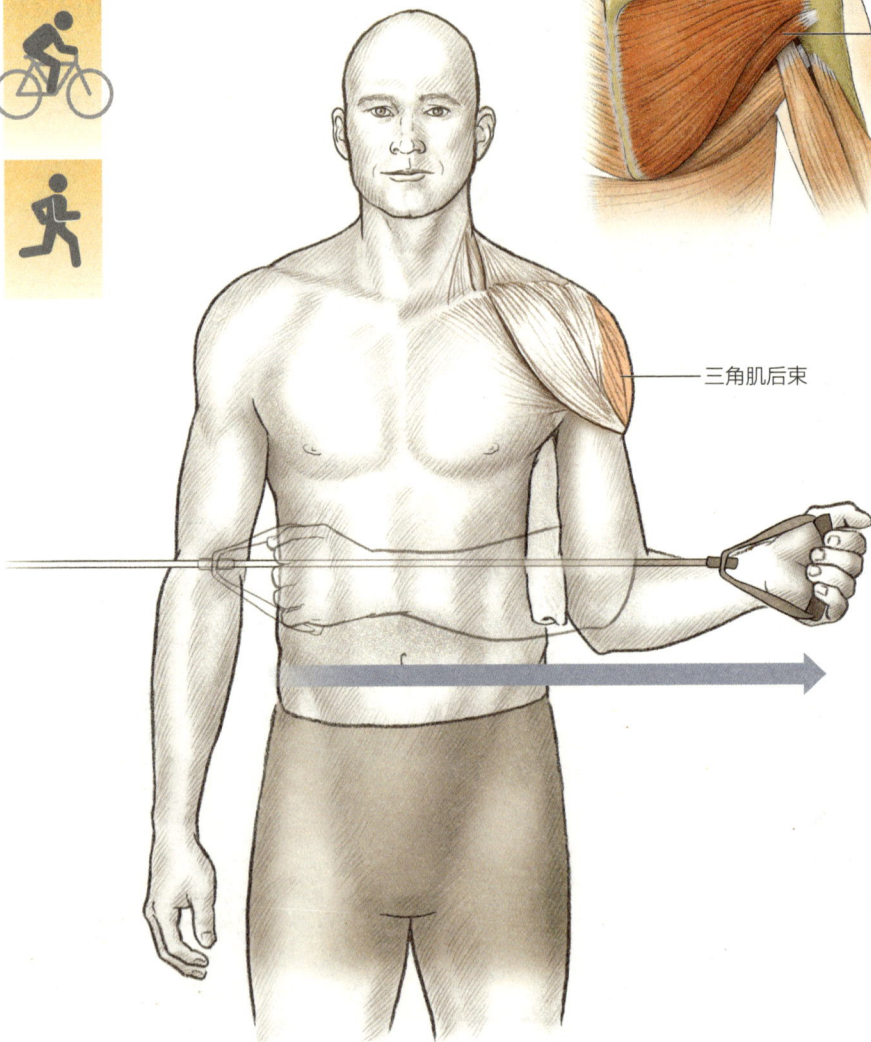

冈下肌

小圆肌

三角肌后束

训练步骤

1. 根据个人的健身水平选择适当阻力的阻力带。将阻力带与肘关节几乎等高地固定在物体上，然后站在离固定点大约1.2米远的位置。用离固定点远侧的手臂握住握柄，然后肘关节屈曲90度。在上臂和躯干之间放一块折叠的毛巾。让肘关节在保持该姿势的条件下能够学习并强化正确的外旋转动技术。

2. 保持前臂平行于地面，保持上臂稳定，越过身体前侧向较远侧外旋前臂。

3. 让手臂慢慢回到起始位置，并重复预定的次数。

4. 完成一侧手臂训练后，转身换另一侧手臂训练。

涉及的肌肉

主要肌群： 冈下肌、小圆肌

辅助肌群： 三角肌后束

铁人三项重点

类似于手持阻力带内旋，之所以在本小节中包含外旋这项训练，是因为它对预防游泳运动员和铁人三项运动员经常碰到的肩部过度使用造成的损伤非常重要。手臂外旋在游泳中是不可或缺的动作模式。

这一肌群疲劳会导致运动障碍（肩关节和肩胛骨运动节律异常），从而导致损伤。这些力量训练能够增加该肌群的耐力，有助于降低受伤的概率。

直立提举

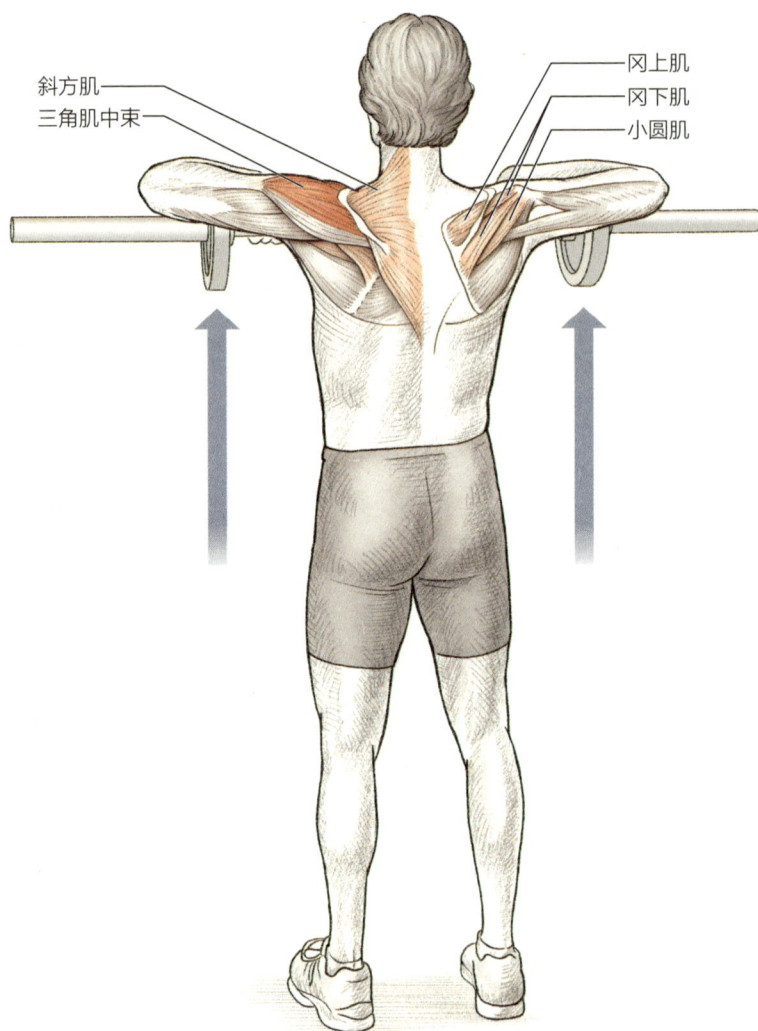

斜方肌

三角肌中束

冈上肌

冈下肌

小圆肌

训练步骤

1. 身体站立，手握杠铃于身前。双臂保持伸直状态，让杠铃轻轻倚靠在大腿上。

2. 沿着躯干垂直提起杠铃，直到它到达胸部上端、颈部下端的位置。重点在于保持肘关节抬高，并在动作过程中动员多组肩部肌肉。

3. 慢慢回到起始位置，并重复预定的次数。

涉及的肌肉

主要肌群：三角肌前束、三角肌中束

辅助肌群：冈下肌、冈上肌、小圆肌、斜方肌

铁人三项重点

　　铁人三项运动的每个项目的技术发挥都依赖于强有力的肩部，而直立提举是非常适合的多关节训练，因为它能够有针对性地锻炼肩部。对游泳运动员而言，强壮的肩部肌肉意味着推水阶段将获得更大的推进力，而且穿长袖防寒服或胶衣可减轻从手臂推水离开水面后再入水阶段的疲劳。强健的肩部也有益于骑行阶段的运动表现，使得运动员在站立骑行和爬坡骑行时能够强有力且稳定地摇摆自行车。针对使用休息把长时间骑行的情况，强壮的肩关节也有助于防止疲劳。此外，它还让运动员在跑步阶段能够保持稳健的节奏和平衡，特别是可借助双臂驱动在上坡跑或向终点冲刺时发挥巨大的作用。直立提举训练几乎都能够满足上述这些重要需求。

变化动作

哑铃、阻力绳或阻力带直立提举

　　使用哑铃、阻力绳或阻力带练习直立提举也可以获得很好的效果。

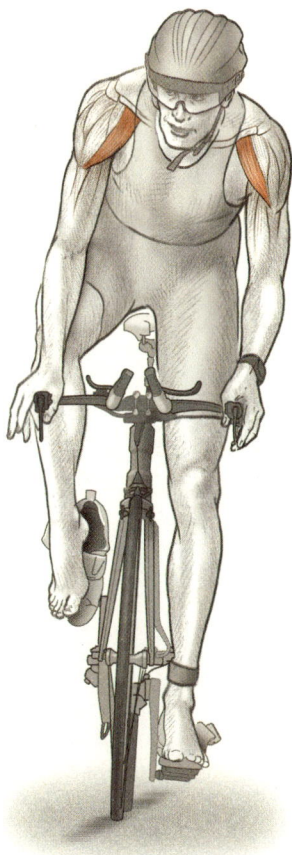

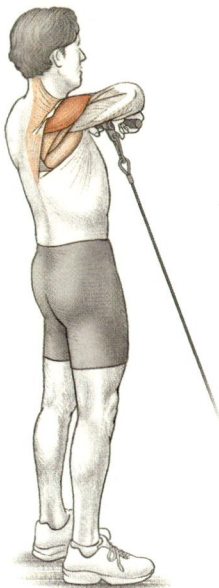

第8章

手臂训练

铁人三项运动的3个项目（游泳、自行车和跑步）需要运动员平衡上肢和下肢的使用程度。上肢主要由上臂（包括肱骨）、前臂、手、肌肉及软组织等组成。肩部在上肢功能中起着不可或缺的作用（已在第7章中讨论）。

手臂从肩部垂下，通过盂肱关节与锁骨最终连接到胸骨所在的中轴骨。与下肢相比，手臂和肩关节拥有更大的活动自由度。通过肌肉的协调运动和韧带的结构支撑，铁人三项运动员可以锻炼出一个强大的支点，从而在游泳时产生更佳的推进力，并且通过保持上肢的稳定支撑来获得骑行时的空气动力学姿势，另外还可以在跑步过程中创造平稳、高效的跑步步态。

上臂和前臂的任何肌肉力都不会对跑步或骑行产生明显影响，但是可能导致游泳技术受影响从而导致损伤。专项的力量训练可以帮助减少由于重复性的过度使用所导致的损伤。

手臂的解剖结构可分为骨骼、关节和肌肉。

手臂的骨骼

肱骨是上臂的长骨，它将肩部与肘部相连。它的形态决定了手臂的形状，并通过提供主要肌群的附着点来实现上肢的运动及上肢功能的表达。

前臂由两块主要的骨——桡骨和尺骨组成。每块骨两端的复杂构造和桡骨的弓形屈曲形状让肘部和腕部可以在执行运动动作上实现互补，包括屈曲和伸展（弯曲和伸直）、旋后和旋前（手掌向上和向下转动）。如果没有这些动作，游泳当中的划水动作将无法实现。

腕部和手掌由众多骨头组成，它们通过关节、韧带、肌肉和肌腱发生复杂的相互作用，让手非常灵巧的同时，也使其具备了执行复杂动作的功能。

手臂的关节

上肢有两个主要关节：盂肱关节和肘关节。肱骨头看起来像一个球，它处在肩胛骨的关节盂中。这构成了肩部的骨骼解剖结构。和所有的滑膜关节一样，肱骨的两端都覆盖着关节软骨，使得关节可以以顺畅、低摩擦的方式运动。关节软骨的外层被关节囊覆盖。关节囊内有一层滑膜内衬，它会产生润滑和滋养关节软骨的滑液。这个受到活动限制较少的关节，就像一个高尔夫球坐在球座上，让手臂具有极大的灵活性和活动范围。

肘关节的骨性标志点主要由肱骨的远端及尺骨和桡骨的近端组成。每根前臂骨都与肱骨构成一个简单的屈戍关节。肱尺关节支持屈曲和伸展，而肱桡关节支持前臂外旋和内旋。这些简单的动作再加上尺骨、桡骨之间的衔接，就可以让肘关节在一定活动范围内实现复杂的运动。

手臂的肌肉

正如第7章讨论的一样，包括肩袖在内的肩部肌群负责启动并控制肩关节的运动。相对上臂来说，胸大肌和背阔肌止于肱骨前侧的肩袖肌肉所在位置的下方。当肌肉独立活动的时候，它们分别执行手臂屈曲和手臂伸展的动作。当肌肉一起活动的时候，它们是非常强大的手臂内收肌和内旋肌。这些手臂活动在游泳的抱水和推水阶段发挥着非常重要的作用。

肱二头肌起始于肩胛骨的两个部位：肱二头肌长头位于关节盂的顶部，而短头与喙突相连。它们在手臂的中部与起始于肱骨中上端的肱肌相连，并与起始于肱骨远端的肱桡肌相连（参见图8.1）。这些肌肉的组合连接跨过了肘关节，从而可以执行屈肘和前臂旋后这两个动作。

肱骨的后方是肱三头肌的内侧头和外侧头的起始位置（参见图8.2）。肱三头肌肌腱附着在尺骨末端或鹰嘴突上。肱骨和尺骨组成的屈戍关节使得肱三头肌可以执行伸展和伸直肘关节的动作。

另一块值得一提的肌肉是旋前圆肌。这块重要的肌肉起始于肱骨和尺骨的内侧，它起着让前臂旋前，以及在前臂外旋时实现平衡肱二头肌的作用。

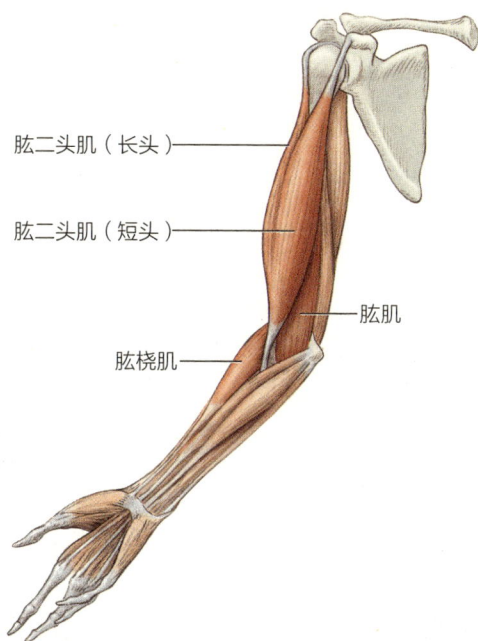

肱二头肌（长头）

肱二头肌（短头）

肱肌

肱桡肌

图8.1 肱二头肌、肱肌和肱桡肌

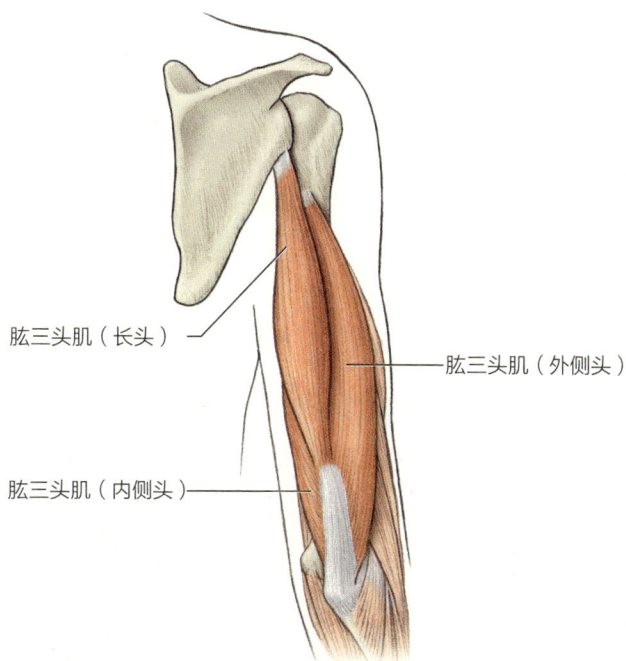

肱三头肌（长头）

肱三头肌（外侧头）

肱三头肌（内侧头）

图8.2 肱三头肌

前臂（参见图8.3）和手部的肌肉有着非常复杂的解剖结构和功能。生活中和铁人三项运动中的许多动作，从游泳抱水、控制自行车的动作到放松的正确跑步姿势，都依赖于强壮的、受到良好支配和控制的前臂肌肉。

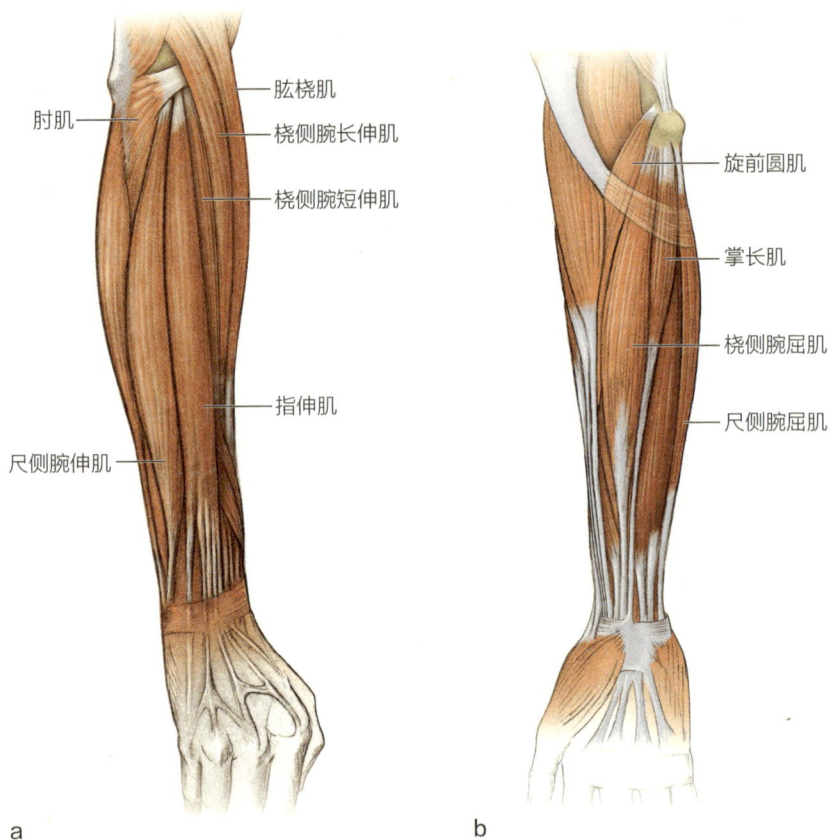

肘肌

肱桡肌

桡侧腕长伸肌

桡侧腕短伸肌

指伸肌

尺侧腕伸肌

旋前圆肌

掌长肌

桡侧腕屈肌

尺侧腕屈肌

a

b

图8.3　前臂肌肉：（a）外侧；（b）内侧

前臂肌肉可分为位于手掌侧的屈肌群和位于手背侧的伸肌群。伸肌群包括腕部的桡侧腕长伸肌、桡侧腕短伸肌和尺侧腕伸肌，以及手指的指伸肌、小指伸肌、食指伸肌、拇长伸肌和拇短伸肌。该肌群起始于远端肱骨的外侧（称为外上髁）。

位于前臂的手掌侧的是屈肌群，包括手腕的桡侧腕屈肌、掌长肌和尺侧腕屈肌，以及手指的尺侧腕屈肌、指浅屈肌、指深屈肌和拇长屈肌。该肌群起始于远端肱骨的内侧（称为内上髁）。

手臂训练

本章讲述的手臂训练在增强手臂力量和耐力的同时，可降低与游泳、骑行和跑步有关的受伤风险。当然，还有许多其他关于手臂的训练方法供运动员或教练员选择，我们可针对运动员的实际需求来开展训练。

和训练身体的其他任何部位一样，我们首先应当从充分的热身运动开始。在开始例行训练之前，建议先做一系列动态伸展和较轻的抗阻训练。例如，我们经常可以看到水池边的游泳运动员做各种摆臂动作作为热身的方式，以及使用橡皮管或较轻的哑铃来执行肱三头肌伸展和肱二头肌屈曲的动作作为训练前的热身动作。

训练手臂以提升铁人三项成绩同训练其他身体部位一样，组数和重复次数应该适用于发展力量和耐力，而不是训练出更大的不必要的肌肉体积（记住，骑行和跑步都受到运动员的输出功率与体重比的影响）。因此，对于本章的大多数练习，我们建议每组进行10 ~ 15次，做2 ~ 3组。

在进行力量训练，尤其是手臂训练时，铁人三项运动员应考虑以下事项。因为恢复在铁人三项运动的所有项目中都非常重要，所以任何一个项目的过度训练都可能影响到另外两个项目的运动表现。在对上肢的其他部位进行力量训练，如训练胸部、肩部和上背部时，会间接地使用到手臂，这样也可获得训练效果。小心不要在日常训练计划中加入过多的手臂训练，以避免手臂部位的过度训练。运动员要遵从训练的标准，或尝试通过与教练合作来确保训练计划的正确执行。

窄距俯卧撑

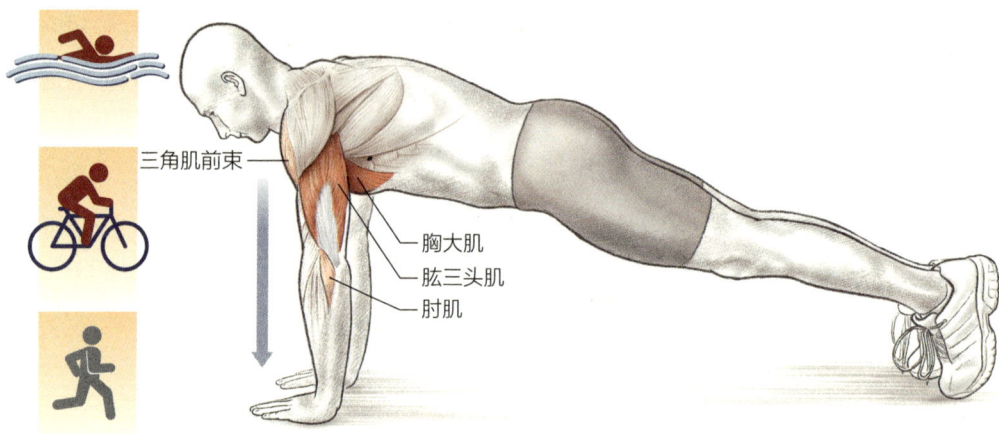

三角肌前束

胸大肌
肱三头肌
肘肌

训练步骤

1. 面部朝向地面，使用双手支撑的姿势，双手间的距离比肩稍窄，手指指向前方。

2. 伸展身体，让脊柱保持相对直立的状态。用脚趾支撑下肢，伸直并稳定腿部的支撑状态。保持头部处于中立位，与脊柱在同一条直线上对齐。

3. 有控制地慢慢降低身体，直到胸部前侧离地面2.5 ~ 5厘米。保持上臂贴近身体。

4. 有控制地慢慢向上推起身体，保持相对直立的身体姿势，直到肘关节伸展并接近最大关节活动范围。完成所需的重复次数。

涉及的肌肉

主要肌群： 肱三头肌、胸大肌

辅助肌群： 胸小肌、三角肌前束、肘肌

铁人三项重点

　　俯卧撑被认为是上肢力量训练的王牌动作。俯卧撑执行起来相对容易，也不需要借助任何额外设备，而且增强上肢肌肉力量和耐力的效果也相对显著。

　　通过改变手在俯卧撑训练中的支撑位置，运动员可以侧重于训练不同的肌肉群。这个窄距俯卧撑重点训练的是肱三头肌，该肌肉在游泳和骑行时经常用到。在自由泳的划水动作中，很多运动员的前推力都是在划水动作的最后伸展阶段产生的。此时，强大的肱三头肌能够在手臂与水接触时产生更大的推力，从而提高游泳的配速。

　　增强手臂力量可以提高自行车的操控性和稳定性，从而增加骑行安全性。骑行时手的位置需要根据路面地形和当前骑行状态进行调整。强大的肱三头肌能够协助运动员在握把骑行和臀部离开坐垫的骑行状态下实现更理想的体重支撑模式，另外在使用休息把骑行时有助于提升上肢稳定性。

变化动作

俯卧撑－膝关节支撑

　　将肱三头肌作为重点来单独训练的窄距俯卧撑动作让部分人觉得很难完成。这种俯卧撑的一种变化动作是以膝关节为支撑点，这对初学者而言更加容易。练习时一定要保持同样的身体姿态，脊柱保持挺直，头部处于中立位。运动员使用膝关节支撑能够完成预定的重复次数之后，应逐渐过渡并使用脚趾做后支点来进行该训练。

俯身自由式拉动抗阻

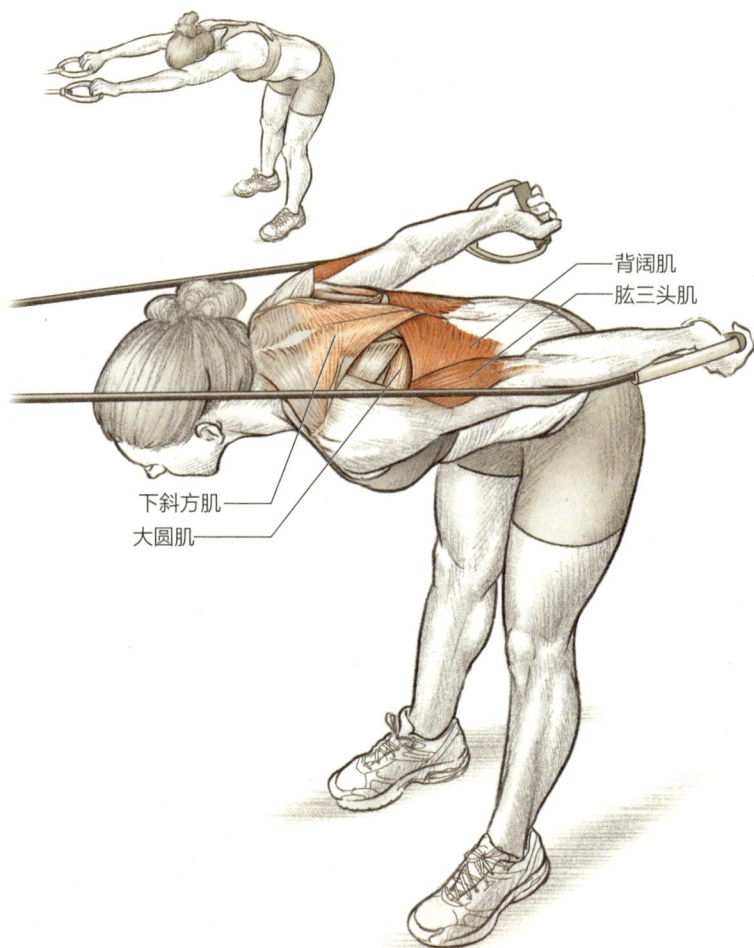

背阔肌
肱三头肌
下斜方肌
大圆肌

训练步骤

1. 选择适合你当前健身水平的阻力带。将阻力带固定在不会产生移动的物体上，如大型设备或门框上。阻力带应接近腰部高度。手掌朝向身后，抓握住阻力带的握柄或其末端。

2. 从固定点向后退一步，让阻力带产生一些预张力。双脚与肩同宽站立，膝关节微微屈曲。

3. 从腰部节段向前俯身屈曲身体，让上肢几乎与地面平行。将双臂伸展并超过头部所处的水平高度，就像自由泳推水动作的第一个阶段。

4. 同时使用双臂向身后方向拉动握柄，肘关节略微向上（高肘位）且向后拉动时伴随肘关节略微屈曲的动作，其目的在于强化激活胸部和上背部肌肉。

5. 当双手靠近腰部时，向后伸展前臂，抵抗阻力带不断增加的阻力，重点锻炼肱三头肌。将肘关节最终锁定在几乎完全伸直的终末端位置上。

6. 对抗阻力带的阻力在离心收缩控制下返回原位，然后重复该过程。完成 3 ~ 5组，每组重复10 ~ 15次。

涉及的肌肉

主要肌群：背阔肌、胸大肌、肱三头肌

辅助肌群：下斜方肌、大圆肌

铁人三项重点

上述动作是游泳运动员在陆地上主要使用的训练手段之一。俯身自由式拉动抗阻练习非常方便，而且主要针对自由泳来进行训练。俯身自由式拉动抗阻练习应该成为这两类人群的主要训练内容：不易规划时间进行泳池内训练的人群，以及计划将弹性抗阻练习作为补充训练内容的人群。

该训练用到的主要肌肉包括上背部肌肉、胸部肌肉和肱三头肌。该训练动作在阻力带弹力不断增加的情况下可以有效模拟自由泳技术的动作模式，包括早期前臂的垂直状态、抬高肘位和最后较快伸展肱三头肌的动作。它不仅有助于提升游泳效率，而且能增加游泳力量和耐力。

变化动作

单臂拉动阻力带

变化之后的动作与双臂同时拉动阻力带所不同的是，每次只用一只手臂来拉动阻力带。侧重单侧手臂训练使得运动员可通过理想的转体动作来获得游泳时的节奏感。

坐姿壶铃臂屈伸

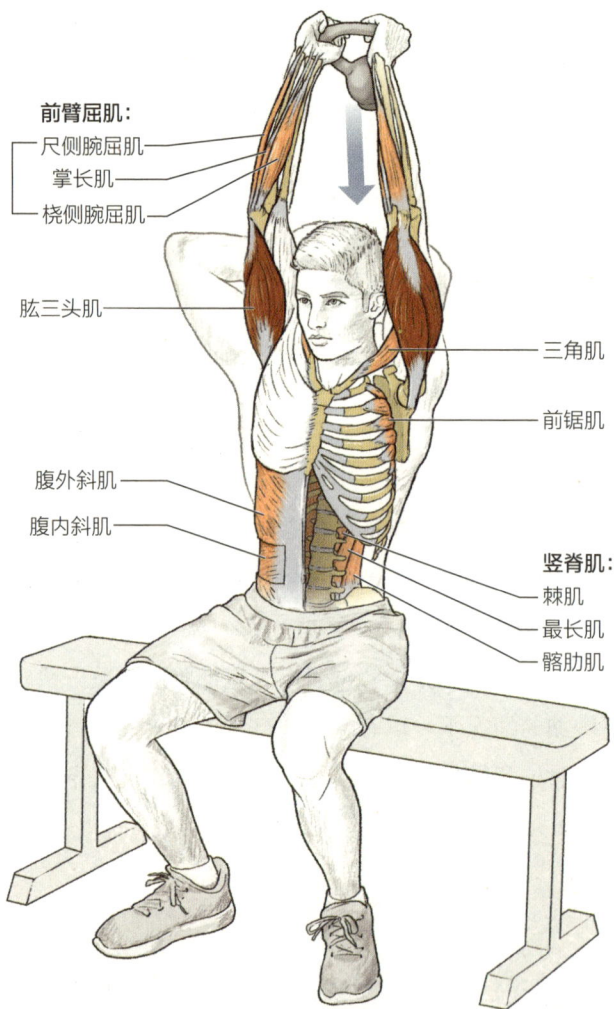

前臂屈肌：
尺侧腕屈肌
掌长肌
桡侧腕屈肌

肱三头肌

三角肌

前锯肌

腹外斜肌
腹内斜肌

竖脊肌：
棘肌
最长肌
髂肋肌

训练步骤

1. 坐直，双手握住壶铃，将壶铃伸展过头顶。收缩核心肌群，微微拱起腰部。

2. 有控制地慢慢降低壶铃，肘关节屈曲，降低壶铃至头后。

3. 慢慢伸展肘关节至伸直，将壶铃举到原来的头顶位置，并重复预定的次数。

涉及的肌肉

主要肌群：肱三头肌

辅助肌群：三角肌、竖脊肌（髂肋肌、最长肌、棘肌）、前臂屈肌（尺侧腕屈肌、桡侧腕屈肌、掌长肌）、前锯肌、腹内斜肌、腹外斜肌

铁人三项重点

如果肱三头肌缺乏力量和耐力，运动员就无法在自行车休息把上保持规定姿势，这会损害动力，最终减慢骑行速度。在风洞测试中，选择一个完美的位置很重要，但如果没有保持这个位置的能力，那么这个位置就没有那么完美。强健的肱三头肌是骑行运动员在骑行中保持稳定的重要因素，且发展肱三头肌对自由泳的后半段也特别有帮助。

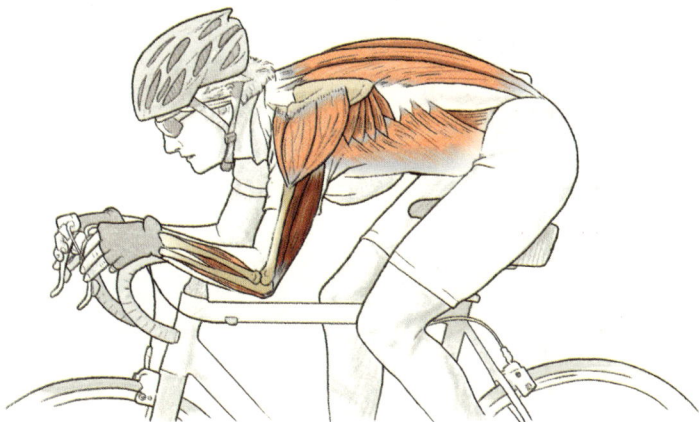

变化动作

单臂肱三头肌屈伸

以同样的方式进行练习，只不过变为用一只手拿一个较轻的壶铃或哑铃。这时力量不仅会集中在外侧的肱三头肌上，还会由于身体不对称的承重而需要你的核心进行肌肉募集与动员。

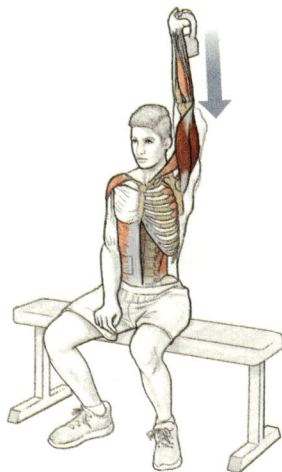

阻力绳肱三头肌下拉

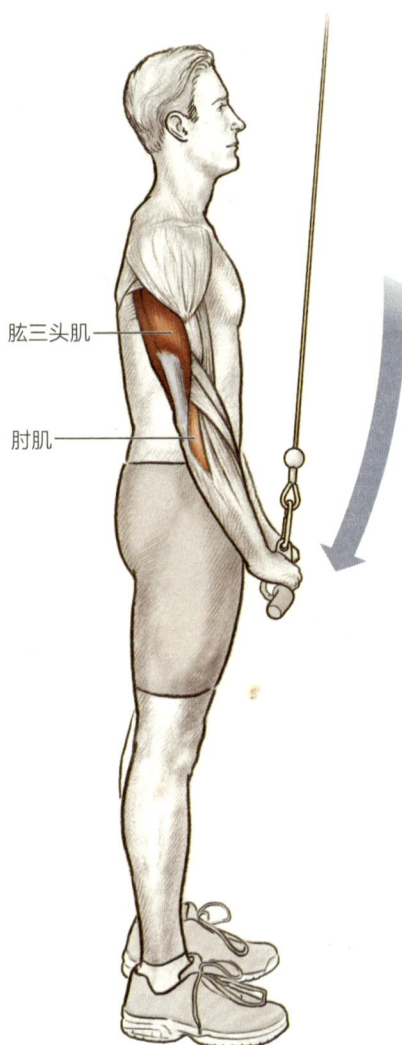

肱三头肌

肘肌

训练步骤

1. 面向带短杆握柄的滑轮训练系统站立。以正手抓握的方式在胸口的高度抓握短杆，两手的距离略小于肩宽。

2. 保持肘关节收紧，向下拉，最大限度地伸展肘关节。

3. 缓慢回到起始位置，确保控制好力量，并重复预定的次数。

涉及的肌肉

主要肌群：肱三头肌

辅助肌群：肘肌、腕屈及指屈肌群

铁人三项重点

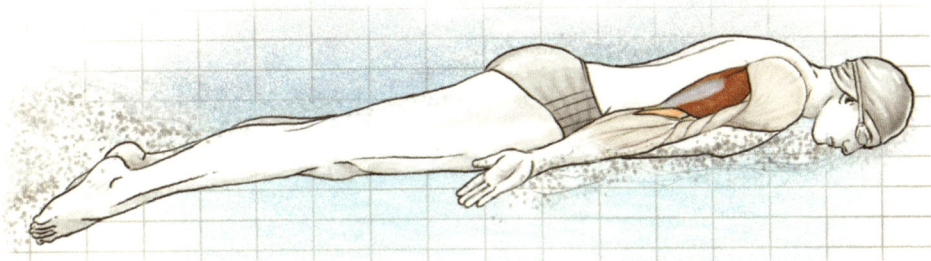

这个练习可以有效地锻炼肱三头肌，并且在4种泳姿中都很有用。它对蛙泳者来说尤其有价值，因为它模拟了起跳入水和每次触壁转身后完成的划水动作的最后部分。

运动员在做这个练习时应该保持一个直立姿势，试着仅仅通过收紧肱三头肌来产生移动所需的力量。因为游泳者都倾向于采用圆肩的姿势，从而很容易就会养成这样的坏习惯：在每次重复动作的开始，通过晃动上半身来偷懒。

变化动作

站立式双臂肱三头肌下拉－握绳

开始时手处于身体中线位置。当肘关节伸展时，手将握绳的末端向下拉，这样当肘关节几乎收紧时，双手与肩同宽。增加的侧向运动集中训练肱三头肌的外侧部分。

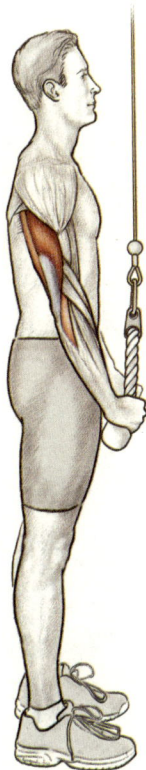

哑铃弯举

三角肌前束
肱二头肌
肱肌
肱桡肌

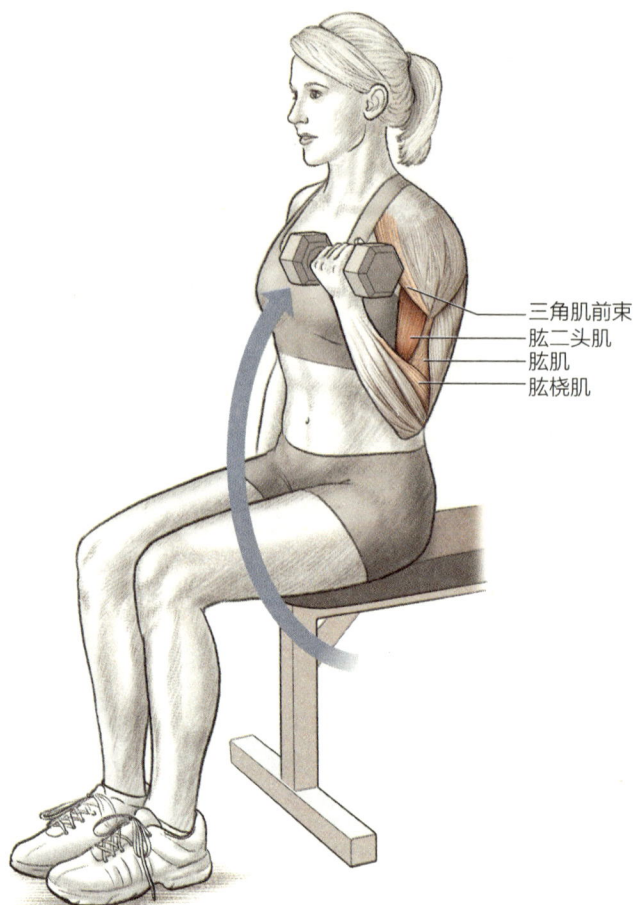

安全提示： 为了使训练效果最佳，要注意保持上肢稳定，避免摆动和抛甩哑铃。

训练步骤

1. 站立或坐在举重凳上，根据自己的健身水平使用重量适合的哑铃，每只手各握一个哑铃。手臂垂放在身体两侧，掌心向内。

2. 用左臂将哑铃慢慢向靠近同侧肩部的方向弯举，手腕在上升过程中执行轻度的外旋动作，让掌心朝向肩部。

3. 降低手臂至伸直位，然后用右臂重复预定的次数。

涉及的肌肉

主要肌群： 肱二头肌

辅助肌群： 肱肌、肱桡肌、三角肌前束和前臂屈肌

铁人三项重点

铁人三项运动员需要强大的肱二头肌，以在骑行时稳定姿势，在游泳时提高效率，并通过驱动双臂来完成上坡跑与最后的冲刺。

强壮的肱二头肌在骑行比赛的计时赛段发挥着重要的作用。使用休息把骑行时，铁人三项运动员用肱二头肌向上拉动休息把，可以将其转化为拥有稳定支点的杠杆系统，从而获得更佳的骑行稳定性。

对于参加半程和全程铁人三项比赛的运动员而言，拥有强壮且耐力较强的肱二头肌有助于缩短跑步赛段的时间，因为它能够让运动员保持较佳的跑步姿势及生物力学特征。

变化动作

健身球坐姿哑铃弯举

哑铃弯举的另一种较为普遍的变化动作是坐在健身球上进行上述的弯举动作练习。除了训练肱二头肌之外，该变化动作还动用了核心肌群。

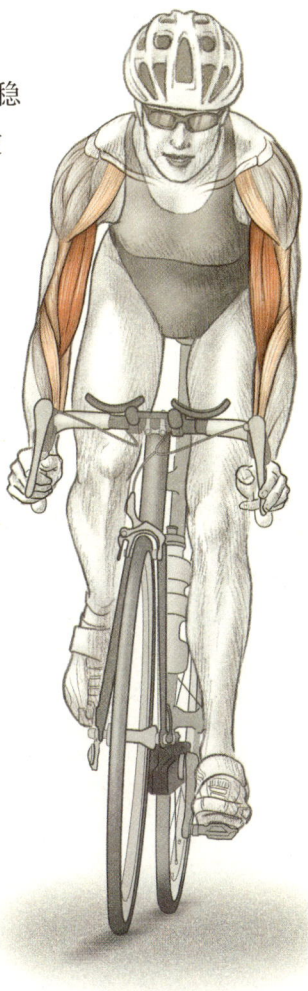

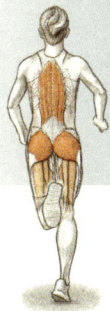

第9章

核心训练

"做还是不做核心训练"不是一个问题，而是对一个问题的回答。核心的稳定性和功能性使我们的身体能够在时间和空间上进行移动。无论是从椅子上站起来，拿起一杯咖啡，还是跑完铁人三项的最后一段，我们的核心肌群都是保持稳定和运动的基础。调动核心肌肉是一个瞬间的过程，由自主中枢神经系统控制。这是一个无意识的系统，它的工作方式更像是反射，而不是刻意的运动动作。我们通常不知道核心肌群活动，但当核心肌群无力导致背部和下肢受伤时，它就变得非常明显。

核心可以定义为包括臀部、骨盆、脊柱下部节段的骨骼，以及连接腹壁、骨盆、下背部和膈肌的肌肉所形成的身体区域。当四肢处于运动过程中时，核心部位共同发挥作用以保持身体稳定。这个脊柱骨盆–髋部组成的复合体由被动和主动子系统构成。被动子系统非常强健结实，其拥有骨骼和脊柱下部节段、骨盆和髋关节的韧带支持，从而为身体提供形态和结构支持。主动子系统是主动收缩的核心肌肉，包括浅表和深层的脊柱伸肌或椎旁肌、腹部肌群、盆底肌及臀肌。腹部肌群与腹部器官的协同运动形成一个球形核心区域，它作为一个稳定平台，帮助身体保持直立姿势。让我们看一下每个单独的部分。

核心区域的骨骼结构

核心区域的骨骼解剖结构包括股骨上部，它与骨盆的髋臼形成球窝关节（参见图9.1）。不同于肩关节，髋关节极为稳定。强大的韧带围绕在髋关节周围，形成受活动约束的关节。这种关节的设计能支持运动、传递重量和提供稳定性。髋关节脱位很罕见，通常由重大创伤引起。

骨盆由6块骨头组成：髂骨、坐骨
和耻骨，两侧对称且各有2块。这些骨
骼紧密连接形成一个圆形的平台，其中
骶骨在骨盆的后侧，保护内部器官并支
撑下肢。冲击或挤压活动引起的作用力
向后经过髋关节、整个骨盆和脊柱，并
最终被消散吸收。

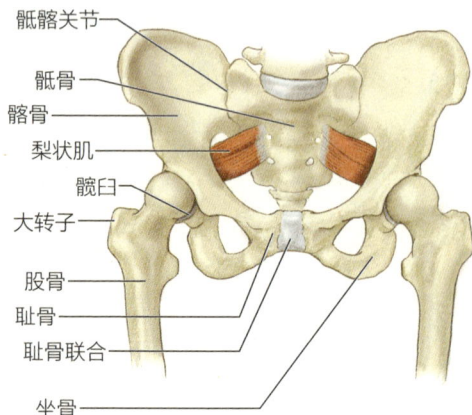

图9.1　骨盆的解剖结构

核心肌肉

髂骨的顶部即髂嵴，是髋关节外展
肌群的起始位置，包括阔筋膜张肌、臀中肌和臀小肌（参见图9.2）。这些肌肉将对
应侧的下肢拉离躯干中线，并帮助稳定骨盆。臀大肌起于髂嵴和骶骨的背侧，它附
着在股骨上端的后侧，是主要的髋关节伸肌。骨盆的前侧是耻骨所在的区域，它是
内收肌群的起点。内收肌群将腿拉向躯干的中线，稍后会做更详细的讨论。坐骨是
腘绳肌的起始位置，其名称来自身体直接坐在它上面，这也是为什么坐骨与自行车
坐垫之间的匹配度如此重要的原因。我们都知道坐在不合适的坐垫上的感受。

对于核心部位的肌肉解剖结构，我们可根据它们主动收缩产生或被动对抗的
动作来进行分组。面积较大的浅表肌肉直接为核心提供稳定性，但是小肌肉群也
在深层的位置发挥了显著作用，因此不应忽视它们。

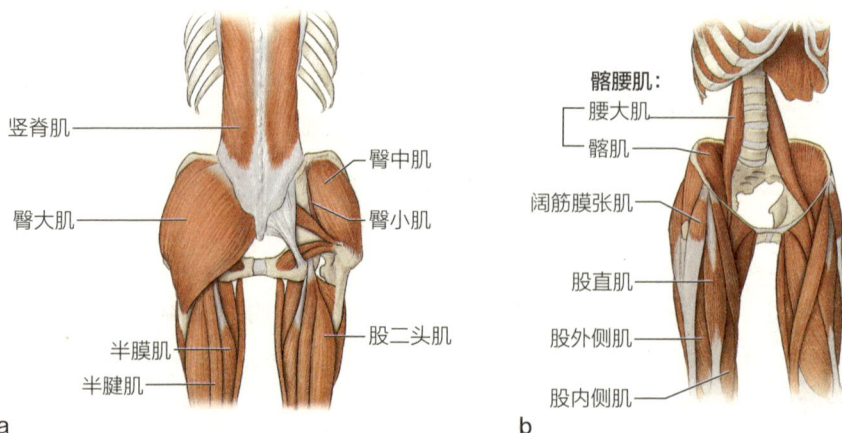

图9.2　核心下部和腿上部的肌肉：（a）后侧；（b）前侧

腹直肌（参见图9.3a）和腹横肌（参见图9.3b）在独立运动时会启动躯干屈曲的动作（向前屈曲）。背部的竖脊肌、多裂肌（参见图9.4），以及臀部和腿部的臀大肌和腘绳肌可产生臀部和躯干的伸展动作（向后屈曲）。它们协调地共同收缩，提供了躯干的稳定性。通过臀大肌向下肢产生并传递的力量实现了人体跑步和跳跃等动作。

控制身体左右运动的肌肉包括臀中肌、臀小肌和腰方肌。在独立运动时，臀中肌和臀小肌让该侧的下肢外展远离躯干中轴线。在走路或跑步过程中与地面接触时，这些肌肉保持骨盆的水平位置并使得下肢对齐。腰方肌在所有直立状态的运动过程中都非常活跃，同时它是脊柱的主要稳定肌。这些肌肉的薄弱通常是跑步运动员出现下肢过度使用损伤的诱因。

髋关节内收肌群，即那些将对应侧的下肢拉向躯干中线的肌肉，包括

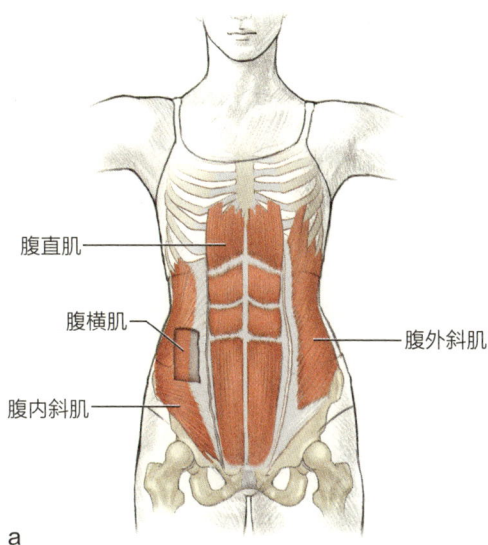

腹直肌
腹横肌
腹内斜肌
腹外斜肌

a

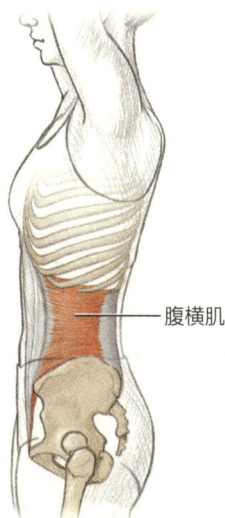

腹横肌

b

图9.3　腹部肌肉:（a）前视图显示出腹直肌、腹内斜肌和腹外斜肌;（b）侧视图显示出腹横肌

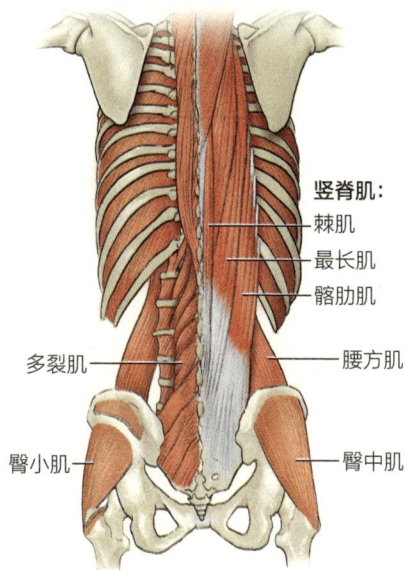

竖脊肌:
棘肌
最长肌
髂肋肌
腰方肌
多裂肌
臀小肌
臀中肌

图9.4　背部核心肌肉

大收肌、长收肌、短收肌和耻骨肌。这些内收肌群和髋关节外旋肌、上孖肌、下孖肌、股方肌、闭孔外肌和闭孔内肌在核心稳定中起到较次要的作用（第4章更详细地介绍了这些肌肉）。

核心训练的重要性

铁人三项运动员要在3个非常不同的运动项目中训练和比赛。有氧运动可以提高心肺功能，但心脏并不知道也不在乎你是在跑步、骑行还是游泳。另一方面，肌肉骨骼系统需要更多关于如何保持强壮和健康的指导。铁人三项训练和比赛中对身体的要求，包括对关节、肌肉、肌腱、韧带和骨骼的要求，是需要通过专项训练才能被满足的。特别是在耐力运动中，长时间的压力会导致潜在的疲劳和生物力学失效，这是因过度使用而造成的损伤，可能会让运动员错过几天的训练而导致成绩下降。训练更重要的是创造核心稳定性，建立一个强大的基础，帮助提高生物力学效率，创造力量，抵抗疲劳，防止损伤。

核心的稳定性和功能性可以通过本章后面所描述的开链和闭链动力学练习来提高。运动链是描述一系列肌肉骨骼系统中运动和动力产生的术语。这些动作需要一个协调的过程，依赖于力量、延展度及身体各部分的配合。关节运动和随后产生的动力来自核心肌肉的初始收缩，这是所有活动发生的基础。在游泳中，抱水阶段和随后的拉臂都是由核心肌肉的收缩来辅助的。这为背阔肌、肩部和手臂肌肉提供了支撑，以产生向前的运动。在骑行运动中，如果没有稳定的骨盆和脊柱，运动员无法通过踩踏和提拉踏板来保持平衡和产生力量。同样，当跑步者将重量从一侧腿转移到另一侧腿时，稳定的骨盆和脊柱有助于吸收冲击、产生力量，并通过保持适当的跑步力学来防止受伤。

核心力量的评估

如何测试自己的核心力量？许多临床医生、物理治疗师和其他相关健康专业人员会使用一些测试来评估核心力量。但不幸的是，在评估核心稳定性及其问题方面，单一的评估可能并不准确，而重复的评估和改进可能是有效的。

单腿深蹲是跑步时对核心功能的一种常见测试。跑步是一种单侧腿的运动，每英里的跑步大约需要跨出1700步，也就是每跑10千米相当于单腿深蹲10540

次。现在站在镜子前，开始做单腿浅蹲。当你的核心肌群无力时，一侧骨盆可能开始下降，尤其是臀部外展肌、外旋肌和多裂肌。发生这种情况时，传递到臀部、膝关节和脚踝的力会超过受伤的阈值。最常见的情况是，跑步者会出现膝关节疼痛，这称为髌股综合征。所以，一个简单的评估技巧就是看着镜子里的自己，看看能否轻松地做多个单腿深蹲。你的骨盆发力可以达到正常水平吗？从前面看，你的膝关节是垂直上下屈曲，还是有膝内扣？单腿深蹲这个动作难做吗？你觉得会有疼痛吗？虽然有很多方面需要考虑，但这是评估核心功能的一个简单方法。

另一种方法是看你能坚持多久的侧平板支撑动作，这可能比你想象的要困难得多，因为需要更多的核心肌肉参与。这既是评估核心力量的好方法，也是锻炼核心力量的好方法。我们可以练习3组，每组练习60秒，从而可以训练良好的肌肉耐力。

核心训练

核心肌肉通常被简单地认为是腹部、腹部侧部及下背部的肌肉。实际上，核心除了包含这些部位的肌肉之外，还包括其他起到支撑辅助的肌肉，例如臀大肌和背阔肌。这些肌肉精细的协同工作给脊柱提供了良好支撑，从而为平衡的运动动作打下了坚实基础。

我们经常听到有人吹嘘他一次能够做多少个仰卧起坐，实际上，核心肌肉就像身体的其他肌肉一样，以类似的方式适应训练负荷。因此，本书所讲解的大部分训练每周需要做2～3次，每次做2～3组，每组重复10～15次。

要想最大限度地稳定核心，我们就需要发展核心力量，并为此做特定的、激活核心肌肉的训练，而且在训练过程中要留意特定的专项运动动作。基础的仰卧起坐动作不能模拟铁人三项运动中的动作。不过，保持一种动作来模拟在休息把上的骑行姿态是可行的，例如做平板支撑。以休息把为支撑的骑行状态保持得越长，所获得的空气动力学优势就越大，而且从骑行赛段转换到跑步赛段时，运动员不会有过度的疲劳感。

现在，我们使用自身的体重及由此产生的力量来完成下述练习，以提升力量和耐力水平。随着力量的增加，我们应尝试在该姿势下保持更长时间或完成更多的重复次数。这些练习将帮助发展强大的核心功能性，让你在训练和比赛中避免损伤。

平板支撑

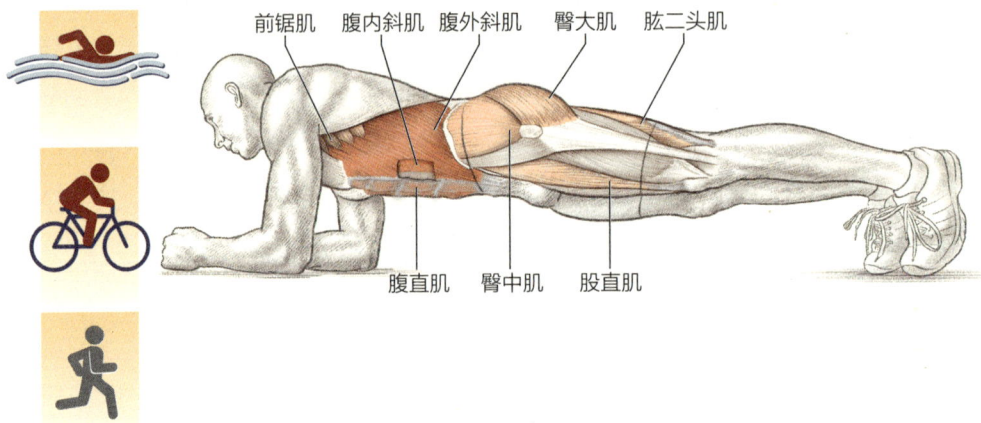

前锯肌　腹内斜肌　腹外斜肌　　臀大肌　　肱二头肌

腹直肌　　臀中肌　　股直肌

训练步骤

1. 从俯卧姿势开始，脸部面向地面且背部保持挺直，让体重落在前臂和脚趾上。

2. 运用整个核心部位来保持身体平衡，然后保持该姿势15～30秒。具体时间取决于你当前的健身水平。

涉及的肌肉

主要肌群：腹直肌、腹外斜肌、腹内斜肌、腹横肌

辅助肌群：前锯肌、股直肌、臀大肌、臀中肌、腘绳肌（股二头肌、半腱肌、半膜肌）

铁人三项重点

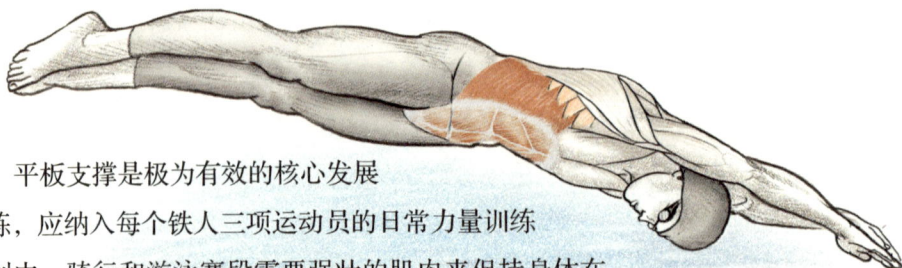

平板支撑是极为有效的核心发展训练，应纳入每个铁人三项运动员的日常力量训练计划中。骑行和游泳赛段需要强壮的肌肉来保持身体在水平面上的稳定性，例如使用休息把骑行与自由泳这两个动作。

平板支撑训练的关键是保持身体相对合适的紧张度，头部位于中立位。如果臀部开始下降，需要注意激活核心肌肉群，使臀部及已沉降的部分回到身体的水平位

置再继续进行训练；如果无法保持正确的姿势，需要在力量及耐力足够满足训练条件时再进行训练。建议每个姿势（面朝地面和侧转身位）至少保持15秒，然后逐步过渡到每个姿势持续60秒。平板支撑有很多种变化，增加动态的动作是一个很好的方法，它会让运动更有挑战性，更有效。

变化动作

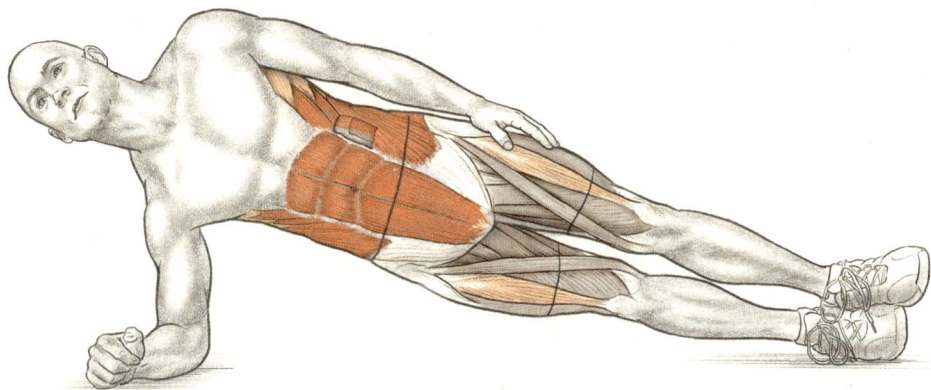

侧向平板支撑

　　练习开始时要像做标准平板支撑一样。然后旋转躯干，面向左侧，用右前臂和右脚支撑身体。保持左臂在身侧，若想增加难度，可以将左臂向上伸直抬起。保持该姿势15 ~ 30秒，直到可以坚持到60秒。

　　返回到先前的姿势，然后紧接着可以旋转到另一侧。如果你的健身水平较高，一侧练习完后可以保持面向地面的姿势15 ~ 30秒，然后再旋转到另一侧。

V字坐起

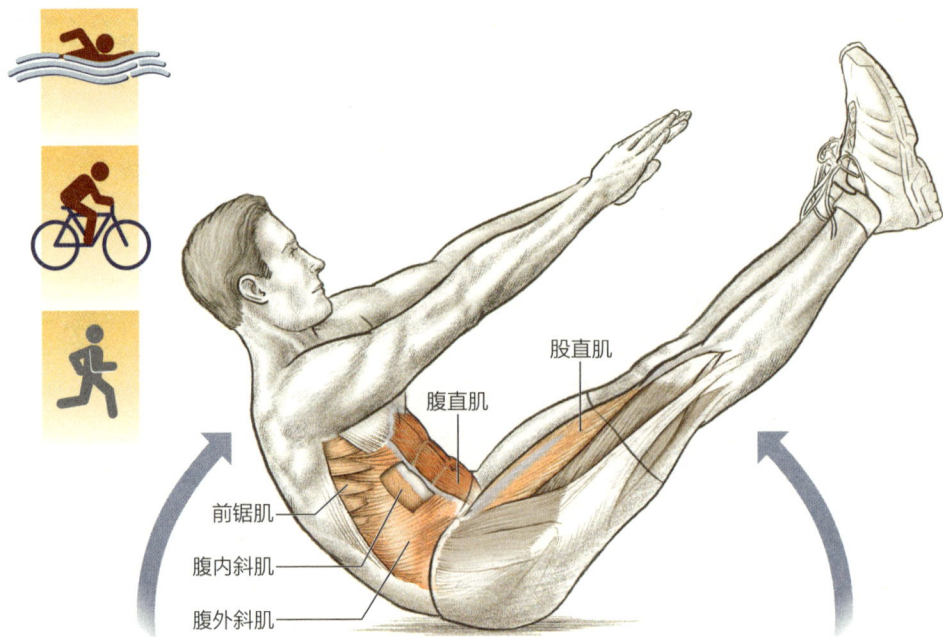

股直肌

腹直肌

前锯肌

腹内斜肌

腹外斜肌

训练步骤

1. 背部朝下，平躺在垫子或其他柔软的支撑面上。

2. 同时抬高上肢和双腿，髋部屈曲，形成V字形。

3. 回到起始位置，并重复上述动作达预定的次数。

涉及的肌肉

主要肌群： 腹直肌

辅助肌群： 腹外斜肌、腹内斜肌、腹横肌、前锯肌、股直肌、髂腰肌

铁人三项重点

V字坐起是高级的核心力量训练，动用了腿部、腹部及髋部的关键肌群。

游泳运动员将受益于下腹部和臀部的力量强化训练，进而改善腿部鞭打水的动作。这项训练还让运动员在使用休息把长时间骑行时更加舒适，并能强化髋屈肌及腹直肌。要知道，这些肌肉在自行车运动中，对蹬踏板在7～11点钟阶段的动作，起到上提踏板与减轻蹬踏阻力的关键作用。

要想增加这项训练的难度，只需将腿和上肢下降至几乎贴近地面，然后持续保持肌肉激活状态即可。

变化动作

负重V字坐起

手持实心球或其他负重物品在胸前，然后在每次重复中将双手举起并靠近腿部，这样可以增加V字坐起的强度。

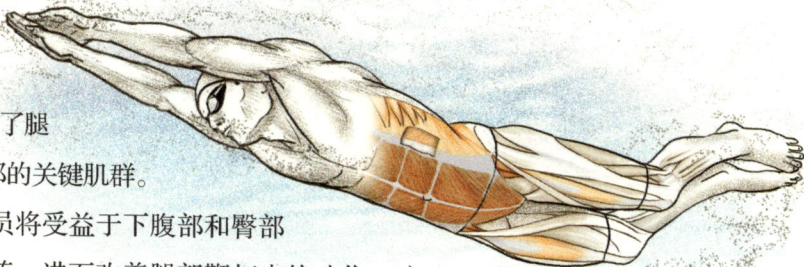

腿部浅打水

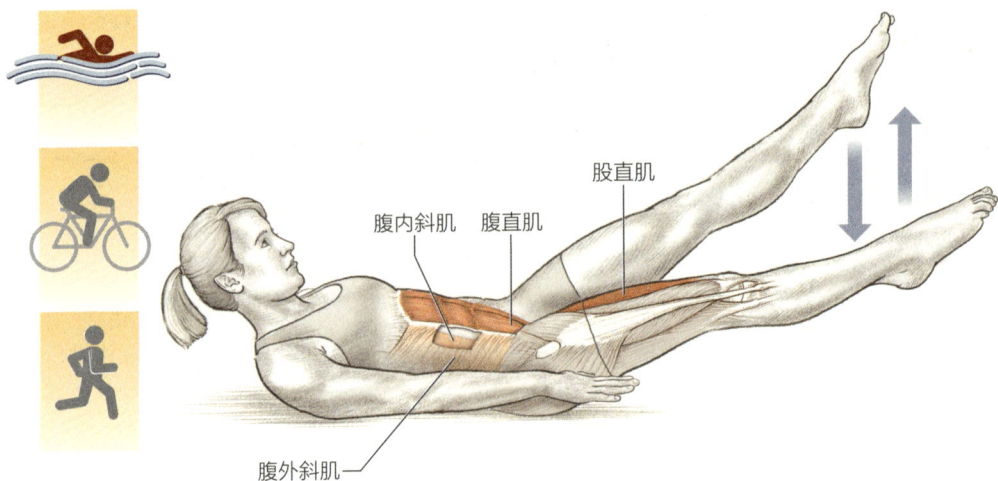

股直肌

腹内斜肌　腹直肌

腹外斜肌

训练步骤

1. 面朝上躺下，脚尖伸直，双臂置于身体两侧。

2. 核心肌群激活状态下，从地面轻轻地抬起肩部和手，同时将脚从地面抬起30 ～ 40厘米，保持脚尖伸直的状态。

3. 在该姿势下上下踢腿。记得保持脚尖伸直。

4. 做上下踢腿的动作15 ～ 30秒，并努力坚持达到60秒，每组之间休息30 ～ 60秒。

涉及的肌肉

主要肌群： 腹直肌、股直肌

辅助肌群： 腹外斜肌、腹内斜肌、腹横肌、髂腰肌

铁人三项重点

　　腿部浅打水的动作能够激活关键的肌群，包括腹直肌下部和股直肌，运动员在自由泳的腿部打水中会用到它们。此外，这项训练中脚尖伸直的动作可以增强踝关节的延展度，该部位的伸展能力会由于过量的跑步训练而降低。执行这项训练的关键是注意在下腹部肌肉的帮助下让下背部保持平直状态。保持脚尖伸直能够增加踝关节的延展度并获得更好的脚部姿势，有利于在自由泳中用腿部打水推动前进。

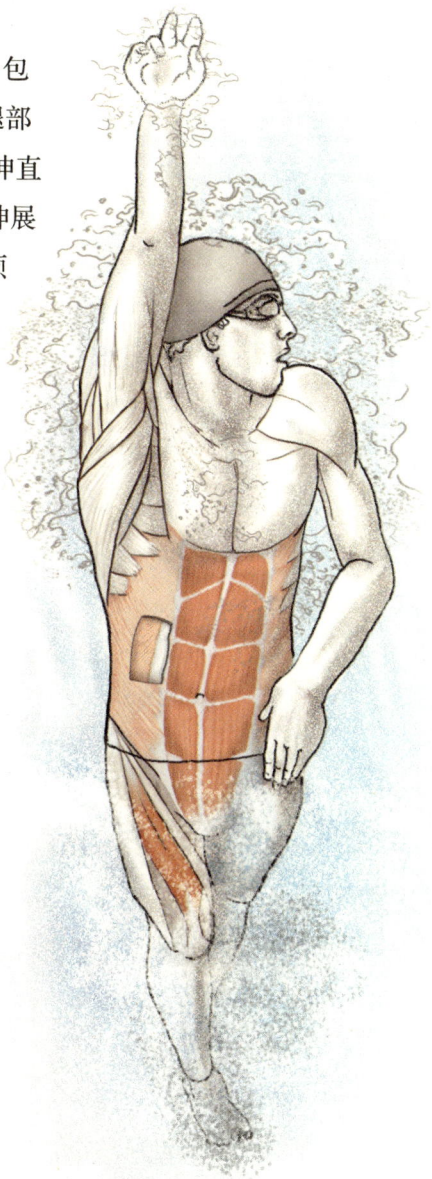

健身球上卷腹

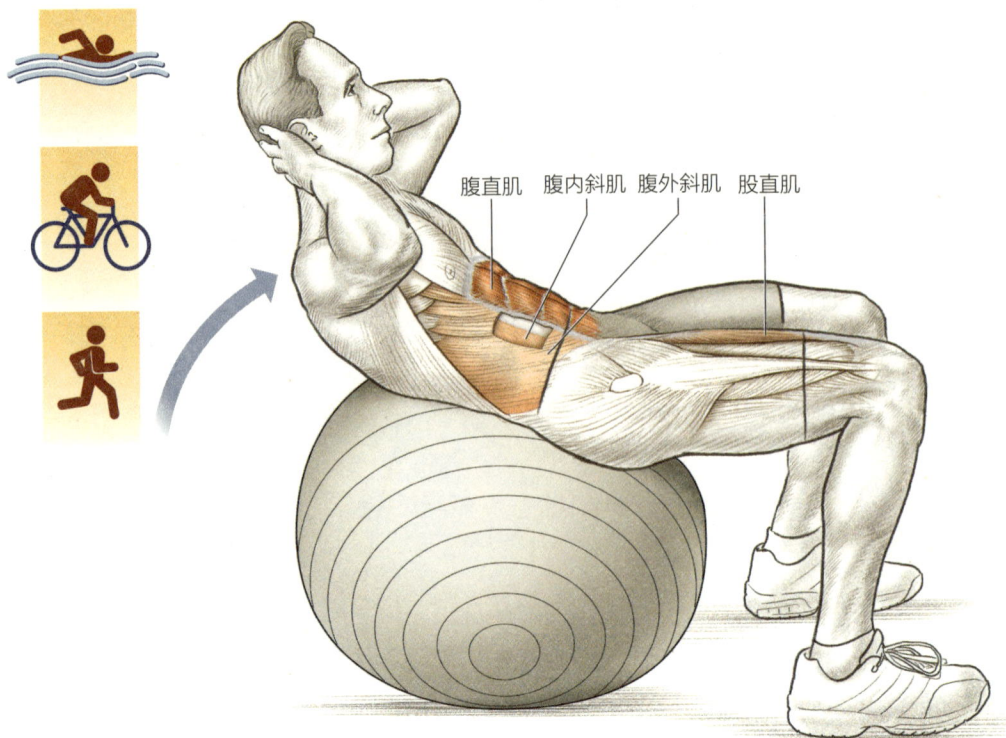

腹直肌　腹内斜肌　腹外斜肌　股直肌

训练步骤

1. 将一个健身球放在背部中间。将双脚平踏在地面上，双脚距离与肩同宽。

2. 用双手稳定托住处于中立位的头部，但是不要将头部向上拉，这样会给颈部带来过大的压力。

3. 向天花板方向抬起胸背部和肩部。注意控制其他区域的活动并单独收缩腹部肌肉。在接近最大收缩范围时，保持该姿势几秒。

4. 慢慢降低身体至起始位置，并重复动作至预定的次数。

涉及的肌肉

主要肌群： 腹直肌

辅助肌群： 腹外斜肌、腹内斜肌、腹横肌、股直肌

铁人三项重点

健身球上卷腹是安全、有效的增强核心力量的训练手段，应该成为铁人三项核心力量训练计划的主要部分。它易于执行，并且可以相对轻松地根据当前的健身水平调整该训练的姿态。

做这项训练时需要始终注意动作正确，注重分离其他部分运动的影响，从而强调腹部肌肉的单独收缩。在健身球上平衡身体时要保持双脚放平，股四头肌与地面平行。

锻炼核心肌群能够间接提升游泳、骑行和跑步的运动表现，原因是那些与平衡相关的肌肉力量和稳定性得到了增强。该训练可为所有运动动作打下基础。健身球仰卧上卷腹虽然并没有直接针对游泳、骑行和跑步来训练腹部区域，但是它能够有效地增强力量和耐力，因此值得向所有运动员推荐。

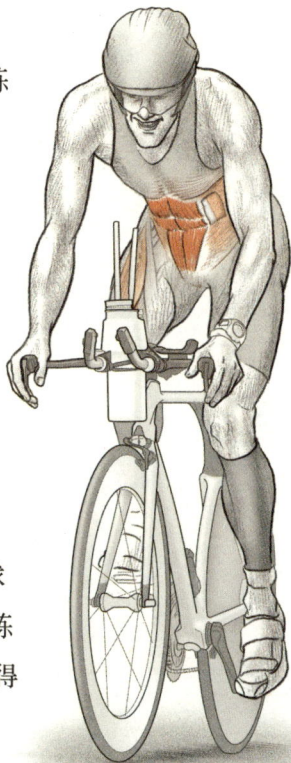

变化动作

健身球上卷腹转体

通过加入对角方向上的旋转开合动作，将上卷腹改为两侧交替进行的开合转身动作。训练目标是锻炼腹外斜肌和腹内斜肌，增强躯干转动的能力。

俄罗斯转体

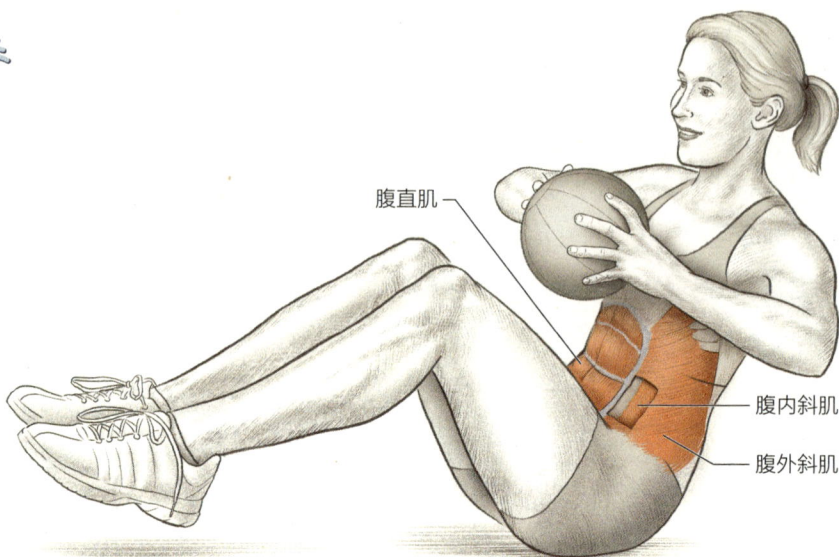

腹直肌

腹内斜肌

腹外斜肌

训练步骤

1. 屈膝坐于地面上，用两只手将重量适当（该负重条件下能够重复训练动作 10 ~ 15次）的实心球放在胸口。

2. 躯干略向后倚靠，让躯干与地面形成大约45度角。将脚从地面抬离7.5 ~ 15厘米。

3. 仅使用躯干肌肉发力，让躯干从一侧转动到另一侧。重复该动作10 ~ 15次。

涉及的肌肉

主要肌群： 腹直肌、腹外斜肌、腹内斜肌

辅助肌群： 腰大肌

铁人三项重点

俄罗斯转体有针对性地锻炼了腹内斜肌和腹外斜肌，并增强了髋部的转动能力。这对自由泳尤其重要，因为增强核心力量对身体在水中保持流线型姿势非常关键。在引导手进入水以及在前伸抱水的位置时，核心肌群开始介入，帮助两侧髋部恢复至理想的水平位，从而使运动员获得水下最大的加速度和最佳的流线型姿势。

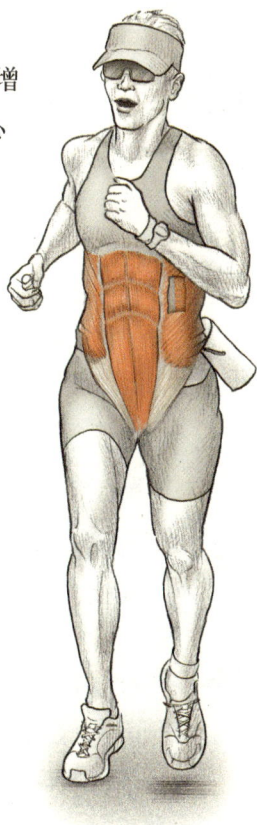

祈祷姿势滚动健身球

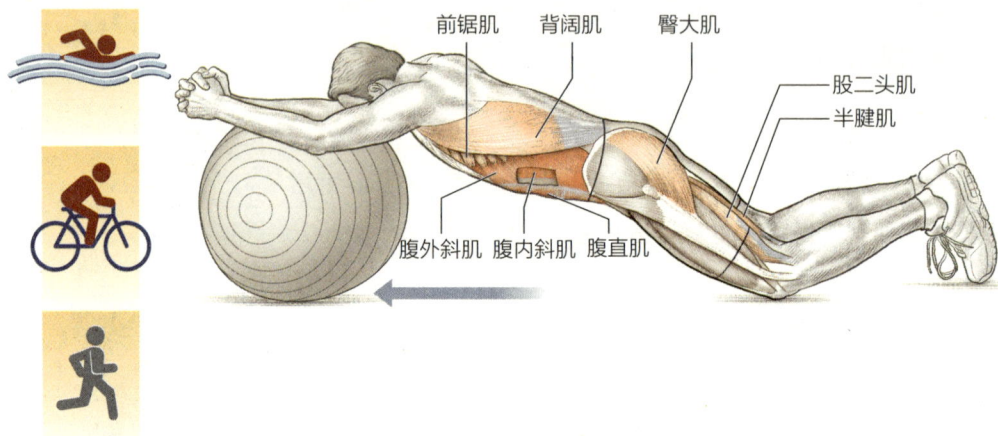

前锯肌　背阔肌　臀大肌

股二头肌
半腱肌

腹外斜肌　腹内斜肌　腹直肌

训练步骤

1. 膝关节着地，同时将前臂支撑在健身球上。

2. 慢慢将健身球推离身体，使用前臂支撑体重，直到达到适合你当前健身水平的伸展范围。

3. 短暂停顿之后，将健身球滚动拉回至起始位置。重复练习10 ~ 15次。

涉及的肌肉

主要肌群：腹直肌、腹外斜肌、腹内斜肌、腹横肌

辅助肌群：背阔肌、前锯肌、臀大肌和腘绳肌（股二头肌、半腱肌、半膜肌）

铁人三项重点

　　这是非常有效的增强核心力量的练习，主要针对腹部、上背部和下背部的肌肉。它对提升自由泳效果明显，因为锻炼到了手臂在水下推水阶段所用到的许多肌群。此外，它还能帮助铁人三项运动员以空气动力学姿势舒适地骑行更长时间。

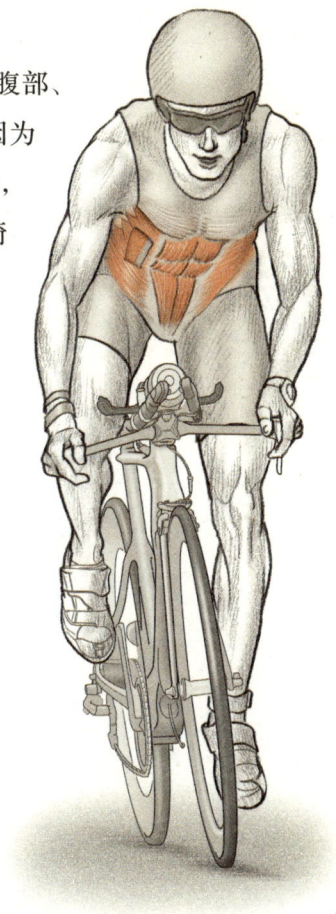

反向卷腹

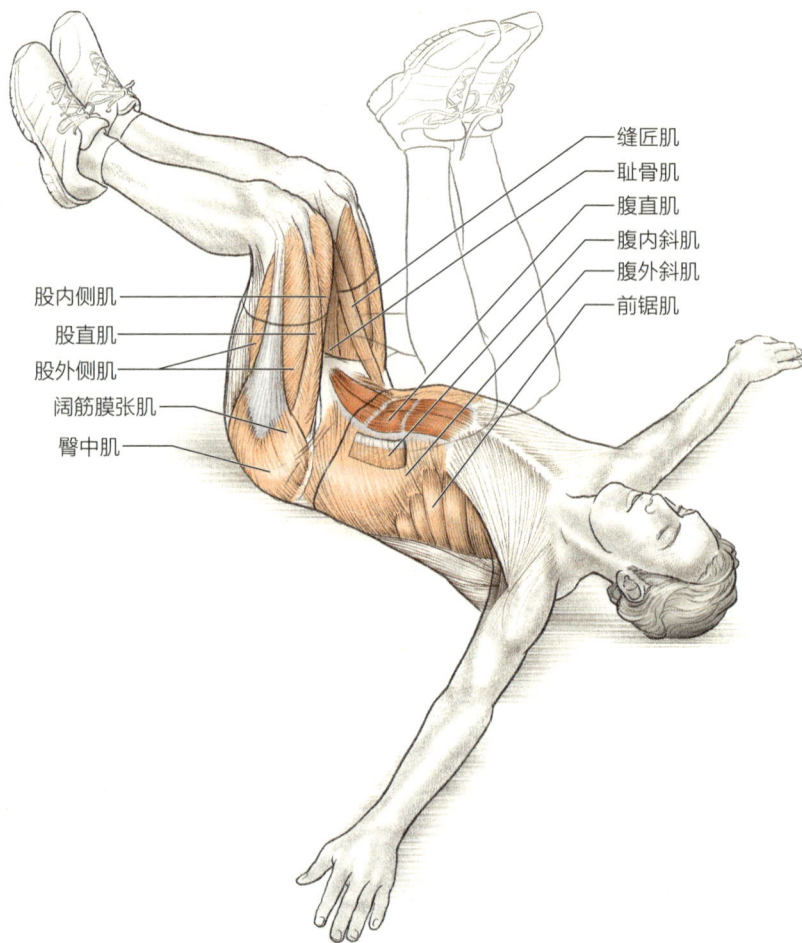

缝匠肌
耻骨肌
腹直肌
腹内斜肌
腹外斜肌
前锯肌

股内侧肌
股直肌
股外侧肌
阔筋膜张肌
臀中肌

训练步骤

1. 背部着地，躺在地面上，大腿与地面垂直，小腿与地面平行。

2. 手臂向身体两侧伸展，手掌平放在地面以稳定上肢。

3. 注意需要在动员下腹部肌群收缩的基础上再执行提升双腿的动作，使双腿向靠近胸部的区域移动。

4. 降低骨盆至起始位置。重复动作至预定的次数。

涉及的肌肉

主要肌群： 腹直肌

辅助肌群： 腹外斜肌、腹内斜肌、腹横肌、前锯肌、股四头肌（股直肌、股外侧肌、股内侧肌、股中间肌）、髋屈肌（包括臀中肌、阔筋膜张肌、缝匠肌、耻骨肌）

铁人三项重点

对于铁人三项运动员来说，发展下腹部肌群非常重要，因为该区域的肌群要持续参与3个项目的运动。这个特别的训练是增强这些肌肉的安全、有效的方法，它将下腹部肌群作为目标而进行单独的训练，同时还减少了训练中代偿作弊的可能性。从开放水域自由泳的腿部打水动作到上坡段的骑行与跑步的加速部分，强壮的核心肌群能够帮助运动员以较佳的姿势向终点冲刺。

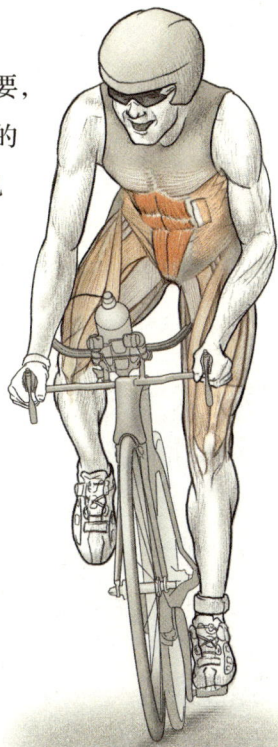

背部伸展俯卧撑

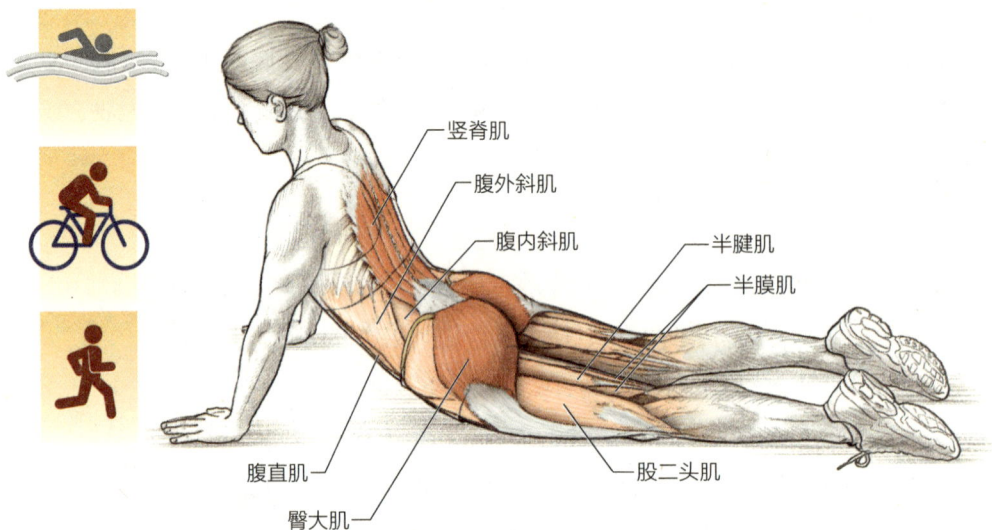

竖脊肌
腹外斜肌
腹内斜肌
半腱肌
半膜肌
腹直肌
臀大肌
股二头肌

训练步骤

1. 以俯卧撑姿势作为起始动作，面部朝下，保持背部平直。
2. 用双臂慢慢推起躯干，直到躯干离开地面。双腿慢慢平贴在地上。
3. 保持该姿势15 ~ 30秒。注意激活下背部和臀部的肌肉。
4. 回到起始位置，然后重复预定的次数。

涉及的肌肉

主要肌群：竖脊肌（髂肋肌、最长肌、棘肌）、臀大肌

辅助肌群：腘绳肌（股二头肌、半腱肌、半膜肌）、腹直肌、腹外斜肌、腹内斜肌

铁人三项重点

　　成功的铁人三项运动员离不开核心力量的训练。不幸的是，许多运动员过分强调腹部而忽视了下背部和臀部肌肉力量的训练，最终导致肌肉不平衡，从而增加了在重复性运动中受伤的风险。

　　背部伸展俯卧撑是一项简单的投入小、回报大的训练，它能够强化背部肌肉，从而进一步使骨盆区域更加稳定。这对铁人三项中的跑步赛段尤为重要，因为骨盆区域的不对称性会给运动员的步态带来不利影响，从而导致空气动力学效益不足并增加损伤风险。

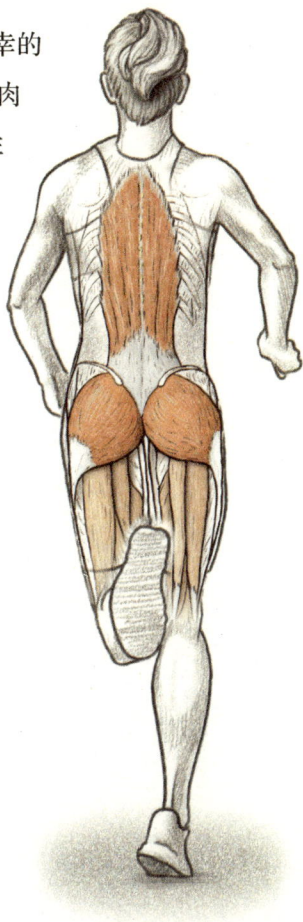

悬吊式提膝

腹直肌

腹外斜肌

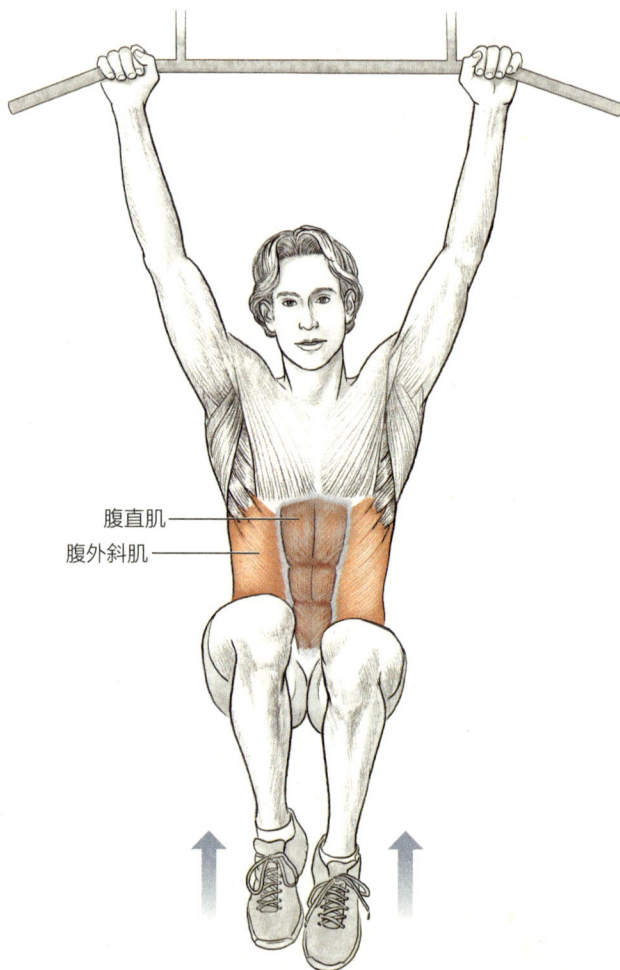

安全提示：手臂伸直，不要屈曲。

训练步骤

1. 手掌向前，双手握住拉杆并将身体悬挂在拉杆上。

2. 同时抬起双膝向胸部靠拢。控制核心发力，而不是通过摇摆身体来发力。大腿与上半身夹角应小于90度。站在你面前的人应该能看到你臀下部。

3. 慢慢地控制用力，将腿放下并伸展膝关节。

涉及的肌肉

主要肌群： 腹直肌

辅助肌群： 腹外斜肌、腹内斜肌、腹横肌、缝匠肌、髂腰肌、股直肌、阔筋膜张肌、耻骨肌、内收肌、长收肌

铁人三项重点

这项运动不仅能训练腹肌，还能舒展和减轻脊柱的压力。在长途骑行之后，去健身房做这项运动会让你感觉很好。骑行时，长时间坐在车座上会压缩你的脊柱，而骑行时的前倾姿势会收紧背部的肌肉。在进行悬吊式提膝训练之前以及做完训练之后，均应该将腿悬吊几分钟，让韧带和肌肉得到良好的伸展。训练中抬起双腿，你会感觉到腹部肌肉的收缩。这个训练会给肌肉一个很好的训练，帮助平衡下背部的力量。如果你能在训练中控制好身体，也能训练到核心稳定肌，这样抬起腿和放下腿时身体就不会来回摆动。另外，悬挂在拉杆上你还可以训练前臂和握力。如果你无法在整个练习过程中都抓紧拉杆，试着用臂部吊带。将手和肘关节穿过吊索，靠上臂背部支撑体重。

变化动作

侧向悬吊式提膝

试着将膝关节向身体两侧交替抬起，而不是将腿直接向胸部靠拢。这样做会增加腹斜肌的力量。

如果想进行更大的挑战，可以在两脚之间放一个实心球。这一动作可以在悬吊式提膝和侧向悬吊式提膝的基础上进行。

第10章

全身训练

我们在过去几章中概述了一系列训练，旨在强调在铁人三项运动中非常重要的特定肌群。在现实和铁人三项中，身体的运动并不是由单独一块肌肉的收缩来产生的，而是通过多组肌肉跨多关节的协同收缩来实现的。全身动作协同的概念能很好地描述运动中发生的内容，其中包括游泳、骑行和跑步。全身运动不可或缺的部分为核心稳定性，它为力量的产生提供了平台，同时为高效的运动动作提供了良好的平衡基础。本章的练习涉及核心肌群和其他肌群，有助于发展专项力量并提升运动表现。

很多教练更喜欢专项运动的力量练习。这方面的例子有：使用手蹼和阻力泳衣游泳，在坡道往复骑行中使用高阻力齿与低踏频的组合，跑楼梯，陡峭坡道上的往复跑，或使用阻力训练器材（如阻力伞或由教练控制的阻力绳设备）等。这些练习可用于打造每个运动专项在其运动模式下所需发展的力量，并且有针对性地提高专项运动水平。使用这些方法进行训练，有些需要精确度的动作应谨慎地进行。然而，当把这些训练方法同技能训练相结合时，是很有效的。

借助外界负重或自身体重的阻力训练能够发展力量。重复执行涉及多个关节的训练可以给心肺系统施加压力，让其得到改善。这类训练的另外一个好处是可以改善神经肌肉系统。神经细胞和神经纤维将信号从大脑传递到脊髓，再传递到肌肉，从而引起肌肉收缩。电信号和释放的化学物质能让肌肉产生力量，并控制肌肉的主动收缩模式。这些训练有助于改善神经信号的传递过程。其最终的结果可能是运动效率的提高，从而降低了能量的耗损。随着训练的进行以及进入更佳状态，你能感觉到这种效果。此时执行同一种训练与早期相比要更加容易，这意味着你逐渐变得更强壮也更快。这个过程被称为神经肌肉适应。但不幸的是，随着身体适应每项训练之后，力量的发展和神经肌肉的改善都会遇到平台期。第3章所讲述的个性化训练计划有助于打破这种平台期，从而使运动员持续从训练中获益，同时还能预防损伤。

多关节训练

本章所讲述的训练分为多关节训练和超等长训练。多关节训练涉及跨单关节的两个及以上肌群。

单关节活动通常涉及一对协同工作的肌肉，这称为原动肌与拮抗肌。原动肌是产生特定动作的肌肉，如屈曲，即弯曲关节，或伸展，即伸直关节。拮抗肌将会引起与原动肌相反方向的动作。就手臂而言，肱二头肌收缩产生肘关节屈曲动作的同时，肱三头肌放松并让屈曲动作顺利进行。同理，当肘关节伸直或伸展时，上述肌肉的收缩和放松活动正好相反。该动作看似简单，但是当我们引入多关节和多组肌肉参与动作时，这种基础的收缩－放松机制将会变得极其复杂。

为了更好地理解这类复杂的动作，你需要了解关节运动期间有关肌肉收缩与相互作用的一些基本概念和肌肉训练概念。肌肉收缩时产生张力但肌肉长度保持不变（等长收缩），肌肉长度缩短（向心收缩），肌肉长度增加（离心收缩）。

基础的抗阻训练使用开链和闭链的训练原则。虽然还有更高级的技术，但往往需要专业的训练设备。在开链训练中，力量和运动均可跨关节进行传递，从而让身体的末端（手或脚）无运动上的束缚或限制，例如坐姿腿屈伸或肱二头肌屈曲。在闭链训练中，身体的末端（手或脚）固定在地面上，例如俯卧撑或深蹲。开链与闭链训练的一个明显差别是原动肌和拮抗肌之间的相互作用。在执行弓箭步动作（闭链）的整个过程中，原动肌和拮抗肌共同收缩，会减少关节受到的压力，从而一定程度上预防损伤的发生。闭链训练倾向于提供更多功能性的益处。开链训练将一个肌群分离出来进行针对性的强化，适用于提高特定肌肉的力量。在训练和比赛中，等张收缩、向心收缩和离心收缩的组合发生在所有肌肉中，具体取决于运动中关节所处的角度和当前的运动类型。

超等长训练

超等长训练是离心收缩和向心收缩结合的爆发性的肌肉收缩练习。其目的是产生快速、爆发性的动作。这些训练已被证明可以提高运动表现，包括提高爆发力及速度。当肌肉在负重或伸展之后被迫快速收缩时，就产生超等长的收缩运动。这种弹性收缩的机制已在双腿爆发性跳跃的研究中得到证明。向心收缩时，肌肉在此状态下拥有主动产生力量的最大潜能。肌肉的离心载荷又被称作预载荷，力量会在通过预载荷阶段后获得显著增加。此外，离心收缩和接下来的向心收缩的时间间隔越短，产生的力量就越大。在执行双腿跳跃时，下肢肌肉在你接触地面下蹲及身体下降的过程中被拉长。这种转换到弹跳动作的预拉长模式及后续肌肉主动收缩的动作，使得身体完全离开地面，从而完成弹性收缩机制。当弹性收缩机制发生时，肌肉中的感受神经元也得到激活和训练。这类训练可以帮助提高大脑和肌肉之间的协同工作效率。

事实证明，将超等长训练和其他训练结合起来可以减少下肢的受伤风险，这些可结合的训练包括力量训练、平衡训练和拉伸训练。不过，因为这些训练会使身体产生较大的力，所以也可能增加受伤概率。在进行超等长训练之前，合适的热身运动至关重要，其中包括一系列力量与延展度的准备练习。

全身训练

下面这些训练被认为是有效的全身训练动作。运动员根据铁人三项运动的比赛需求，将这些训练动作纳入合理设计的训练计划中并恰当地执行，是通往成功的关键。

由于全身训练具有极度活跃的特性，以及对持续爆发性的输出有着较高要求，因此强烈建议按照惯例进行适当的热身运动，包括一系列的动态拉伸运动。

对于训练的组数和重复次数，许多教练设定了一个时限，要求运动员以正确的技术完成尽可能多的重复次数，鼓励运动员挑战自身极限。以立卧撑跳为例，运动员尽可能在30秒内重复更多次数，或以10～15次为1组，在可承受能力范围内完成尽可能多的重复组数。最终应由教练和运动员来选择和确定相对合适的训练方法。需要注意的是，在上述两种训练模式下，建议运动员完成2～4组，每组重复10～15次，每组之间休息1～2分钟。

壶铃摆动

斜方肌

臀中肌

三角肌

股直肌

股外侧肌

臀大肌

股中间肌

股二头肌

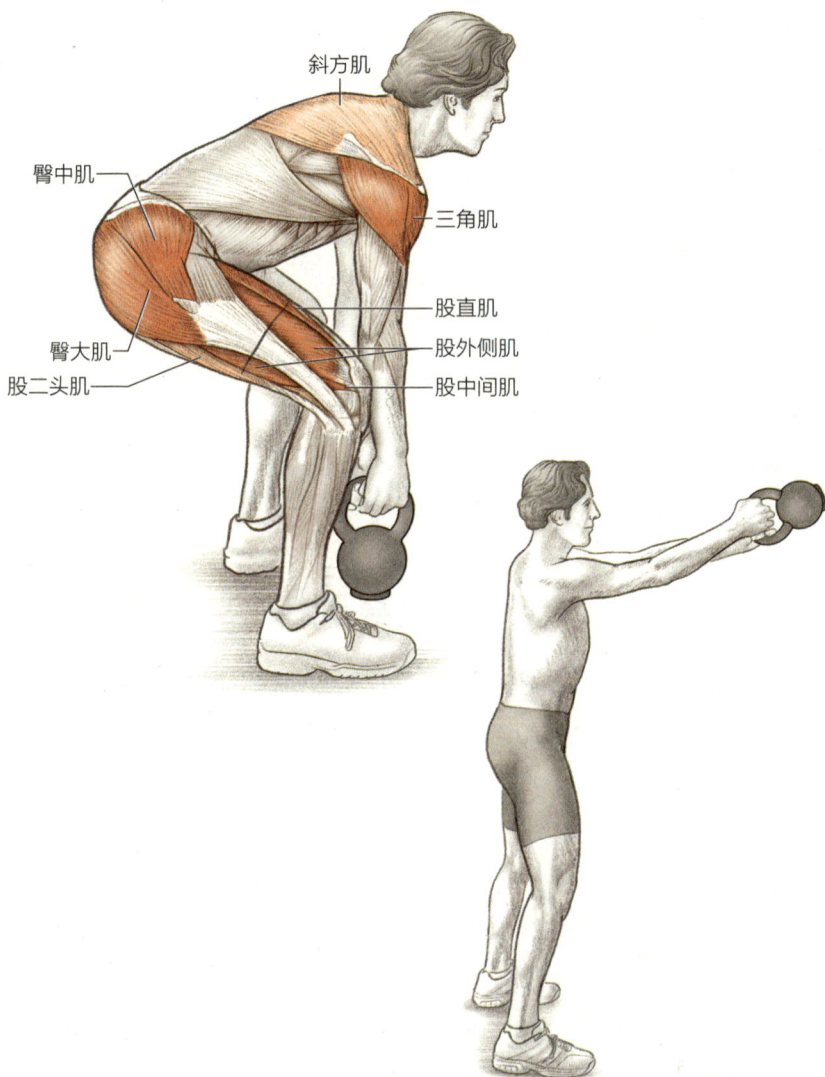

安全提示： 从表面上看，该训练的摆动似乎是由上半身发力，实际上，大部分的动作是由下半身发力完成的。注意不要用手臂和肩关节的肌肉发力来摆动壶铃。

训练步骤

1. 保持背部平直，将壶铃置于两腿之间的地面上。
2. 从下蹲的位置，推动臀部向前，身体慢慢直立，同时在体前摆动壶铃。
3. 保持手臂伸直，将壶铃抬高，刚好高于肩关节的高度。
4. 保持背部平直，从臀部开始屈曲，让壶铃在两腿之间前后摆动。

涉及的肌肉

主要肌群： 股四头肌（股直肌、股外侧肌、股内侧肌、股中间肌）、臀大肌、臀中肌、臀小肌

辅助肌群： 股薄肌、髋内收肌（短收肌、长收肌、大收肌）、耻骨肌、腘绳肌（半腱肌、半膜肌、股二头肌）、斜方肌、胸大肌、掌长肌、桡侧腕屈肌、尺侧腕屈肌

铁人三项重点

此动作强调发展臀大肌和腘绳肌的力量，可以帮助运动员在跑步和骑行中更快。因为力量是从下蹲姿势的下肢开始产生的，所以对于较低的空气动力学姿势骑行具有实用性。

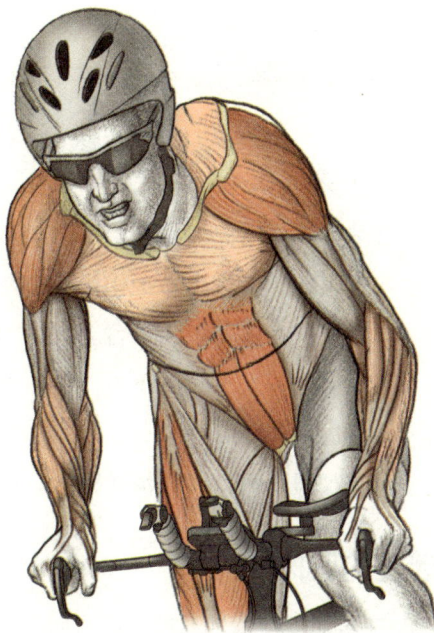

立卧撑跳

三角肌前束
肱三头肌
竖脊肌
股直肌
股外侧肌
臀大肌

股二头肌

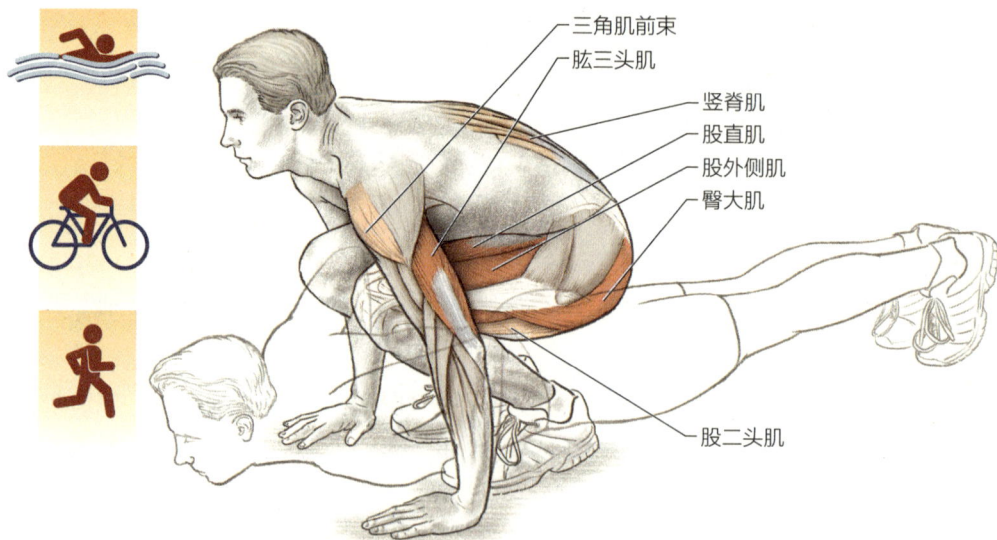

安全提示： 执行向上跳跃动作时请务必谨慎。在脚落地的瞬间，双膝应稍微屈曲。

训练步骤

1. 首先从站立姿势开始，双脚与肩同宽。然后下蹲让双手贴地面。

2. 双腿向后蹬出形成俯卧撑姿势，保持背部平直。降低身体做俯卧撑，同时保持身体伸直。手臂支撑发力使得身体返回至下蹲位。

3. 当双脚处于身体下方的位置时，随即爆发性地跳起，同时将手臂伸直、举过头顶。

4. 双脚着地，双膝稍微屈曲。重复执行该过程至预定的次数。

涉及的肌肉

主要肌群： 股四头肌（股直肌、股外侧肌、股中间肌、股内侧肌）、臀大肌、胸大肌、肱三头肌

辅助肌群： 腘绳肌（股二头肌、半腱肌、半膜肌）、竖脊肌、三角肌前束

铁人三项重点

　　立卧撑跳是全方位的训练手段，不仅能够发展心肺功能、肌肉力量和耐力，还可以提升整体的身体素质。游泳赛段中，运动员将从上肢的力量增加中获益，而且蹬离泳池壁的力量也将提升。自行车和跑步赛段中，运动员将从增加的腿部力量和爆发力中获益，另外身体的反应速度和敏捷性也将有所提升。

　　有组织地连续进行重复次数为 10 ～ 15 次的陆地训练计划时，运动员会很快发现这类练习能够带来心率的增加和显著的健身效果。

跳箱

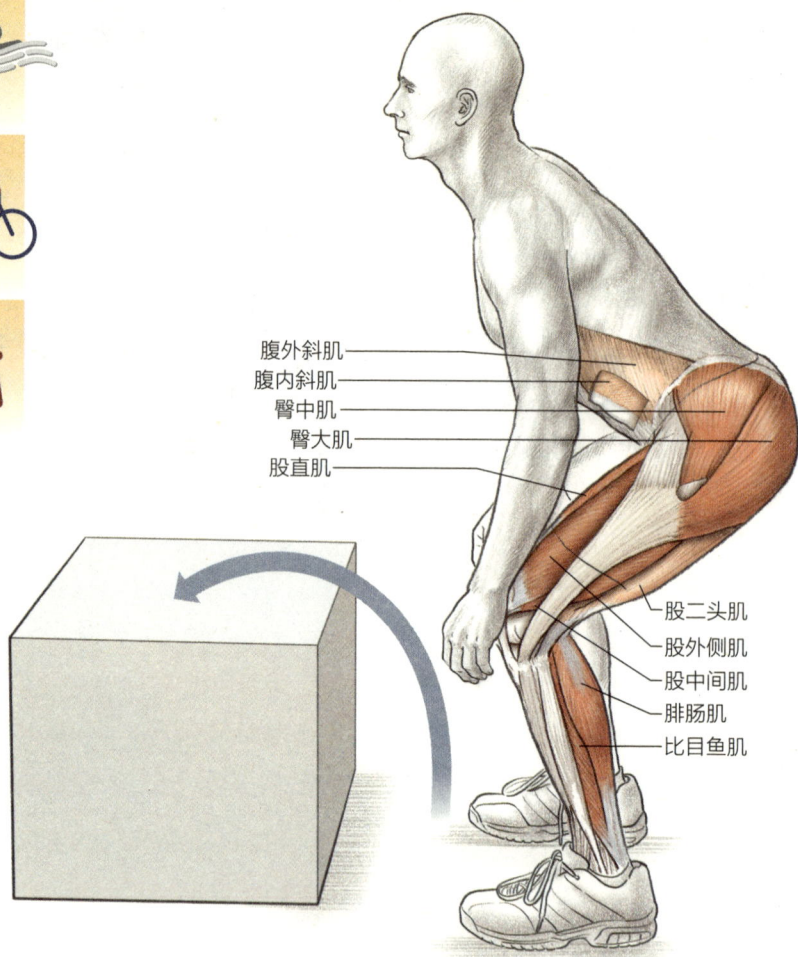

腹外斜肌
腹内斜肌
臀中肌
臀大肌
股直肌

股二头肌
股外侧肌
股中间肌
腓肠肌
比目鱼肌

训练步骤

1. 将一个大概与膝关节同高的箱子牢固地固定在地面上。面朝箱子站在距离箱子边缘15 ~ 20厘米处。

2. 使用爆发性跳跃的动作跳上箱子。双腿以微屈曲的状态缓冲落在箱面上。

3. 在箱面上缓冲站稳后，身体随即进入站立状态以结束训练动作。

4. 走下箱子，回到起始位置。重复动作至预定的次数。

涉及的肌肉

　　主要肌群： 股四头肌（股直肌、股内侧肌、股中间肌、股外侧肌）、臀大肌、臀中肌、腓肠肌、比目鱼肌

　　辅助肌群： 腘绳肌（股二头肌、半腱肌、半膜肌）、腹外斜肌、腹内斜肌、腹横肌

铁人三项重点

　　跳箱能够发展骑行和跑步中所需的爆发力。跳箱能够提供有针对性的挑战，因为运动员可随着跳跃能力和力量的提升来增加箱子的高度。

　　骑行中的运动员也将受益于这项训练，因为这项训练能够增加爬坡和冲刺的爆发力。运动员在跑步赛段也能输出更高的功率来加快上坡跑的速度。

　　本训练中被视为舞弊的行为包括过度地屈曲下肢关节以达到跳跃到箱顶的动作。如果你发现自己必须使用该动作，请务必考虑降低箱子的高度。

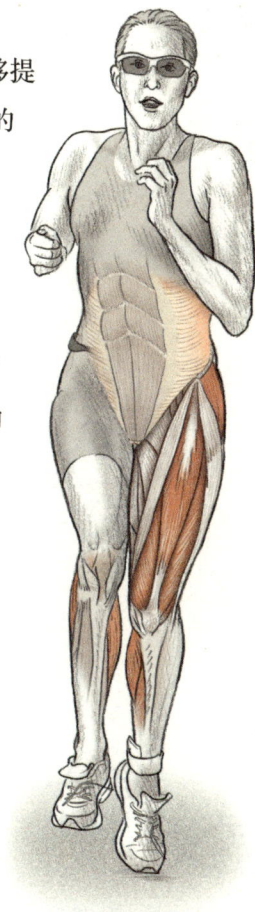

伐木式训练

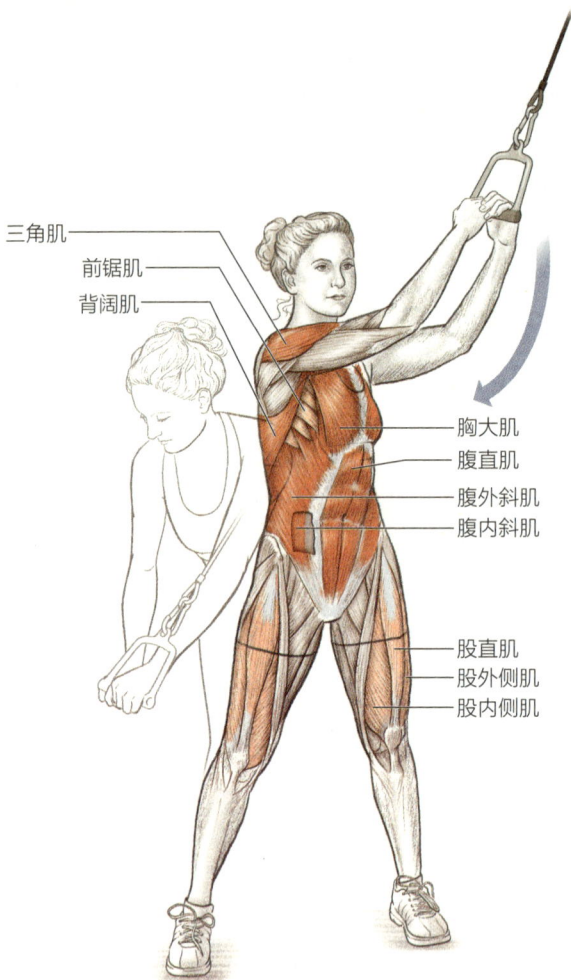

三角肌

前锯肌

背阔肌

胸大肌

腹直肌

腹外斜肌

腹内斜肌

股直肌

股外侧肌

股内侧肌

训练步骤

1. 站在拉力训练机的高滑轮一侧，双脚略比肩宽。

2. 用两只手握住握柄。

3. 用手臂、肩关节和胸部的肌肉发起动作，将握柄沿着身体的对角线方向下拉。

4. 运用核心肌肉，而且在将握柄向地面拉动的同时屈曲膝关节。

5. 慢慢地在控制下回到起始位置。重复动作至预定的次数。

涉及的肌肉

主要肌群：腹直肌、腹内斜肌、腹外斜肌、三角肌、背阔肌、胸大肌

辅助肌群：股四头肌（股直肌、股外侧肌、股内侧肌、股中间肌）、臀中肌、臀小肌、臀大肌、大圆肌、前锯肌

铁人三项重点

　　进行多个运动项目训练的运动员需要一个强有力的核心及良好的上下肢肌群协调能力。伐木式训练提供了动态的全范围运动，不仅动用到了多个关键肌群，还促进了全身协调能力的提升。正确地执行这项训练并将其作为高强度训练的一部分，还能在执行过程中提升心率。

　　伐木式训练被认为可满足竞赛型运动员的特殊需求，因为该训练可提升对长距离竞赛有帮助的核心稳定性及耐力水平。

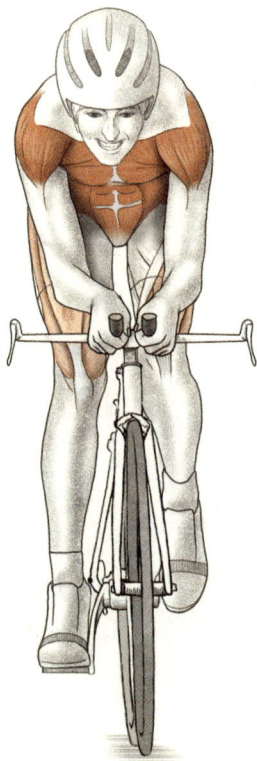

反向伐木式训练

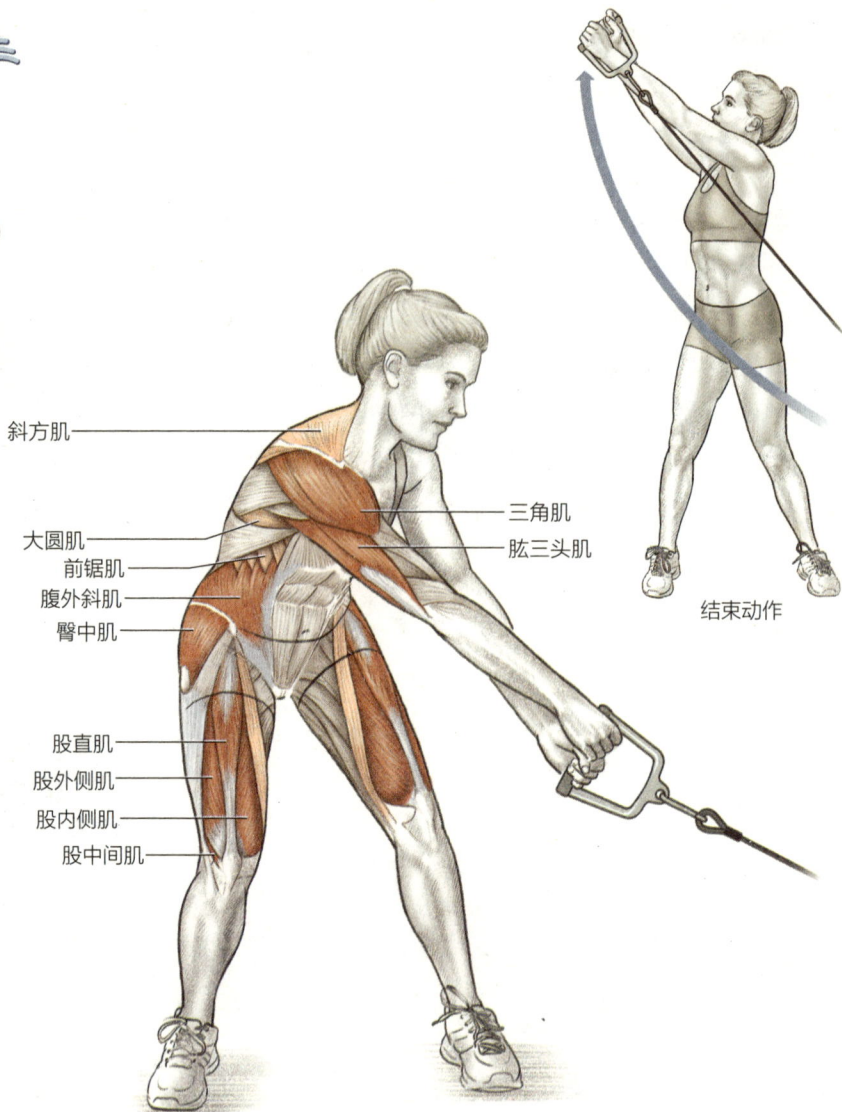

斜方肌

三角肌
肱三头肌

大圆肌
前锯肌
腹外斜肌
臀中肌

股直肌
股外侧肌
股内侧肌
股中间肌

结束动作

训练步骤

1. 站在拉力训练机的低滑轮一侧，距离拉力训练机大约0.9米远，双脚距离略比肩宽。

2. 膝关节微屈曲，形成半蹲姿势，用两只手握住握柄。

3. 以协调的动作将握柄沿着身体对角线方向向对侧肩部拉动的同时，身体逐渐站直。

4. 慢慢地回到起始位置。重复动作至预定的次数。

涉及的肌肉

主要肌群： 股四头肌（股直肌、股内侧肌、股中间肌、股外侧肌）、臀大肌、臀中肌、竖脊肌（髂肋肌、最长肌、棘肌）、腹外斜肌、腹内斜肌、三角肌、肱三头肌

辅助肌群： 腘绳肌（股二头肌、半腱肌、半膜肌）、前锯肌、大圆肌、斜方肌、冈上肌、小菱形肌、大菱形肌

铁人三项重点

这项训练作为旱地训练内容，对游泳运动员具有多种效用，运动员的核心、上臂和腿部力量均可得到很好的锻炼。有意增强跑步运动表现的运动员，可以增加膝屈曲的范围，让股四头肌获得更多的锻炼。

一个重要的技术注意事项是，通过注视手臂对角线的运动方式来强化核心肌肉的动员。这将确保重要的核心部位得到充分利用。

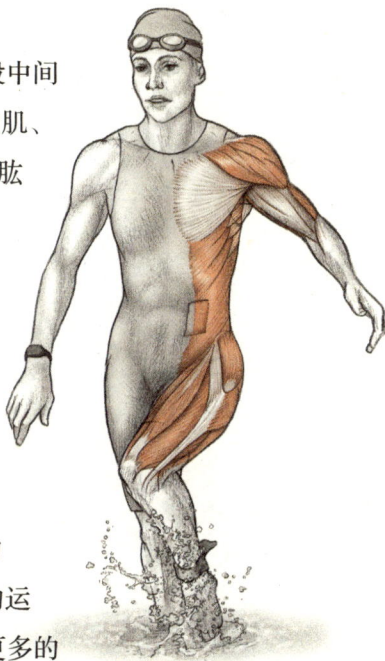

变化动作

对角线举实心球

使用实心球时，起始动作与上述训练的准备动作几乎相同。运动员通过爆发性的动作将实心球从对侧肩关节上方抛给训练搭档，如此重复。注意强调抛扔动作中的爆发力输出。

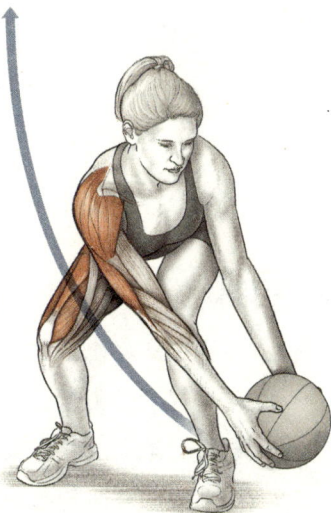

双腿爆发力跳跃

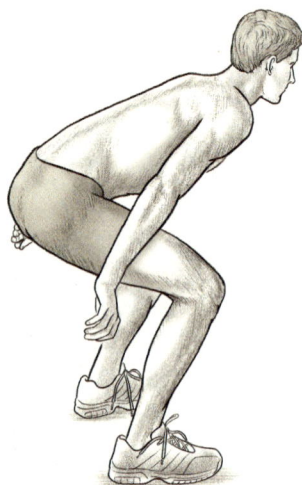

起始动作

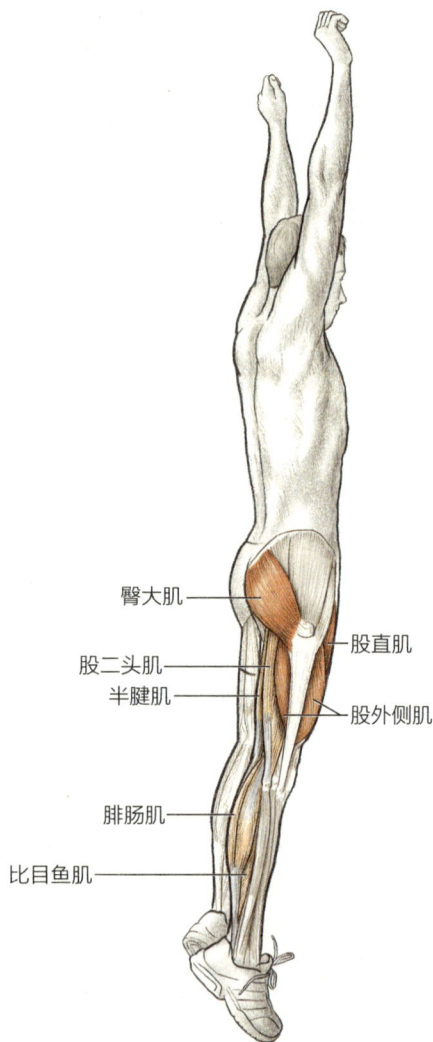

臀大肌

股直肌

股二头肌

半腱肌

股外侧肌

腓肠肌

比目鱼肌

训练步骤

1. 双脚距离略比肩宽，下蹲至膝关节屈曲约呈45度的位置。
2. 借助爆发性力量、手臂向上的动量和股四头肌产生的力量，以略向前的姿态充分地向上跳起至最大高度。
3. 落地缓冲并回到起始的下蹲姿势。重复动作至预定的次数。

涉及的肌肉

主要肌群：臀大肌、股四头肌（股直肌、股外侧肌、股内侧肌、股中间肌）

辅助肌群：竖脊肌（髂肋肌、最长肌、棘肌）、腘绳肌（股二头肌、半腱肌、半膜肌）、比目鱼肌、腓肠肌、髋内收肌（长收肌、大收肌、短收肌）

铁人三项重点

较强的产生爆发力的能力是所有体育活动成功的关键，包括以耐力为主的骑行和跑步。该训练执行起来非常简单，不需昂贵或者高级的健身器材就可以让腿部获得较大的爆发力。

因为该跳跃动作是高度动态的训练方式，所以运动员在开始之前必须做好充分的热身运动。特别注意每次重复的落地缓冲动作需要柔和、有控制地进行。通过这项具有挑战性的训练，各个级别的运动员都能增加爆发力，同时还能增强心肺功能。

对于竞赛型的铁人三项运动员而言，通过该跳跃动作获得的爆发力输出能够提升上坡骑行的速度及上坡跑时的功率输出。

下蹲推举

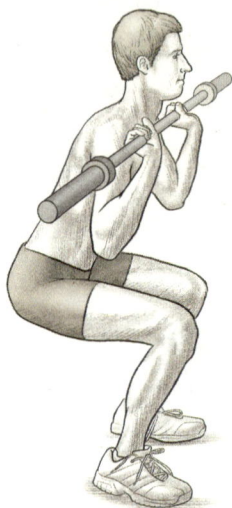

起始动作

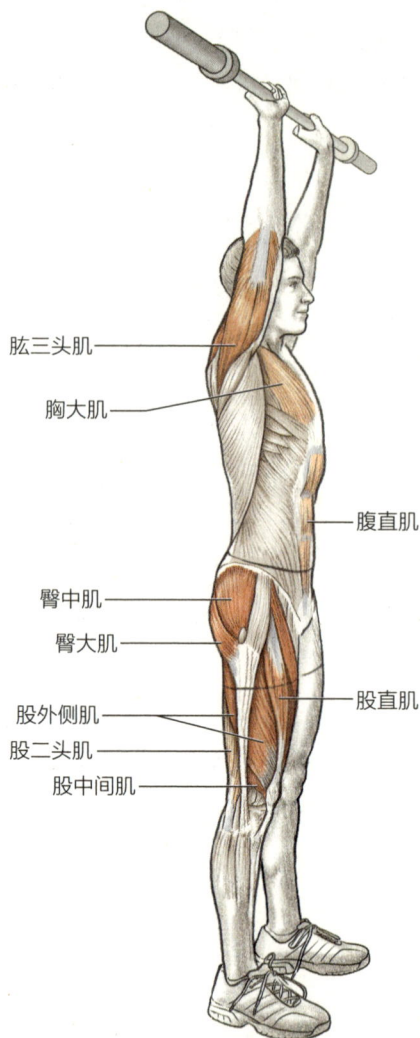

肱三头肌

胸大肌

腹直肌

臀中肌

臀大肌

股外侧肌

股二头肌

股中间肌

股直肌

安全提示： 保持正确的姿势，以防止损伤并追求最大的训练效益。背部保持平直，而且在整个动作过程中下颌要始终抬起。如果疲劳开始对姿势产生负面影响，应该停止并休息或转换到其他训练项目。

训练步骤

1. 身体站直，双脚距离与肩同宽。以手掌向外的抓握方式提拉杠铃，使其通过上胸部。

2. 屈曲身体至下蹲姿势，让股四头肌与地面几乎保持平行。

3. 伸展身体至站立姿势。将杠铃举起至头顶，双臂伸直，然后有控制地将杠铃降低。

4. 身体降低，回到下蹲姿势。重复动作至预定的次数。

涉及的肌肉

主要肌群：股四头肌（股直肌、股外侧肌、股内侧肌、股中间肌）、臀大肌、臀小肌、臀中肌、三角肌前束、肱三头肌

辅助肌群：髋内收肌（长收肌、大收肌、短收肌）、腘绳肌（股二头肌、半腱肌、半膜肌）、竖脊肌（髂肋肌、最长肌、棘肌）、斜方肌、腹直肌、胸大肌上束

铁人三项重点

这项全身训练将下蹲动作和肩上推举的训练效果结合在一起，从而得到一项技术要求难度高但是训练收效好的训练动作。铁人三项运动员将受益于腿部和肩部力量的增加，从而能够全面提升游泳、自行车和跑步赛段的成绩。此外，将两个主要的肌群训练相结合能够提高时间利用效率和训练效果，同时可以加强身体的协调能力。

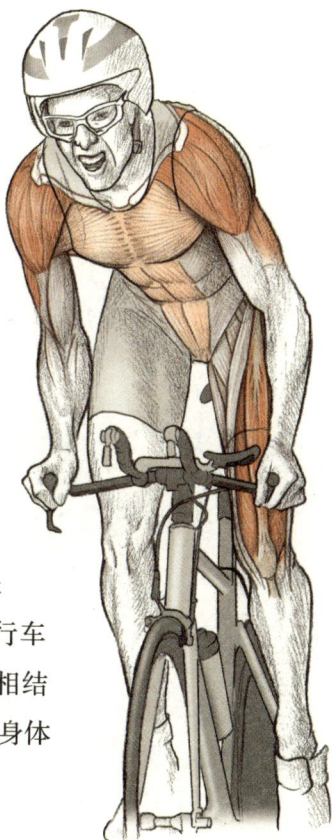

仰卧摆腿

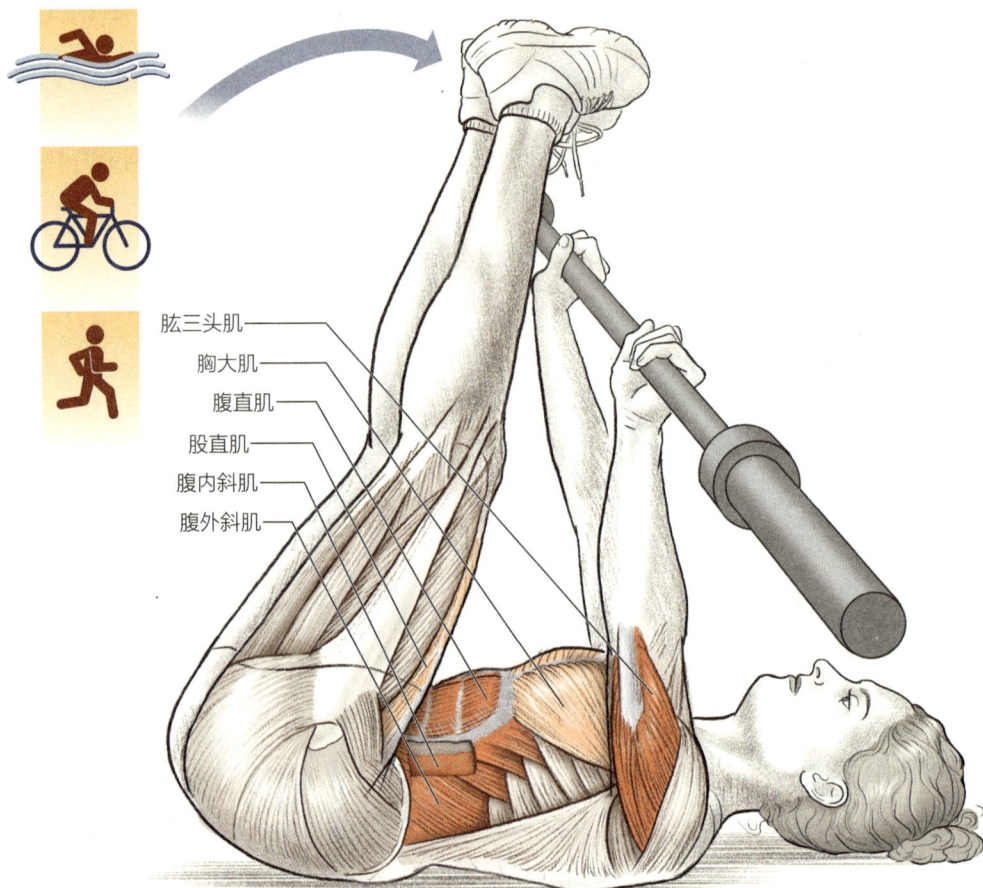

肱三头肌
胸大肌
腹直肌
股直肌
腹内斜肌
腹外斜肌

训练步骤

1. 背部着地，平躺在地板上。

2. 将杠铃握在胸部上方，双臂完全伸直。

3. 尽管多数人可能需要微屈膝关节，但是在抬高双腿的同时应尽量让双膝保持伸直。

4. 保持上躯干及上肢的稳定，让双腿向杠铃一端的远侧方向下降，然后让双腿摆动到杠铃另一端的远侧方向。

5. 重复两侧往复的动作至预定的次数。

涉及的肌肉

主要肌群： 腹直肌、腹外斜肌、腹内斜肌、肱三头肌

辅助肌群： 耻骨肌、缝匠肌、髂腰肌、股直肌、胸大肌

铁人三项重点

仰卧摆腿是具有挑战性的训练，它充分动用到了核心肌群。它给铁人三项运动员带来的益处是强化了身体旋转动作过程当中的力量输出与执行能力。这种能力对自由泳的技术发挥尤为关键，因为在自由泳中协调地旋转身体极为重要。此外，该训练动作也将增强骑行时爬坡和冲刺两个赛段的能力。这项训练对于高水平运动员来说也充满挑战，执行该训练能够将核心肌群提升至更强大的水平。

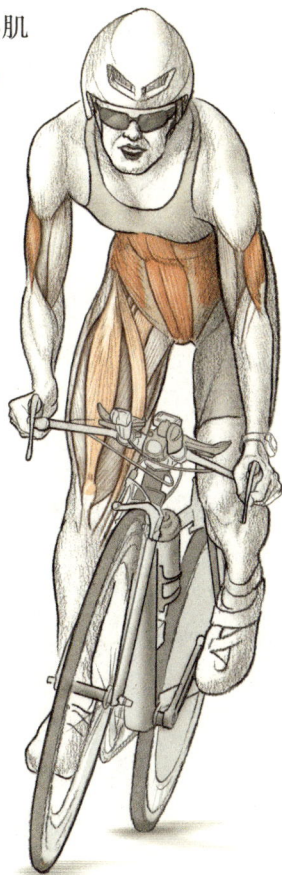

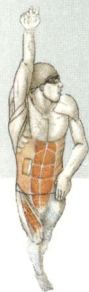

第11章

损伤预防

不进行利弊方面的评估，我们将无法获得一个完整的关于训练计划的讨论。我们在前面的章节提到了各类型训练的益处，也知道运动员追求更快更强的同时往往伴随着风险。人体被设计成通过以下方式来响应训练负荷：

- 加强细胞维持有氧和无氧代谢的机制；
- 提高心肺系统向组织输送氧气和营养的能力；
- 增加肌细胞的体积及肌肉力量；
- 增加肌腱、韧带和骨骼的强度，使之支持运动中所需承受的负荷。

问题是运动员很难把握训练强度，一旦训练过度，就会造成损伤。这种情况发生在组织不足以应对训练负荷时，具体表现为组织轻微的或肉眼可见的撕裂。这些撕裂会引起一系列包括血管破损引起的出血以及与促进愈合的细胞的募集。这个愈合过程可能需要4~6周才能完成。一些组织的痊愈可能需要更长时间，这取决于多种因素，包括初始损伤的严重程度和治疗的及时性。任何损伤演变为慢性损伤时，其愈合所需的时间可能会更长。

损伤类型

创伤被定义为正常组织受到巨大外力而造成的伤害，例如从自行车上摔落。创伤可导致不同严重程度的伤害。一个简单的瘀伤、挫伤、软组织损伤都可能会引起局部出血及肿胀。组织遭遇更大的外力时可能导致骨折。这种情况常常伴随着肉眼可见的畸形变化，例如锁骨骨折。

铁人三项运动有些独特，因为运动员需要同时训练多种项目。如果运动员在骑行中一直保持直立躯干的姿态，创伤性的损伤将不会那么频繁地出现。然而，由于耐力运动的性质和身体组织受到重复性应力的情况，铁人三项运动员因过度使用某一身体组织而造成的损伤比许多参加单一体育竞技的运动员更常见。

过度使用性损伤可以定义为身体组织在低于可承受的最大力的条件下所发生的组织损伤，这些组织包括肌肉、肌腱及骨骼。例如晾衣架使用的是一根相对较坚固的金属条，但你只需要用很小的力量不断弯折它，它最终也会断裂。占身体干体重70%的胶原容易遭受此类型的组织破坏。如果对一根绳子使用较大的力进行拉动，它的部分纤维最终会断裂。如果将绳子拉得足够长且力气足够大，它还是可能会断裂。虽然人体所有组织都具有细胞机制，在不断抵御和试图修复类似损伤。

运动可能会破坏组织强化和结构修复之间的平衡。当挑战训练的极限时，受伤的风险就会增加。比如为了追赶上一个训练计划，从而过快地增加跑步量或强度，或者在手臂疲劳时仍高强度游泳。同样，一些细小但反复的动作也可能导致受伤，比如在一辆不合适的自行车上踩数千下踏板。很多事情会把我们引向错误的方向。铁人三项训练的一个好处是可以让我们的训练多样化。我们可以减少对一种训练的重视，同时增加另一种训练的量，使我们的身体上有受伤风险或已经轻微受伤的区域得到休息或治疗。

预防和识别损伤

休息和适当的睡眠是再生修复过程中不可或缺的一部分，而铁人三项运动员对此的关注程度相对不足。无论是停止训练休息一天或几周，还是降低训练强度或数量，身体组织都能达到自我修复并变得更加强壮的目的。辅助修复再生的方式包括拉伸及特定的力量训练。如果运动员的关节活动范围受限或减少，可以做拉伸运动，而特定的力量训练对保持关节运动效率与肌力平衡具有重要作用。

受伤不是在自然状态下产生的。受伤是身体无法以积极方式做出反应并修复损伤的一种表现。此时，身体已超出其自身修复能力，开始出现损伤的症状和体征。疼痛是损伤的标志性症状之一。我们在训练时都经历过不适，但是什么情况下不应该继续训练呢？疼痛可被定义为与身体损伤相关的一种不舒适的感觉。那么，如何看待俗语"疼痛只是懦弱离开身体时的一种表现"和"没有痛苦，没有收获"呢？这些俗语听起来很有趣，但是按照其思路来执行训练，可能会导致慢性损伤。

任何的不适都可能是损伤的早期预警信号。活动开始时出现但热身之后消失的不适是可接受的症状，你可以在适当调整后继续进行训练。然而，在整个活动过程中持续存在的不适则是一种明确的警告信号，你应该停止训练。如果不适在热身活动后仍然存在，而基本的RICE疗法（休息、冰敷、加压、抬高患肢）不起作用，且已经影响到其他日常生活功能，那么就要寻求治疗。如有必要，应让运动医学专家进行评估。

有能力识别正在出现的问题是治疗损伤的第一步。个人的成熟度与经验有助于损伤的识别。有资质的教练和训练员可以帮助你制订合理的训练计划，而一个精心设计的训练计划可以降低受伤风险。坚持书写训练记录也是很重要的，这样就可以回过头来检查某项或某些训练是否为导致损伤的促进因素。

过度损伤尤其难以识别，它通常不是由单一事件造成的。大部分这类损伤没有急性损伤的迹象（例如出血、肿胀和压痛）。它们往往在你准备进行游泳、骑行和跑步时引起不适和疼痛。随着时间的推移，这种不适会使人的运动能力下降。

治疗方法

损伤的治疗遵循一个简单的原则：标本兼治。训练计划中的错误是可以纠正的。我们首先应该考虑运动装备或技术问题，例如糟糕的划水动作，运动员身型和自行车尺寸的不匹配或者运动鞋的磨损。营养问题在预防和治疗损伤中也起到一定的作用。缺乏足够的蛋白质和碳水化合物的饮食无法满足剧烈运动期间身体的营养需求。这一点在女性运动员中得到体现，其症状包括饮食失调、体重低于理想水平和月经异常。它们都是激素调控失常引起的，而且会导致骨骼出现应力相关的损伤，例如应力性骨折。

RICE疗法包括休息（Rest）、冰敷（Ice）、加压（Compression）和抬高（Eleration）患肢，它符合大部分运动损伤的治疗思路。如果休息对你而言不是一个好的选择，那么你可以尝试相对性的休息，即在该期间执行一些不会带来不适感的替代活动（如交叉训练）。

在发生任何急性损伤的36～48小时内进行冰敷，对此后的疼痛管理非常有帮助，通常应每隔2～3小时冰敷患处10～15分钟。冰敷前可以用一块轻薄的织物保护皮肤，防止出现低温引起的并发症，如皮肤冻伤。如果组织过度紧张，可依据情况在受伤48小时之后使用热敷。其使用方法和冰敷相似。没有科学文献支持交替使用冰敷和热敷，因此不推荐这么做。

患处加压有助于控制肿胀。在受伤严重的情况下，患处加压有助于控制出血和随后出现的肿胀。用弹性绷带舒适地包扎患处非常有效，但注意包扎的松紧度需要在患者可接受的范围内。我们通常将弹性绷带以一个合适的松紧度进行包扎，可尝试将绷带比最初状态拉长10%来包扎。同时要注意缠绕整个患处，例如腿部受伤，则从脚趾开始包扎，直到受伤部位的上方几厘米都要覆盖。穿压力袜也可以解决下肢肿胀的问题。根据肿胀部位的不同，可选择穿及膝或过膝的压力袜，而且想穿多久都可以。

抬高患肢有利于应对下肢损伤，因为它也能帮助控制肿胀，即确保将受伤的部位放在心脏水平之上，让肿胀产生的组织液得到向心性的流动。

通过拉伸运动预防和治疗损伤

损伤的预防需要有一个精心设计的训练计划，其中包括训练前、训练中以及训练后的休息与营养方面的指导。另一个重要部分是拉伸运动计划。运动给组织施加了巨大的压力，导致组织出现过度紧张的情况，这可能导致关节活动受限、生物力学模式改变，从而可能导致损伤。从运动表现的角度来看，身体的延展度对于一个正常关节运动范围（ROM）的健康跑者的作用被夸大了；事实上，跑者身体的延展度增强会导致速度的下降。但是如果正常关节运动范围被抑制了，就应该解决这个问题。

理想情况下，拉伸运动应该在训练后进行，或者至少在短暂的热身后进行。肌肉在冷却的情况下延展度不足，从而更容易受伤。目前还没有科学证据证明理想的拉伸时间，但对于静态拉伸来说，15 ~ 30秒是安全的。拉伸运动绝对不是一种"多多益善"的运动，所以永远不要拉伸到疼痛的程度。

动态拉伸

动态拉伸是一种很受运动员欢迎的拉伸运动形式，建议在训练前进行。动态拉伸与静态拉伸（拉伸并保持该状态下的肌肉长度）不同，静态拉伸最适合在运动结束后作为整理活动来进行，而动态拉伸是在舒适的活动范围内进行的柔和且循序渐进的主动活动，其活动范围要小于静态拉伸。如果超出这个范围，将被视为弹震式拉伸。我们不建议做弹震式拉伸。动态拉伸能提供许多好处，包括增加活动范围、提升体温、提高血液流动速率、使神经与运动系统做好训练准备、预防与训练有关的损伤等。

动态拉伸很简单，但需要谨慎进行。首先在较小的活动范围内进行，随着身体得到预热，逐渐扩展至最大活动范围。例如，弓箭步和克里欧卡步（侧向交叉步）是铁人三项运动员和跑步运动员最喜欢的两种动态拉伸。在准备弓箭步动作时，两脚之间与肩同宽。迈出一侧腿向前进入弓箭步状态，随即使用该侧腿进行支撑，然后站立并交换另一侧腿执行同样的动作。每侧腿可交替各进行10步，然后继续重复。克里欧卡步是很好的动态拉伸运动，可有针对性地伸展臀部与侧向移动相关的身体部位。训练步骤是双脚与肩同宽站立，膝关节微微屈曲；左脚横向跨过右脚的前侧从而形成横向交叉的运动，然后在髋部转动的辅助下右脚以同样的方向从左脚后侧交叉迈出。在一个方向行进10 ~ 15米后，然后改变方向练习。

将动态拉伸作为训练准备的一部分是值得的，它既可以降低受伤风险，又可以提升训练中的运动表现。

基础拉伸

以下部分为针对铁人三项训练所使用的拉伸动作。这些拉伸动作在预防铁人三项运动的过度使用性损伤方面有着极其重要的作用。拉伸技术包括先做轻缓的动作，直到感觉伸展变得容易后，保持姿势15 ~ 30秒，然后重复2 ~ 3次。弹震式拉伸可能会引起损伤，因此在此不做推荐。

花一些时间做这些温和的拉伸动作，它们会给人带来良好的感觉并有助于人体活动范围的提升，同时还可以促进损伤后的恢复。

颈部侧向拉伸

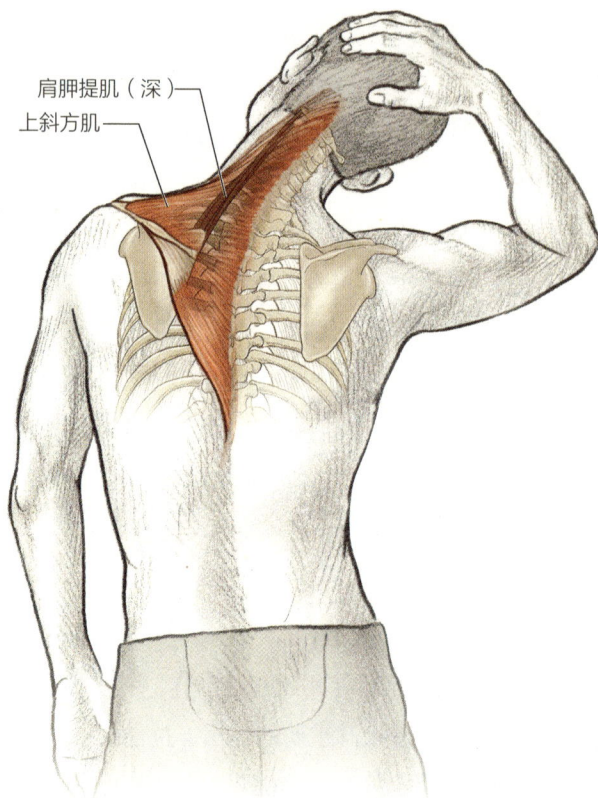

肩胛提肌（深）
上斜方肌

训练步骤

1. 坐直或呈站立位。将一只手越过头顶，置于另一侧耳廓上方。

2. 轻轻地将手向一侧拉动。目视前方，感受相对于拉动方向的对侧颈部的拉伸感。

3. 允许被拉伸侧的肩部轻轻下降，帮助加强拉伸强度。

4. 保持该姿势15 ～ 30秒。每侧重复3次。

涉及的肌肉

主要肌群：上斜方肌

辅助肌群：斜角肌、肩胛提肌

铁人三项重点

　　铁人三项运动员的头部姿势根据不同的运动项目而不断变化，因此要求颈部必须有足够的灵活性。在开放水域游自由泳需要运动员具备观察浮标的能力，游泳运动员必须频繁抬头观察，同时还需要左右两侧转头来切换呼吸模式。符合空气动力学的骑行姿态可能导致颈部疲劳，并给颈后部分造成压力。跑步赛段中，运动员颈部必须有足够的力量及灵活性，从而通过保持头部与背部的中立位来提升运动效率。

手靠墙胸背拉伸

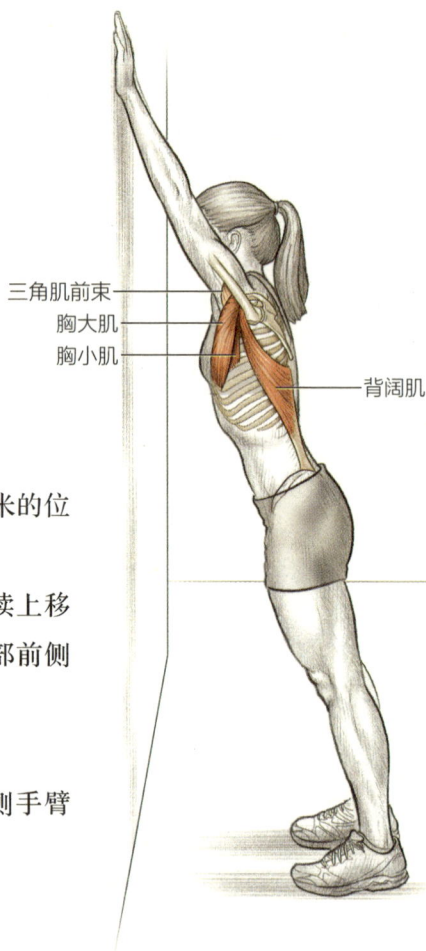

三角肌前束
胸大肌
胸小肌
背阔肌

训练步骤

1. 面向墙壁并在距其0.3 ~ 0.6米的位置站立。

2. 一侧手掌向上贴墙并保持持续上移手部的动作，直至上臂和胸部前侧出现拉伸感。

3. 前倾身体以增加拉伸强度。

4. 保持该动作15 ~ 30秒，每侧手臂各练习3次。

涉及的肌肉

主要肌群：胸大肌、胸小肌、背阔肌

辅助肌群：三角肌前束

铁人三项重点

开放水域的自由泳对运动员长时间进行稳定的划水动作、单次划水最大距离与动作经济性均提出了要求。针对前胸部及上背部延展度的训练，能帮助铁人三项运动员完成入水前伸并实现更理想的转体和水下滑行动作。

肱三头肌拉伸

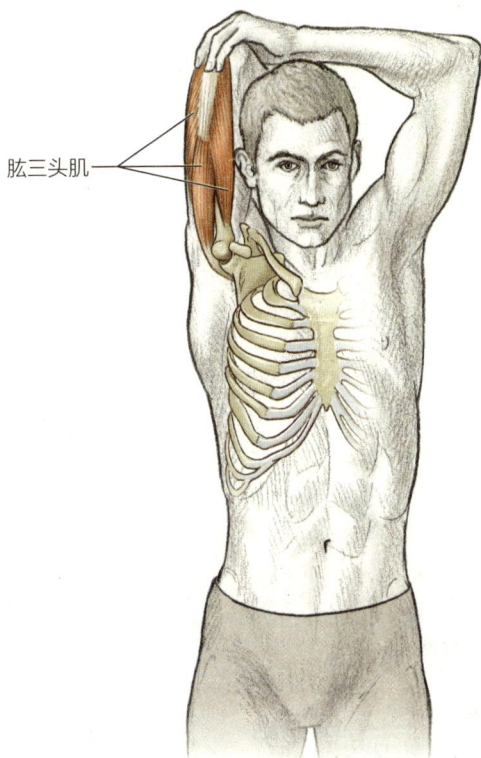

肱三头肌

训练步骤

1. 身体呈站立位，将一侧手放置于对侧肩部的背侧。

2. 屈肘并使肘关节朝向天花板方向，使用另一侧手臂将拉伸侧的手臂向靠近头部的方向拉动。

3. 保持该姿势15 ～ 30秒，每侧重复3次。

涉及的肌肉

主要肌群：肱三头肌

铁人三项重点

肱三头肌在开放水域自由泳的推进阶段起着核心作用。自行车运动员在离开车座骑行爬坡时也会广泛地使用肱三头肌。

胸肌拉伸

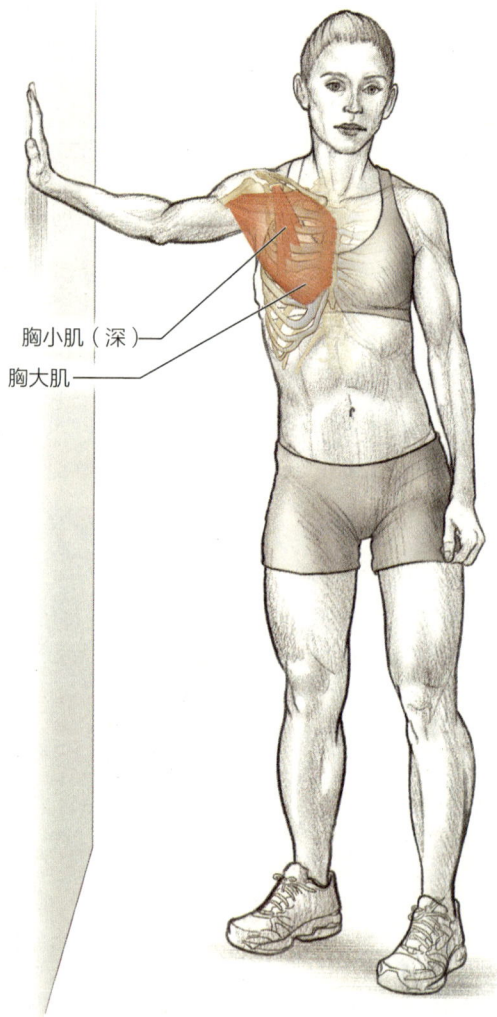

胸小肌（深）

胸大肌

训练步骤

1. 站在墙边或门口。

2. 将需要伸展的那侧手臂的
   手置于墙上或门框上。

3. 朝远离手的方向旋转身体，
   直到感觉肩前侧有拉伸感。

4. 保持该姿势15 ~ 30秒。每
   侧重复3次。

涉及的肌肉

主要肌群： 胸大肌

辅助肌群： 胸小肌

铁人三项重点

　　胸肌拉伸对铁人三项运动中的每个子项目都有好处。游泳运动员能够获得更大的手臂伸展范围，并且在划水中实现流线型的姿态，获得较长的划水距离。骑行运动员在握住休息把进行离开车座的骑行时，会感觉执行该动作的能力有所提升。跑步运动员在上坡跑中的手臂驱动能力也能有所增强。

腘绳肌拉伸

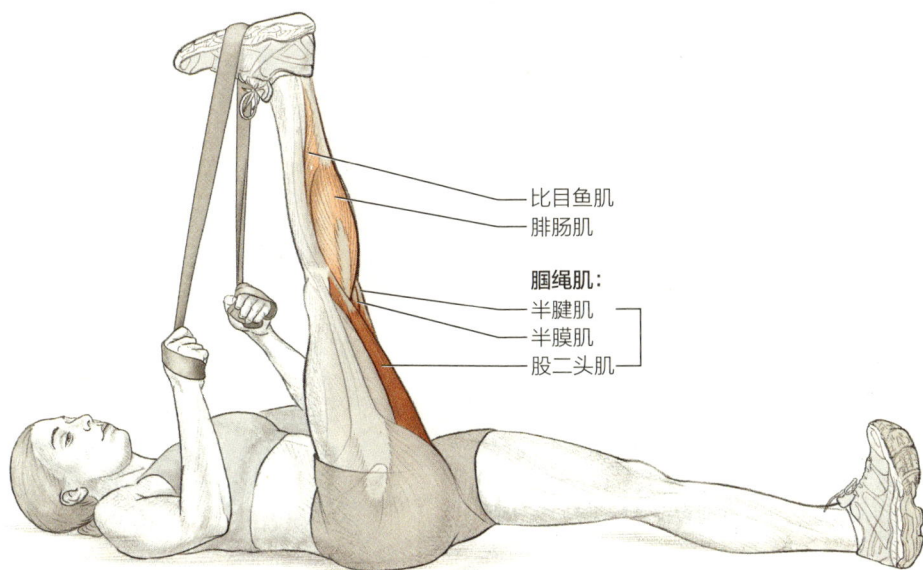

比目鱼肌
腓肠肌

腘绳肌：
半腱肌
半膜肌
股二头肌

训练步骤

1. 仰卧，肩部着地，腿伸直，脚趾向上。用一根阻力带（或一根绳子、一条长毛巾）兜住右脚。
2. 轻轻拉动阻力带的两端，使右腿垂直抬起。
3. 在最高点拉伸15 ~ 30秒，用阻力带轻轻施压。
4. 回到起始位置，换另一侧腿重复这个动作。

涉及的肌肉

主要肌群：腘绳肌（股二头肌、半腱肌、半膜肌）

辅助肌群：腘肌、腓肠肌、比目鱼肌

铁人三项重点

在骑行和跑步中，腘绳肌（股二头肌、半腱肌、半膜肌）在臀部伸展中起着重要作用。在铁人三项运动员中，该肌肉常常处于紧张状态。腘绳肌紧张和下背部疼痛之间存在相关性。改善腘绳肌的灵活性可以减少下背部受伤，提高运动成绩。

内收肌拉伸

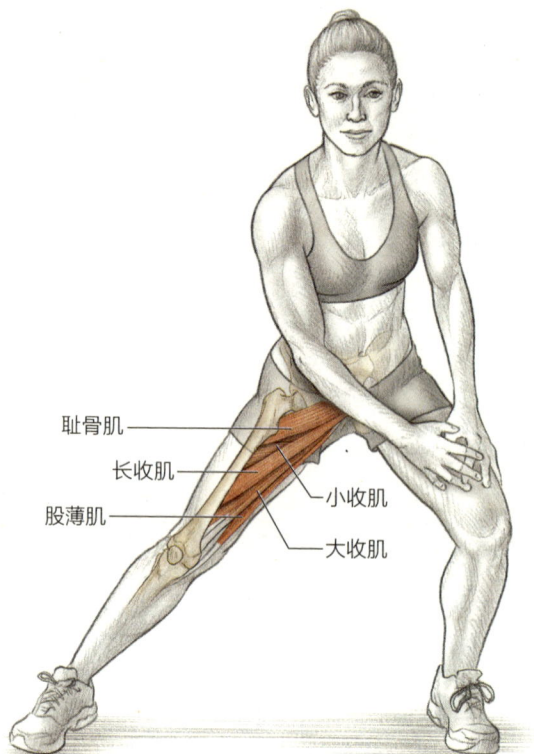

耻骨肌
长收肌
股薄肌
小收肌
大收肌

训练步骤

1. 站立，双脚分开至略比肩宽。

2. 保持右腿伸直，屈曲左膝关节。身体向左侧倾斜，双手置于左大腿上以支撑身体。

3. 身体继续向左侧倾斜，直到感觉到右大腿内侧有拉伸感。

4. 保持该姿势15 ~ 30秒。每侧重复3次。

涉及的肌肉

主要肌群：长收肌、大收肌、小收肌、股薄肌、耻骨肌

铁人三项重点

增加内收肌的延展度有助于改善骑行和跑步姿势，同时降低受伤概率。在越野铁人三项赛的跑步竞速阶段，该肌群的负担可能会有额外增加。

臀部旋转拉伸

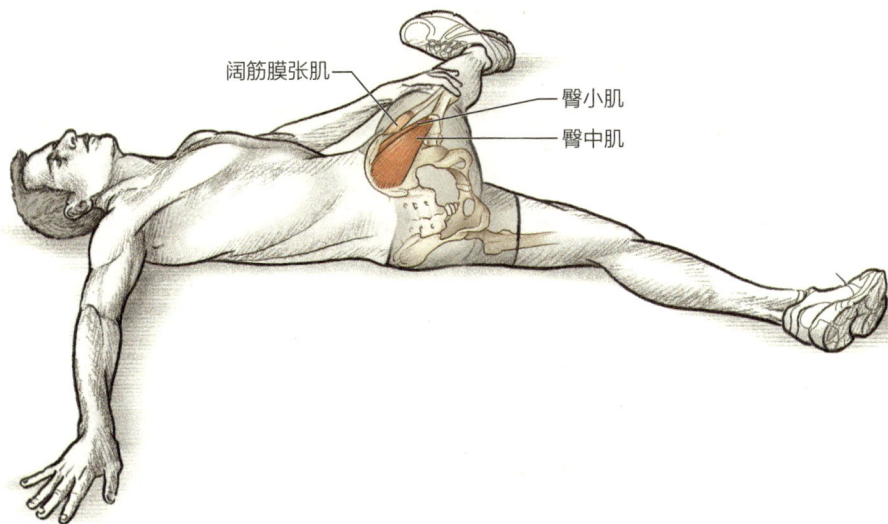

阔筋膜张肌

臀小肌

臀中肌

训练步骤

1. 仰卧，双腿伸直，双手侧平举。

2. 将右腿移动到左腿上方，保持双腿伸直或处于微屈曲的状态。

3. 用左手拉动右膝跨过身体中线，使右腿向另一侧继续移动。

4. 此时应该感觉到臀部和臀部后侧有拉伸感。

5. 保持该姿势15 ~ 30秒。每侧重复3次。

涉及的肌肉

主要肌群：臀中肌、臀小肌

辅助肌群：阔筋膜张肌

铁人三项重点

对铁人三项运动员而言，髋关节灵活性的提升可以帮助预防下肢由旋转动作所带来的一系列损伤。需要注意的是，旋转动作常在开放水域游泳、项目转换期间以及高强度跑步中被运用到。

治疗性拉伸

以下的一系列治疗性拉伸动作旨在帮助缓解铁人三项运动中各种与过度使用性损伤相关的症状。拉伸应先从轻缓的动作开始，拉伸过程中要始终保持适度的拉伸感并逐渐进阶。保持姿势15 ~ 30秒，然后重复2 ~ 3次。弹震式拉伸可能会引起损伤，因此在此不做推荐。如果在拉伸运动过程中感到疼痛或不适，则需要减小拉伸的幅度并可使用较小的外力来辅助拉伸。有拉伸感是正常的，但是必须将它和疼痛感区分开来。如果疼痛持续存在且无法舒适地进行拉伸，则需要向相关专业人士寻求帮助。

跨身体手臂拉伸

训练步骤

1. 从站立位或坐姿状态下，用一侧手抬起待拉伸侧的手臂，使其达到同胸部高度一致的位置。
2. 将辅助的一侧手放在对侧手的腕部，轻轻地协助受拉伸侧手臂到达身体对侧的位置。
3. 此时会感到肩部后侧有拉伸感。
4. 保持该姿势15 ~ 30秒。每侧重复3次。

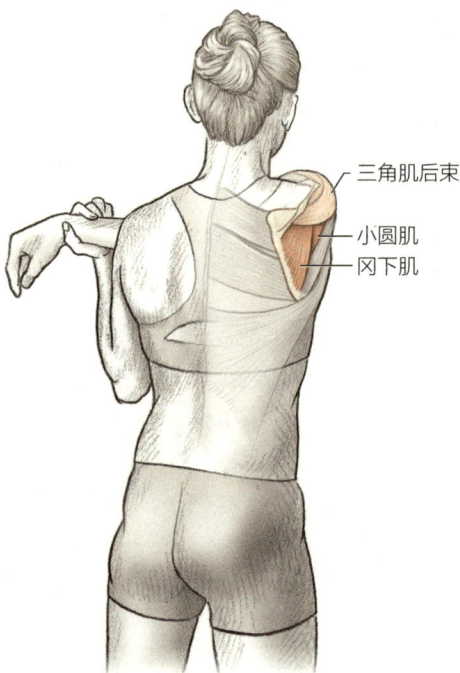

三角肌后束
小圆肌
冈下肌

涉及的肌肉

主要肌群：冈下肌、小圆肌
辅助肌群：肱三头肌、三角肌后束

铁人三项重点

　　肩袖（如第7章所讨论）可以帮助控制肩部活动。游泳等存在手臂过顶动作的运动可导致肩袖肌腱和相邻组织（包括滑囊）出现过度使用性损伤或组织的细微损伤。不当的游泳姿势，例如入水时手臂穿过中线或者游泳训练难度超出机体可接受的水平，都可造成这种伤害。如果肩袖不能协调地工作，可能会刺激滑囊并导致炎症。这项拉伸运动可以帮助减轻肩关节僵硬和疼痛，伸展关节囊和肩袖肌腱；结合增强肩袖的力量训练，例如第7章讲述的内旋和外旋训练，也有助于减轻疼痛并加强肩部的运动功能。肩部肌肉不平衡和姿势不正确也可能导致或加剧此症状。改善姿势和维持肩部理想生物力学的训练，包括加强肩部后侧和背部肌肉的训练，有助于预防肩关节撞击综合征（请参阅第5章的滑轮下拉）。

股四头肌拉伸

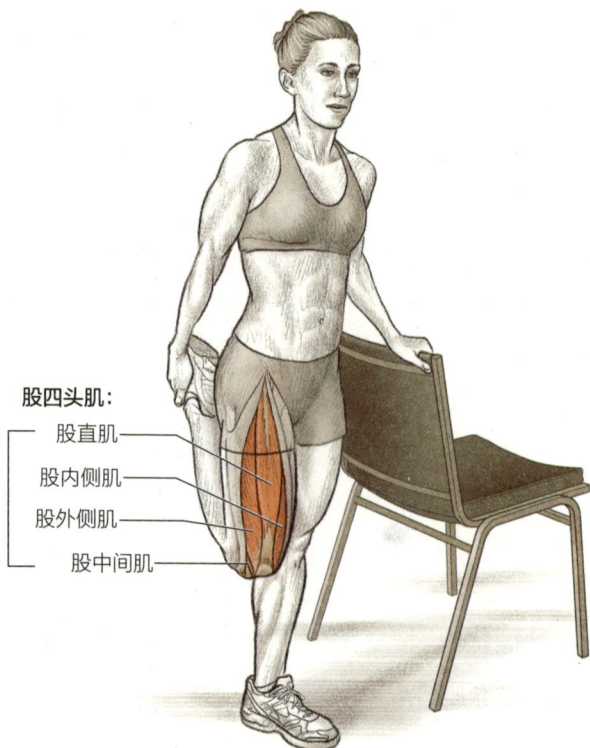

股四头肌：

股直肌

股内侧肌

股外侧肌

股中间肌

训练步骤

1. 利用墙壁或牢固的家具作为支撑。拉伸应先从轻缓的动作开始，拉伸过程中始终保持适度的拉伸感并逐渐进阶，尝试抓握住脚踝。如果很难抓握住脚踝，就在脚踝上套一条毛巾。保持膝关节屈曲，使得大腿与小腿尽量贴近。不可形成前凸或弓起背的动作。

2. 轻轻地拉动脚踝，从而使得脚跟逐渐靠近臀部。在上述状态下向前移动髋关节来加强拉伸的强度。此时应该感觉到大腿前侧的肌肉（股四头肌）有拉伸感。

3. 保持该拉伸姿势15 ~ 30秒，然后换另一侧腿重复。

涉及的肌肉

主要肌群： 股四头肌（股直肌、股外侧肌、股内侧肌、股中间肌）

治疗性拉伸

铁人三项重点

跑步和骑行会给下肢关节造成巨大的压力，尤其是膝关节。在这些活动中，髌骨及其周围组织受到相当于体重3～5倍的压力，当组织承受的负荷超过其耐受范围时，就会导致损伤以及疼痛。通常认为没有单一的导致因素，但重复的细微损伤能够致使过度使用性损伤的发生。此外，训练计划的改变，包括增加训练量、强度或时间，也都可能是相关因素。运动鞋过度磨损、不合脚的跑鞋以及突然改变的鞋袜选择等方面的因素，也可导致膝关节的压力增加。膝前痛的常见特征是髌骨下方的弥漫性疼痛，该疼痛通常被认为是"跑步膝"的症状之一。日常生活中的一些活动，例如上下楼梯和屈膝状态下的坐立（如看电影时的久坐），也可能导致类似的症状。

股四头肌和膝关节周围的组织经常处于短缩、收紧的状态，因此伸展股四头肌可以恢复延展度并改善某些膝关节的不适症状。下肢肌肉不平衡会导致生物力学的改变，而提高核心稳定性和下肢力量有助于改善上述肌肉不平衡的状态，从而减少"跑步膝"等症状的出现。力量增强训练，包括第5章介绍的屈膝桥式以及第4章介绍的靠墙健身球下蹲，均对"跑步膝"的康复有所帮助。

臀大肌拉伸

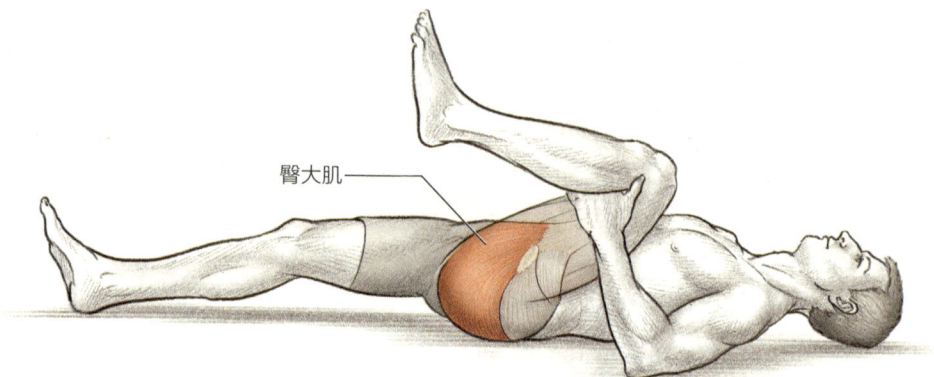

臀大肌

训练步骤

1. 身体呈仰卧位。
2. 双手交握在左腿后方，轻轻地将左膝拉向靠近胸部的方向，直到感觉下背部和臀部有较舒适的拉伸感。
3. 保持该姿势15～30秒。每侧腿重复3次。

涉及的肌肉

主要肌群： 臀大肌

辅助肌群： 竖脊肌（髂肋肌、最长肌、棘肌）

铁人三项重点

不论是运动员还是非运动员，下背部肌肉损伤都是常见的。不理想的骑行姿势，包括夸张的空气动力学姿势，甚至最基本的跑步，都可能拉伤下背部的肌肉、肌腱和韧带。机械性下背痛有别于神经根或神经性疼痛，后者是神经受到刺激引起的，例如最常见的椎间盘突出症。背部局部疼痛和僵硬是机械性肌肉拉伤最常见的两种症状。腿部疼痛、麻木、无力或刺痛可能是椎间盘突出的征象。下背部和腿部的肌肉，包括竖脊肌、多裂肌和腘绳肌，可能会因此变得短缩和紧张。轻柔地拉伸下背部有助于增加该部分的延展度并缓解症状。

梨状肌拉伸

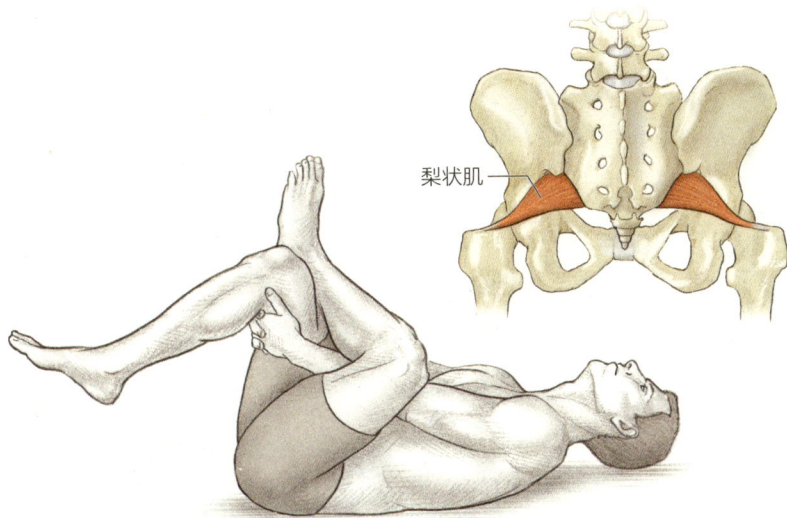

梨状肌

训练步骤

1. 身体呈仰卧位，将左脚踝交叉置于右侧大腿之上。

2. 使用双臂向上拉动右侧大腿，同时屈曲右侧髋部。此时左侧臀部应该有拉伸感。

3. 如果可以的话，用左手或肘关节将左膝向身体外侧推动。这可能会增加拉伸的强度。

4. 保持该姿势15 ~ 30秒，然后换另一侧腿重复。

涉及的肌肉

主要肌群：梨状肌

铁人三项重点

梨状肌在跑步时承受了巨大的压力。人体持续重复向前的运动所带来的肌肉失衡，可能由过度发达的屈髋肌群与相对较弱的髋外展肌与内收肌引起。这种情况可能会导致梨状肌的短缩。坐骨神经或大量沿着腿部向下延伸的神经根可能在它们通过梨状肌肌腹及其肌腱下方时受到压迫，这可能导致腿部存在向下放射的疼痛、刺痛和麻木。虽然许多损伤都可能引起臀部疼痛，包括腘绳肌拉伤和坐骨神经痛，但是梨状肌综合征可能较难诊断。长时间骑行也可能导致这块肌肉紧张，因此通过适当的拉伸来预防和治疗这种损伤是有价值的。髋外展肌和内收肌的力量训练也可能起到治疗作用（请参阅第4章介绍的使用训练器械进行的迷你带髋外展步行和内收肌训练）。

髂胫束拉伸

训练步骤

1. 靠近墙壁站立，将右手放在墙上以起到支撑作用。

2. 右腿与左腿交叉并置于左腿后侧。

3. 躯干不要向前屈曲，将两侧臀部向靠近墙壁的方向进行沉降。

4. 保持该姿势15秒。每侧重复3次。

涉及的肌肉

主要肌群： 髂胫束、阔筋膜张肌、臀大肌

铁人三项重点

臀大肌

阔筋膜张肌

髂胫束

跑步时困扰于膝关节外侧的疼痛与僵硬可能是髂胫束摩擦综合征的表现。髂胫束起始于臀部和阔筋膜张肌，沿着大腿向下延伸，最后附着在膝关节上。髂胫束分别在髋关节（大转子）和膝关节（外上髁）可能存在潜在的接触点。在每个接触点之间，滑囊有助于给骨突与肌肉组织的接触部分提供流畅且低摩擦阻力的运动。损伤、刺激或组织过度紧张都可能增加摩擦，从而导致炎症和随后的膝关节疼痛；如果症状未得到及时缓解，可能会导致活动受限。拉伸髂胫束是预防或治疗计划的重要组成部分，对髋外展肌和核心进行额外的力量训练被认为能够降低髂胫束摩擦综合征发生的概率。

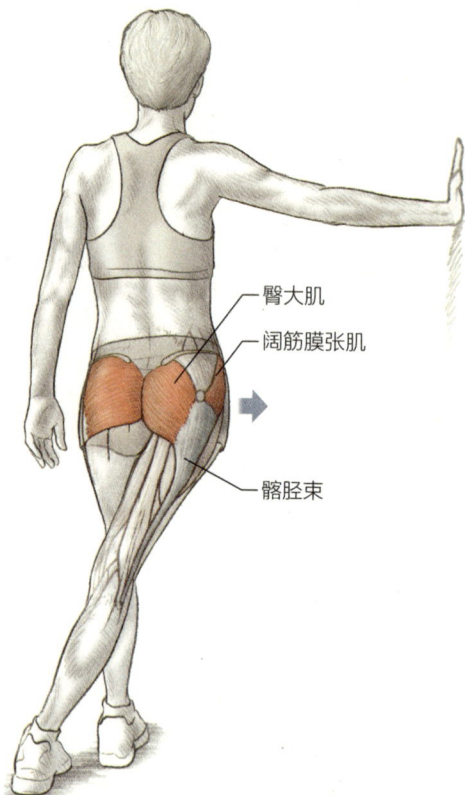

胫骨前肌拉伸

训练步骤

1. 在舒适的地面上执行屈膝跪坐于小腿之上的动作。
2. 伸直脚趾，让脚背和腿部紧贴在地面上。
3. 使用双手向地面方向下压大腿，其目的在于让双腿更紧贴地面。如果感觉舒适，还可以坐在脚跟上。
4. 保持该姿势15～30秒。重复3次。

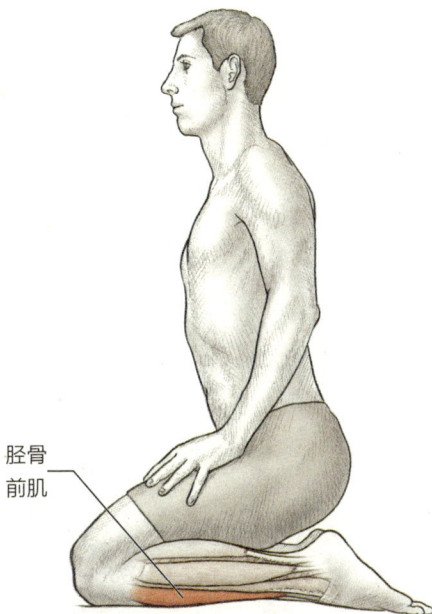

胫骨
前肌

涉及的肌肉

主要肌群：胫骨前肌

铁人三项重点

跑步动作需要踝关节与脚执行复杂的动作。胫骨前肌让踝关节可以做背屈动作，让跑步运动员可以在执行腿部摆动向前的动作阶段将脚抬离地面。当跑步运动员将脚从所在高度位置下降并与地面接触时，脚因为拥有较大延展度从而可以吸收冲击并适应地面的地形变化。

胫骨后肌、小腿部分的肌腱能够帮助吸收冲击力，并在步态周期当中的推动蹬离阶段扮演重要角色。当脚踝与脚向前运动并准备进行蹬离地面的运动时，胫骨后肌收缩，从而使其肌腱能够锁定脚踝与脚，并形成一个坚实稳定的力的传递平台，最终让步态运动当中蹬离地面的动作得以顺利完成。胫骨后肌起始于胫腓骨骨间膜的沿线。它的肌腱沿着小腿向下延伸，绕经脚的内踝并向下移行延伸到足舟骨粗隆与第二、第四跖骨。因为这块肌肉在跑步中是必不可少的，所以肌肉附着处受到重复性应力可引起撕裂和炎症。

胫骨前肌紧张在跑步中很常见，它可导致胫骨后肌受到异常应力，这可能导致跑步开始时胫骨内侧沿线出现弥漫性的不适。伸展小腿肌群尤其是胫骨前肌可帮助缓解该症状。

脚部拉伸

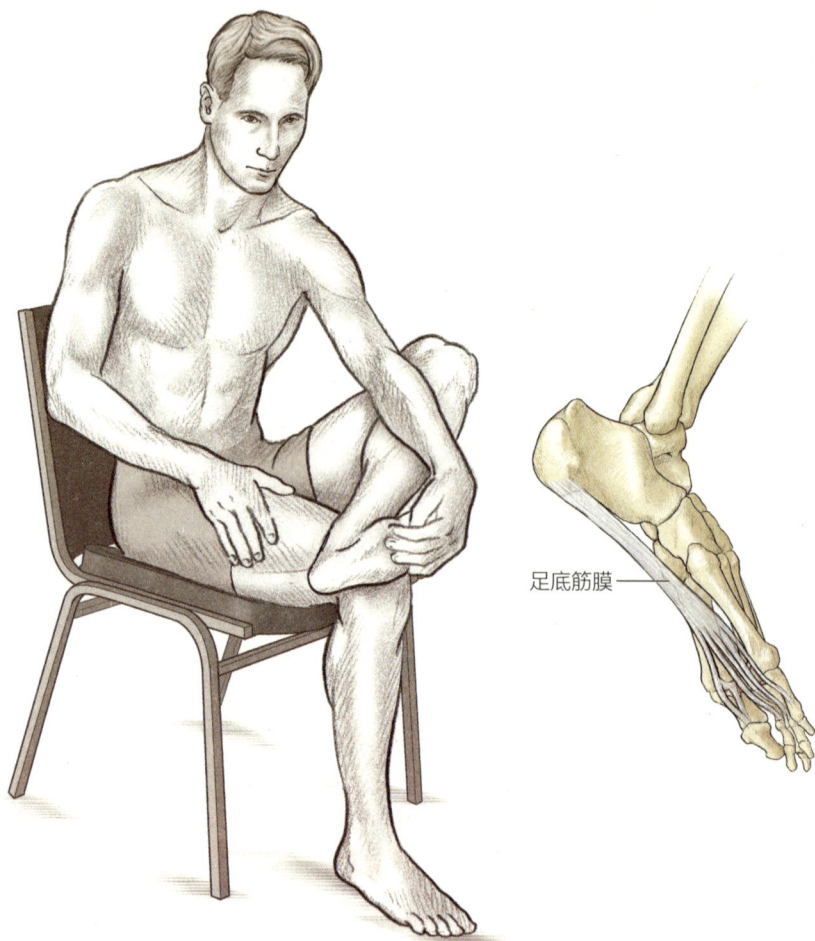

足底筋膜

训练步骤

1. 坐在椅子上，将一侧脚跨过另一侧膝关节的上方。
2. 用手轻轻地向上拉伸脚趾。踝关节可能也会随该动作而移动。
3. 保持拉伸15 ~ 30秒。每侧脚重复3次。

涉及的组织

主要组织： 足底筋膜

辅助肌群： 足内在肌

铁人三项重点

　　对运动员来说，脚跟痛可能成为生活中一种常见的疼痛。走路、坐着，甚至起床动作都可能因此受到不同程度的影响。脚底有一层附着在脚跟上的组织，即足底筋膜，如果它发生微损伤，可能会导致活动受限。跑步遭受的重复性冲击，穿着过度磨损的运动鞋，以及运动时动作控制不佳或疏忽大意等都可能导致足底筋膜炎。该病症经常被误视为跟骨骨刺，需要进行长时间精心治疗才能痊愈。脚部拉伸运动只是众多可以被用来减轻该症状和促进愈合的理想方法之一。其他的治疗方法包括冷疗、使用脚跟垫和夜间夹板、脚部矫正、物理治疗、更换新的运动鞋以及药物治疗。

治疗性拉伸

小腿拉伸

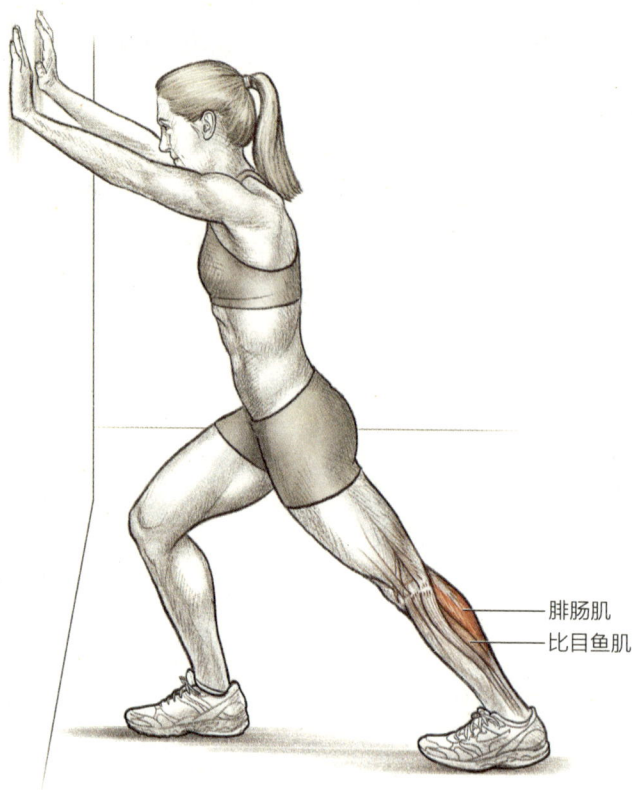

腓肠肌
比目鱼肌

训练步骤

1. 面向墙壁或牢固的家具站立，双手撑墙以支撑身体。

2. 让右腿靠近墙壁，左腿舒适地踏在墙壁后方0.3 ~ 0.6米处。

3. 保持后侧腿处于伸直位，脚跟固定在地面上。适度伸髋并保持骨盆前侧整体面向墙壁。

4. 轻轻地将臀部往墙壁方向倾斜靠近，直到右侧小腿腹部有轻微的拉伸感。

5. 保持该姿势15 ~ 30秒。每侧腿重复3次。

涉及的肌肉

主要肌群：腓肠肌

辅助肌群：比目鱼肌、踇长屈肌、趾长屈肌

铁人三项重点

　　跟腱是身体最大的肌腱，它的损伤会引起踝关节周围肌肉的过度紧张以及活动条件下的疼痛。对于不幸遭遇跟腱完全断裂的运动员来说，该症状发生前通常不会有任何警告性的征兆。跟腱周围的炎症会导致水肿，而且可能使跟腱上长出一个肿块，给体育运动带来严重干扰。小腿部分的腓肠肌和比目鱼肌共同在身体远端形成跟腱。该部位的损伤应该通过适当的拉伸运动来进行治疗，例如上述的拉伸运动。在第4章描述的力量训练中，握哑铃单腿提踵这个练习对治疗及预防肌肉和肌腱相关的损伤有一定裨益。

治疗性拉伸

索 引

作者简介

马克·克里恩（Mark Klion），美国医学博士，是获得职业认证的整形外科医生和运动医学专家。在获得纽约州北部的圣劳伦斯大学的学士学位之后，他又获得了纽约市西奈山医学院的医学博士学位。他在西奈山医院完成了他的博士后工作。在此之后，他在芝加哥大学运动医学部从事研究员的工作。在此期间，他专攻以膝关节与肩关节为主的关节镜手术。

他是西奈山医学院的临床讲师，而且是该学院的肩关节和运动医学服务部门的成员。他担任医学院与矫形外科系的教师。他还是纽约圣巴纳巴斯医院的整形外科主任，这家医院是一个二级创伤中心。

他已完成11次全程铁人三项比赛，包括2000年和2001年的夏威夷全程铁人三项比赛。他完成了15次马拉松超长距离跑步及骑行比赛。他是纽约市铁人三项赛的医务主任，发表了许多关于运动医学问题的文章，并出现在地区和国家的广播和电视节目上。他活跃在铁人三项和耐力比赛团体中，为当地的俱乐部和团体提供有关运动药物相关问题的讲座。

乔纳森·凯恩（Jonathan Cane），以"教练凯恩"著称，他执教耐力运动员已经30年了，是跑步和铁人三项教练公司City Coach的联合创始人和主教练。在那里，他为初学者、世界冠军和世界纪录保持者提供训练。他拥有阿德菲大学运动生理学硕士学位。

他曾合著过 The Complete Idiot's Guide to Weight Training，在 Metro Sports Magazine、NY Runner 和 Triathlete Magazine 杂志发表过文章。他曾是纽约道路跑步者、切尔西码头铁人三项俱乐部、特殊外科医院等的特约演讲者。

凯恩是一名前Cat.3等级的爬坡自行车运动员，在少数情况下仍可看到他参加多项运动项目的比赛。他和妻子——铁人三项运动员妮科尔（Nicole）（又名"凯恩教练夫人"），以及他们的儿子西蒙（Simon）、斗牛犬罗拉（Lola）住在纽约的布朗克斯区。

译者简介

王悦

北京体育大学运动康复系学士，清华大学教育学硕士，美国南加州大学运动机能学硕士与物理治疗博士。获得2020年度美国南加州大学Joanne Gronley物理治疗系研究奖；被授予美国南加州大学2021年物理治疗系金手杖勋章，并获得2021年美国杰出物理治疗博士生荣誉奖。

张雪峰

山东省铁人三项队总教练。原国家队铁人三项运动员，连续五届亚锦赛国家队主力成员。曾获1993年亚锦赛青年个人季军，全国锦标赛团体冠军；1994年亚锦赛团体亚军，亚洲杯中国站（三亚）冠军，全国锦标赛个人冠军、团体冠军；1995年亚锦赛青年个人冠军，亚洲杯中国站（北戴河）个人亚军，全国锦标赛冠军；1996年全国锦标赛亚军；1997年全国锦标赛亚军，亚锦赛团体季军。